HISTOIRE

DE

QUATRE ANS

1870-1873

BIBLIOTHÈQUE CHARPENTIER A 3 FR. 50 LE VOLUME

HISTOIRE DE QUATRE ANS

1870-1873

Tome Ier. — *La chute de l'Empire.*
Tome II. — *La Défense nationale.*
Tome III. — *La Commune.*

SOUS PRESSE

Tome IV et dernier. — *La présidence de M. Thiers.*
La Présidence du M^{al} de Mac-Mahon.

HISTOIRE
DE
QUATRE ANS
1870-1873

PAR

THÉODORE DURET

TOME TROISIÈME

LA COMMUNE

PARIS

G. CHARPENTIER, ÉDITEUR

13, RUE DE GRENELLE-SAINT-GERMAIN, 13

1880

LIVRE TROISIÈME

LA COMMUNE

CHAPITRE PREMIER

L'Assemblée nationale.
Le Pacte de Bordeaux.

L'élection de l'Assemblée nationale s'était faite à la hâte, sur des territoires en partie occupés par l'ennemi, alors que la transmission des nouvelles était lente et incertaine et que les départements étaient séparés de Paris; aussi avait-elle été soustraite à tout travail d'ensemble et à toute action combinée de la presse et des comités. Le choix des candidats avait entièrement dépendu des influences locales. Cependant lorsque le résultat du vote fut connu, on vit que, par toute la France, les électeurs s'étaient exprimés avec un accord singulier. C'est qu'aussi ils avaient dès longtemps une volonté arrêtée et étaient parfaitement prêts à rendre leur jugement. La lutte engagée depuis deux mois entre les républicains, déterminés à continuer la guerre, et les conservateurs, voulant au contraire la faire cesser, avait disposé le terrain électoral et mis les partis en présence ; le moment venu, ils avaient eu tout naturellement, dans chaque département, la même position, les conservateurs avaient formé la liste de la paix, les républicains celle de la guerre. C'est donc sur cette unique et pressante question de la paix ou de la guerre que la France s'était divisée, et le résultat n'était pas douteux. Les conservateurs obtenaient une majorité écrasante. Les villes avaient presque partout voté pour les républicains, mais le suffrage des campagnes avait noyé le leur. Les républicains n'étaient élus en groupes compacts qu'à Paris et en Alsace-Lorraine où, par haine de l'annexion à l'Allemagne, on repoussait la paix ; partout ailleurs ils n'avaient réussi qu'exceptionnellement. Le général Trochu était nommé dans dix départements, M. Gambetta dans neuf. Ils recevaient ainsi une marque de reconnaissance pour la part prépondérante qu'ils avaient prise à la défense nationale, mais ce qui manifestait le mieux les tendances du pays, c'était l'élection de M. Thiers dans vingt-six départements. M. Thiers devait bien sa grande influence à sa récente mission diplomatique en Europe et à ses efforts au Corps législatif pour écarter la guerre ; cependant comme il désapprouvait notoirement toute prolongation de la résistance, il était évident que les électeurs avaient, avant tout, voulu affirmer sur son nom leur désir de conclure la paix.

Le 16 février, l'Assemblée nationale définitivement constituée à Bordeaux élisait M. Jules Grévy président et, le lendemain, à la presque unanimité elle nommait M. Thiers, Chef du pouvoir exécutif de la république française. Il exercerait ses fonctions sous le contrôle de l'Assemblée, avec le concours des ministres qu'il aurait choisis et qu'il présiderait. Le gouvernement de M. Thiers fut immédiatement reconnu par toutes les puissances européennes.

Le 17, M. Keller, député du Haut-Rhin, lisait à l'Assemblée une déclaration des députés du Bas-Rhin, du Haut-Rhin, de la Moselle et de la Meurthe qui, faisant connaître l'inébranlable volonté de leurs électeurs de rester Français, adjuraient l'Assemblée de repousser tout traité démembrant le territoire. Cette proposition avait visiblement ému les députés et plusieurs voulaient en renvoyer la discussion au lendemain, lorsque M. Thiers intervint. Il dit qu'il fallait trancher sans retard une question, qui entraînait le choix à faire de la paix ou de la guerre. L'Assemblée fut de cet avis, et les députés se rendirent dans les bureaux. La commission nommée, après avoir entendu M. Thiers, écarta la proposition de M. Keller, pour lui substituer la résolution suivante, adoptée à une énorme majorité : « L'Assemblée natio-
« nale, accueillant avec la plus vive sympathie la décla-
« ration de M. Keller et de ses collègues, s'en remet à
« la sagesse et au patriotisme des négociateurs. »
L'Assemblée, en refusant de tracer un programme inacceptable à l'ennemi, venait d'indiquer son désir de conclure la paix.

Le 19 février M. Thiers fit connaître le nom des ministres qu'il avait choisis :

Dufaure, justice.
Jules Favre, affaires étrangères.
Ernest Picard, intérieur.
Jules Simon, instruction publique.
De Larcy, travaux publics.
Lambrecht, agriculture et commerce.
Général Le Flo, guerre.
Amiral Pothuau, marine.

Le ministère des finances fut confié quelques jours après à M. Pouyer-Quertier.

L'armistice que M. Jules Favre avait conclu à Versailles, avec M. de Bismarck, expirait le 21 février. Il était donc urgent d'entamer les négociations pour la paix. M. Thiers devait les conduire lui-même avec le ministre des affaires étrangères. Il se fit adjoindre par l'Assemblée une commission de quinze membres qui l'accompagnerait à Paris ; son rôle serait purement consultatif, mais, suivant au jour le jour les négociateurs, elle allégerait leur responsabilité et pourrait aider à faire accepter les dures conditions de paix qu'on prévoyait. M. Thiers obtint en outre de l'Assemblée de ne point siéger pendant son absence, afin qu'aucune discussion intempestive ne vînt lui causer d'embarras.

Les négociateurs arrivèrent à Paris le 20 février. Le lendemain M. Thiers se rendit seul à Versailles, désireux d'entretenir M. de Bismarck en tête à tête, pour retirer, s'il était possible, quelqu'avantage de ses anciennes relations avec lui (1). Jusqu'à ce jour,

---

(1) Jules Favre, *Gouvernement de la Défense nationale*, t. III, p. 90.

M. de Bismarck n'avait jamais exactement révélé les conditions qu'il mettrait à la paix, mais à M. Thiers, venu pour conclure un traité définitif, il les précisa immédiatement. Après avoir accordé sans difficulté la prolongation de l'armistice jusqu'au 26 février, il dit que la France, en signant la paix, devrait renoncer à l'Alsace entière y compris Belfort, aux villes de Metz et de Thionville, et à la Lorraine allemande, formant partie des départements de la Moselle et de la Meurthe ; de plus elle paierait six milliards.

M. Thiers ne put cacher sa consternation. Il observa cependant que la France n'était pas assez épuisée pour se résigner à des conditions déshonorantes, ou, comme le paiement de la rançon exigée, inexécutables, puis il demanda à voir l'empereur Guillaume dans l'espoir de le fléchir. M. de Bismarck alla trouver l'empereur. Au retour il dit à M. Thiers qu'il serait reçu selon ses désirs, à condition d'éviter tout débat politique, l'empereur ayant l'habitude d'en abandonner le soin à son ministre. L'entrevue eut lieu dans ces termes. M. Thiers, sans sortir des généralités, s'efforça de toucher l'empereur, il lui représenta surtout combien il était de l'intérêt de l'Allemagne de ne pas faire de la paix à conclure la source de nouveaux conflits. L'empereur se montra bienveillant, presque affectueux (1) : il n'avait jamais eu le dessein d'attaquer la France, et il regrettait les obli-

(1) Jules Favre, *Gouvernement de la Défense nationale*, t. III, p. 92.

gations que lui imposaient les événements, mais il resta inflexible.

Lorsque M. Thiers revenu à Paris eut communiqué les conditions de paix à la commission de l'Assemblée, ses membres ressentirent à leur tour une profonde douleur, non toutefois sans quelque mélange de délivrance. On avait appréhendé du vainqueur des demandes encore plus dures, on avait été jusqu'à craindre qu'il n'exigeât toute la Lorraine et ne prétendît imposer de véritables flétrissures, telles que la remise de la flotte ou la limitation perpétuelle de l'armée à un faible effectif. On était au moins préservé de cette extrême limite de sacrifices. Ce qu'on jugeait absolument accablant, c'était la rançon de six milliards. Une pareille somme semblait irréalisable, et parvînt-on à la réunir, on s'imaginait que son paiement amènerait la plus horrible crise financière.

M. Thiers retourné à Versailles, le lendemain, se mit à discuter les conditions qui lui avaient été posées. M. de Bismarck s'en montra surpris et mécontent; il n'y avait selon lui rien à redire, les termes de la paix étaient à prendre en bloc ou à laisser. M. Thiers répondit qu'il était venu négocier, ce qui entraînait un débat, une discussion, où chacun était supposé capable de se laisser convaincre par les arguments de son adversaire. Il eût été tellement odieux d'imposer de si durs sacrifices à un pays, sans même admettre d'observations, que M. de Bismarck dut se rendre. M. Thiers essaya alors de faire réduire le territoire à céder et le montant de l'indemnité : quant aux six milliards, ils lui paraissaient impossibles à trouver. M. de Bismarck refusa toute concession : selon lui, l'indemnité demandée était même au-dessous de ce que l'Allemagne se fût crue en droit d'exiger ; d'ailleurs le paiement en serait facile et des financiers allemands avaient déjà étudié une combinaison d'emprunt qu'ils lui soumettraient.

M. Thiers revint à Paris. Le lendemain matin les financiers annoncés par M. de Bismarck, M. Bleischröder et le comte de Henckel lui exposèrent, en présence de la commission de l'Assemblée, le mode de libération qu'ils avaient imaginé. Leur concours eût été fort onéreux, et eût encore alourdi la rançon ; du reste M. Thiers et la commission pensaient que l'honneur et le crédit de la France exigeaient qu'on se passât de tels intermédiaires. Ils congédièrent donc les financiers allemands après avoir repoussé leurs offres.

M. Thiers retourna dans la journée à Versailles avec M. Jules Favre. En les recevant, M. de Bismarck leur apprit qu'il avait obtenu de l'empereur de réduire l'indemnité de guerre à cinq milliards (1). Les négociateurs français, après avoir dit qu'ils refusaient l'aide des financiers allemands, réclamèrent sans succès une nouvelle réduction de l'indemnité. Ils ne furent d'abord pas plus heureux, en essayant de regagner quelque partie du territoire, et ne purent en particulier arracher la ville de Metz. Enfin M. Thiers se borna à exiger la place de Belfort qui n'a-

(1) Jules Favre, *Gouvernement de la Défense nationale*, t. III, p. 97.

vait jamais appartenu à l'Allemagne. Sur ce point il montra une ténacité invincible, prêt à rompre s'il n'obtenait satisfaction. « Je le vois encore, dit M. Ju-
« les Favre, pâle, agité, s'asseyant et se levant tour à
« tour; j'entends sa voix brisée par le chagrin, ses
« paroles entrecoupées, ses accents à la fois suppliants
« et fiers, et je ne sais rien de plus grand que la pas-
« sion sublime de ce noble cœur, prête un instant aux
« dernières extrémités et devenue insensible aux con-
« seils de la raison, tant était violent et sacré le sen-
« timent dont elle s'inspirait (1). » M. de Bismarck parut troublé, l'émotion l'avait gagné; il dit à M. Thiers qu'il comprenait ses souffrances et qu'il serait heureux de lui faire cette concession, toutefois il ne pouvait rien promettre sans l'avis du général de Moltke et l'assentiment de l'empereur, et il sortit. Il dit en revenant : « J'ai dû, selon la volonté
« de l'empereur, exiger l'entrée de nos troupes à Paris.
« Vous m'avez exposé vos répugnances et vos craintes
« et demandé avec insistance l'abandon de cette
« clause. Nous y renonçons si, de votre côté, vous nous
« laissez Belfort. » M. Thiers répondit, sans hésiter, que, pour garder Belfort, il consentait à l'entrée des Allemands dans Paris, certain que ses habitants se résigneraient à subir l'humiliation infligée, quand ils sauraient l'avantage qui en découlait.

Les clauses du traité relatives à l'évacuation du territoire, au mode des paiements et aux garanties

---

(1) Jules Favre, *Gouvernement de la Défense nationale*, t. III, p. 104.

de l'indemnité, furent discutées pied à pied et provoquèrent des débats fort vifs. Les conditions de paix aussitôt connues, avaient soulevé dans le monde une véritable réprobation. On était surtout stupéfait de la rançon colossale demandée au vaincu. Les puissances s'abstenaient cependant d'intervenir, sauf l'Angleterre qui adressait à la Prusse une note, dans laquelle elle s'élevait contre ses exigences. La persistance des négociateurs français à discuter qui, en traînant les choses en longueur, avait permis à l'opinion européenne de s'émouvoir et à l'Angleterre de remontrer, avait fini par irriter profondément M. de Bismarck. Le samedi matin 25 février il reçut MM. Thiers et Jules Favre d'une façon quasi hautaine, il leur reprocha de revenir sur des points convenus, d'inventer des prétextes pour gagner du temps et recommencer la guerre : « Je le vois bien, dit-il d'un ton acerbe, vous n'avez « d'autre but que de rentrer en campagne, vous y « trouverez l'appui et les conseils de vos amis mes- « sieurs les Anglais. » Eux, sans s'émouvoir, continuèrent à débattre les détails du traité. A mesure que la discussion se poursuivait, M. de Bismarck s'animait, prêtant à M. Thiers l'intention de tout entraver, se disant malade, à bout de forces, puis s'emportant tout à fait et se promenant à grands pas dans le salon : « Je suis bien bon de prendre la « peine à laquelle vous me condamnez ; nos con- « ditions sont des ultimatums, il faut les accepter « ou les rejeter. Je ne veux plus m'en mêler ; amenez

« demain un interprète, désormais je ne parlerai plus
« français. » Et il commença en effet à discourir en
allemand (1) avec une extrême véhémence. Trois
jours auparavant il s'était déjà livré à une sortie du
même genre. Comme M. Thiers, dans un moment d'irritation, avait répondu à une de ses demandes : « mais
« c'est une indignité ! » il s'était mis brusquement
à parler allemand. M. Thiers lui ayant observé qu'il
devait bien savoir qu'il ne comprenait pas l'allemand,
il avait alors répondu que, puisqu'on traitait d'indignes ses paroles en français, il s'était cru trop peu
maître de la langue pour oser la parler (2). Puis il
avait simplement repris la conversation en français.
Cette seconde fois il s'était bien autrement emporté.
M. Thiers était resté tout le temps silencieux. Cinq
heures sonnèrent, on annonça le dîner. M. de Bismarck,
redevenu calme, invita les négociateurs français d'une
manière pressante. Ils refusèrent et restèrent à conférer avec M. Alphonse de Rothschild, qu'ils avaient
mandé de Paris, pour étudier le paiement de l'indemnité. Après le dîner M. de Bismarck vint luimême les chercher ; il les conduisit au salon où se
tenaient ses convives. Il se montra aimable et gracieux, prenant visiblement à tâche de faire pardonner
son emportement. M. Thiers reçut ses politesses en
homme blessé, mais prêt à oublier. Il ne pouvait
certes agir autrement ; d'ailleurs il savait bien que,

(1) Jules Favre, *Gouvernement de la Défense nationale*, t. III,
p. 113.
(2) Moritz Busch, *Graf Bismarck und seine Leute*, t. II, p. 372.

quelles que fussent ses exigences et sa dureté, M. de Bismarck avait déployé moins de rigueur que n'eût fait, dans le moment, tout autre politique de ses compatriotes. Au sein de l'Allemagne et dans l'armée, c'était un concert pour trouver trop bénignes les conditions mises à la paix. Loin de l'exciter, M. de Bismarck a cherché, dans une certaine mesure, à modérer la soif de vengeance et de conquête de sa nation et, quelque minimes qu'on puisse juger les concessions obtenues de lui, aucun autre homme d'État, à sa place, n'eût probablement eu la force de les arracher au parti militaire.

Le dimanche 26 février, dans l'après-midi, le traité était définitivement dressé. M. de Bismarck fit appeler les représentants de la Bavière, du Wurtemberg et de Bade qui apposèrent leur nom au bas, sans aucune réflexion. Lui-même était radieux, il prit pour signer une plume d'or, qu'un joaillier badois (1) lui avait offerte à cette intention. MM. Thiers et Jules Favre signèrent avec désespoir et revinrent à Paris en pleurant.

Après avoir fixé le tracé de la nouvelle frontière et le montant de l'indemnité, la convention déterminait les conditions des paiements à faire et de l'évacuation du territoire. Un premier milliard serait versé au cours de l'année 1871 et les autres dans le délai de trois années. L'évacuation des départements occupés aurait lieu par zones. La ville de Paris et ses forts sur la rive gauche, avec une première zone dé-

(1) Moritz Busch, *Graf Bismarck und seine Leute*, t. I, p. 297.

limitée par la Seine, seraient évacués aussitôt la ratification des préliminaires par l'Assemblée. Une seconde zone le serait après le paiement d'un premier demi-milliard, comprenant les départements de l'Oise, de la Somme, les parties des départements de la Seine, Seine-Inférieure, Seine-et-Marne situées sur la rive droite de la Seine. Les autres départements seraient délivrés au fur et à mesure du paiement des derniers pactes de l'indemnité. Les troupes d'occupation s'abstiendraient de toute réquisition, le gouvernement français les entretiendrait lui-même. Le rapatriement des soldats prisonniers en Allemagne commencerait immédiatement. La garnison de Paris ne pourrait jusqu'à la paix définitive dépasser 40 mille hommes. Les négociateurs n'avaient arrêté à Versailles que des préliminaires de paix ; la discussion du traité final nécessitait donc de nouvelles négociations, que l'on convint de poursuivre dans une ville neutre, à Bruxelles. Les préliminaires ne devaient engager la France qu'après avoir été ratifiés par l'Assemblée nationale, et, pour donner le temps de les examiner, l'armistice fut prorogé jusqu'au 12 mars.

M. Thiers partit aussitôt pour Bordeaux. Il se présenta à l'Assemblée le 28 février et lut lui-même le préambule : « L'Assemblée nationale, subissant les « conséquences d'une situation dont elle n'est pas « l'auteur, approuve les préliminaires de paix dont le « texte est ci-annexé, » puis M. Barthélemy Saint-Hilaire, qui remplissait auprès de lui les fonctions de secrétaire, fit connaître les articles du traité.

M. Thiers demanda l'urgence. Les députés qui croyaient devoir rejeter le traité la combattirent. M. Thiers réclama une solution immédiate, faisant valoir la situation douloureuse du territoire occupé et surtout la nécessité pressante de délivrer Paris de l'ennemi, dans l'état d'esprit de ses habitants. Son opinion prévalut et le soir même l'Assemblée discutait les préliminaires dans les bureaux. A la séance du lendemain, le rapporteur de la commission chargée d'examiner le traité, M. Victor Lefranc, concluait à l'adoption. Le débat s'engagea immédiatement. M. Edgar Quinet, le premier à parler, s'élève avec véhémence contre la politique de conquête et de vengeance de la Prusse. Après lui, M. Bamberger, un Strasbourgeois, député de la Moselle, adjure l'Assemblée de repousser le traité et s'écrie, dans la douleur de voir sa terre natale arrachée à la France : « Un « seul homme, dont le nom restera éternellement « cloué à l'infamant pilori de l'histoire, devait signer « ce traité, cet homme c'est Napoléon III. » Les bravos et les cris d'approbation ont accueilli cette apostrophe. Mais au milieu du bruit M. Galloni d'Istria s'est écrié : « Napoléon III n'aurait jamais signé un « traité honteux ! » M. Gavini, ancien préfet de la Corse et M. Conti, secrétaire de l'Empereur, eux aussi députés de la Corse, protestent également avec véhémence. M. Conti monte à la tribune. Il prononce à grand'peine quelques phrases couvertes par les clameurs : « Je viens renouveler la protes-« tation que j'ai faite de ma place contre les

« paroles de l'honorable préopinant. J'espère qu'elle
« retentira dans le pays tout entier; je ne m'attendais
« pas à des récriminations contre un passé auquel
« plusieurs d'entre vous se rattachent. — Allons
« donc! Allons donc! — Est-ce qu'il n'y a pas ici
« beaucoup de nos collègues, qui, comme moi, aient
« prêté serment à l'empire et l'aient servi avec dévoue-
« ment. — Un membre : Et l'Empereur, est-ce qu'il
« n'avait pas prêté serment à la république! — Les
« interruptions ne me feront pas descendre de la tri-
« bune, car je viens défendre mon pays et ce qu'il a
« honoré. Faut-il retrancher de son histoire quelques
« années glorieuses, dont la prospérité ne sera pas ou-
« bliée? — M. Vitet: Allons donc, glorieuses! dites
« honteuses. — En attaquant le gouvernement que
« je défends, vous incriminez la France elle-même, qui
« l'a fondé et soutenu par une série de plébiscites. —
« M. de Franclieu : Descendez de la tribune, les bour-
« reaux n'ont pas le droit d'insulter les victimes! »
Les clameurs couvrent complètement la voix de l'orateur. Plusieurs membres à gauche ont crié : la déchéance! M. Bethmont: « Il n'y a qu'un moyen de
« clore l'incident, c'est de prononcer la déchéance de
« l'Empereur! — Oui! Oui!» Les cris: la déchéance!
la déchéance! s'élèvent de toutes parts. M. Conti, contraint de renoncer à la parole, descend de la tribune.
L'agitation est à son comble. Le président se couvre
et interrompt momentanément la séance. A sa reprise
M. Target lit, aux applaudissements de l'Assemblée,
une proposition de déchéance signée de vingt-cinq

députés. MM. Gavini et Conti veulent de nouveau prendre la parole. Leur insistance à présenter l'apologie de l'empire amène M. Thiers à la tribune. « Messieurs, je vous ai proposé une politique de con-
« ciliation et de paix, et j'espérais que tout le monde
« comprendrait la réserve dans laquelle nous nous
« renfermons à l'égard du passé. Mais ce passé se
« dresse devant nous, il semble se jouer de nos
« malheurs, lorsque nous courbons la tête sous ses
« fautes, sous ses crimes. — Oui, oui, c'est vrai ! —
« Savez-vous ce que disent en Europe les princes que
« vous représentez ? Je l'ai entendu de la bouche des
« souverains — ils disent que ce n'est pas eux qui
« sont coupables de la guerre, que c'est la France. Eh
« bien ! je leur donne un démenti à la face de l'Europe.
« — Applaudissements. — Non ! la France n'a pas
« voulu la guerre, c'est vous qui protestez, qui l'avez
« voulue. » M. Conti au pied de la tribune adresse à M. Thiers des paroles étouffées par les cris : n'interrompez pas ! à l'ordre ! M. Thiers : « Vous avez
« méconnu la vérité, elle se dresse aujourd'hui devant
« vous, et c'est une punition du ciel, de vous voir ici
« obligés de subir le jugement de la nation, qui sera
« aussi celui de la postérité. — Oui, oui. Vifs applau-
« dissements. — Je n'ajoute plus qu'un mot. Vous
« dites que nous ne sommes pas une Constituante,
« mais il n'est pas douteux que nous soyons souve-
« rains. Savez-vous pourquoi ? C'est que depuis vingt-
« cinq ans, c'est la première fois que les élections aient
« été parfaitement libres. — Acclamations. — Je de-

« mande la clôture de l'incident. » Le président Grévy met aux voix l'ordre du jour présenté par M. Target : « L'Assemblée nationale clôt l'incident, et dans les « circonstances douloureuses que traverse la patrie, « en face de protestations et de réserves inatten- « dues, confirme la déchéance de Napoléon III et de « sa dynastie, déjà prononcée par le suffrage univer- « sel, et le déclare responsable de la ruine, de l'invasion « et du démembrement de la France. » On vote par assis et levé, d'enthousiasme. A la contre-épreuve six députés debout repoussent seuls la déchéance.

Cet incident vidé, M. Bamberger termina son discours. Il fut suivi à la tribune par MM. Victor Hugo, Louis Blanc, Jean Brunet, Millière, Langlois qui demandèrent à l'Assemblée de repousser le traité. MM. Georges (des Vosges) et Keller parlèrent dans le même sens, comme représentants des populations qu'on arrachait à la France. Tous ces orateurs exhalèrent les plaintes du patriotisme ; ils protestèrent contre la violation du droit et l'insulte faite à la conscience moderne, ils en appelèrent à l'avenir, ils représentèrent le démembrement à subir comme tellement humiliant que la pensée en était intolérable, ils excitèrent à trouver en soi cette volonté de résister à tout prix, qui peut enfanter des prodiges. C'étaient là de nobles discours, mais leurs auteurs, en recommandant de continuer la guerre, exigeaient l'impossible et ne tenaient point compte de la nature des choses. La ratification des préliminaires fut au contraire défendue par M. Vacherot et le Gal Changarnier. Puis M. Thiers vint dire qu'il lui avait fallu une conviction absolue de l'impossibilité de poursuivre la guerre pour l'obliger, comme négociateur, à accepter de pareilles conditions, et pour l'amener, comme chef d'État, à en recommander l'adoption. On connaissait son désespoir d'être personnellement appelé à accepter la consommation de malheurs et de fautes qu'il avait cherché à prévenir, mais la paix s'imposait fatalement. Dans l'état d'épuisement et de désorganisation de ses forces, seule elle pouvait permettre au pays de panser ses blessures et de relever plus tard sa grandeur. M. Thiers, pendant son discours, s'était, à diverses reprises, interrompu, la douleur et l'émotion brisaient sa voix. L'Assemblée éprouvait un égal désespoir, mais l'épuisement absolu du pays était manifeste et elle ratifiait les préliminaires le 1ᵉʳ mars par 546 voix contre 107.

A l'issue de ce vote, M Grosjean, au nom des vingt-huit députés du territoire enlevé à la France, parmi lesquels figurait M. Gambetta, venait protester une dernière fois contre le traité, puis il annonçait que ses collègues et lui se retiraient de l'Assemblée, quoiqu'on les eût pressés d'y demeurer : « Au moment
« de quitter cette enceinte, disait-il, où notre dignité
« ne nous permet plus de siéger, et malgré l'amer-
« tume de notre douleur, la pensée suprême que nous
« trouvons au fond de nos cœurs est une pensée de
« reconnaissance pour ceux qui, pendant six mois,
« n'ont cessé de nous défendre, et d'inaltérable at-
« tachement à la patrie dont nous sommes violemment
« arrachés. Nous vous suivrons de nos vœux et nous

« attendrons, avec une confiance entière dans l'avenir,
« que la France régénérée reprenne le cours de sa
« grande destinée. Vos frères d'Alsace et de Lorraine,
« séparés en ce moment de la famille commune, con-
« serveront à la France, absente de leurs foyers, une af-
« fection filiale, jusqu'au jour où elle viendra y re-
« prendre sa place. » L'Assemblée avait écouté avec
une poignante émotion. Le démembrement que la
France avait cherché à éviter, en soutenant après Sedan une lutte désespérée, se consommait et, au moment
de la séparation, les concitoyens que l'on perdait devenaient plus chers qu'ils ne l'avaient jamais été.

M. Thiers, en pressant l'examen des préliminaires de
paix, avait surtout en vue de mettre fin à l'occupation de Paris par les Allemands. Le protocole et les
pièces diplomatiques destinés à transmettre la ratification de l'Assemblée avaient été dressés d'avance ;
aussitôt le vote, ils étaient signés et expédiés à
M. Jules Favre demeuré à Paris, qui les portait lui-
même sur-le-champ à Versailles. M. de Bismarck ne
put cacher le dépit que lui causait cette promptitude.
Il avait cru que l'Assemblée, qui avait jusqu'au 12 mars
pour discuter les préliminaires, y mettrait du temps.
L'état-major prussien avait réglé d'après cela le passage de son armée à Paris ; les corps devaient s'y succéder à tour de rôle, l'empereur lui-même y ferait son
entrée solennelle le 3 mars. Les soldats allemands, irrités d'une longue résistance et du ton de défi des Parisiens à leur égard, tenaient fort à se montrer dans la
ville, c'était comme la consécration de leur triomphe.

M. de Bismarck sentait bien qu'ils allaient lui reprocher de les avoir privés de cette satisfaction. Il ne pouvait se dispenser cependant d'échanger avec M. Jules Favre la ratification des préliminaires qui lui enlevait le droit d'occuper Paris. L'empereur Guillaume dut renoncer à y entrer, et le premier détachement, introduit le 1ᵉʳ mars, en ressortit le 2 au matin, sans être suivi par d'autres.

La France, au moment où elle se résignait à la paix, n'avait point le choix d'agir autrement. 420 mille de ses soldats étaient captifs en Allemagne, 240 mille retenus désarmés dans Paris, 90 mille internés en Suisse; si on ajoute à ces chiffres 150 mille tués, blessés ou malades, on trouve qu'elle était privée de plus de 900 mille hommes, c'est-à-dire de presque toute sa population réellement apte au service militaire (1). Depuis la reddition de Paris et la perte de l'armée de l'Est, l'armée de la Loire sous les ordres du Gᵃˡ Chanzy était la seule grande armée qui tînt la campagne; mais, après ses défaites et deux retraites successives d'Orléans sur le Mans et du Mans sur Laval, elle n'eût pu soutenir avantageusement le choc de l'ennemi. Les gardes nationaux mobilisés, qui formaient la dernière réserve, étaient sans instruction et tout manquait pour les utiliser et en faire des soldats, les cadres, les armes, l'équipement. Les armées ennemies occupaient vingt-huit départements et dominaient Paris, elles avaient dépassé la zone des forteresses et n'eussent plus rencontré, jusqu'aux extrémités du territoire,

(1) Voyez la note A.

que des villes ouvertes et des campagnes sans défense. Comme l'hiver était fini, les Allemands eussent accepté volontiers de continuer la guerre pour parcourir, au printemps, ces régions du midi de la France, terres de la vigne et du soleil, qui, aux yeux de l'homme du Nord, sont une sorte de paradis. La France était donc définitivement vaincue, tous ses moyens de résistance étaient épuisés. Un traité pouvait seul lui permettre de se délivrer de l'ennemi.

Lorsque la paix fut assurée, l'attention se fixa tout entière sur la situation intérieure. On cherchait à s'orienter après la tourmente. L'horizon avait changé. L'aspect d'une foule de choses était nouveau.

C'était l'Assemblée nationale qui sollicitait par dessus tout les regards. Le pays avait voulu qu'elle fît la paix, elle l'avait faite. Mais ensuite elle restait debout, au milieu des ruines causées par la guerre et la révolution, source unique d'autorité en l'absence de toute constitution, et les électeurs qui l'avaient nommée, sans pouvoir s'expliquer sur aucun programme politique, se demandaient dans quel sens elle allait user de sa souveraineté. En l'élisant les électeurs des campagnes, qui l'emportaient par le nombre, avaient d'abord procédé par élimination ; ils avaient écarté tout l'ancien personnel de l'empire contre lequel le soulèvement était universel, puis encore les républicains qui voulaient continuer la guerre, et alors ils avaient choisi des hommes qu'ils avaient vus comme eux désirer la paix et qui, en même temps, ayant vécu au milieu d'eux, préoccupés des mêmes soins et des mêmes travaux, leur étaient naturellement apparus comme les meilleurs mandataires.

Les républicains avaient tout de suite appelé les élus des départements des « ruraux » et cette désignation, en dehors de la raillerie et du mépris qu'elle comportait dans leur bouche, était exacte. L'Assemblée n'était pas seulement nommée par des paysans qui, votant en désaccord avec les citadins, avaient fait prédominer leurs candidats sur ceux des villes, les députés eux-mêmes étaient bien en grande partie des « ruraux », des hommes résidant à la campagne ou tout au moins propriétaires terriens. Or les hommes qui, attachés au sol, jouissent encore d'une grande situation personnelle, appartiennent aux classes dirigeantes du passé, la noblesse et la vieille bourgeoisie. Et, en effet, les députés élus étaient surtout de l'ordre de ces censitaires, qui, sous la Restauration et la monarchie de Juillet, avaient formé le corps électoral et détenu le pouvoir. La majorité dans l'Assemblée était composée de personnages nouveaux, n'ayant jamais fait partie de corps politiques; néanmoins dès qu'on avait pu juger de son caractère, on avait reconnu qu'elle était essentiellement monarchique. Ses premiers actes l'avaient d'ailleurs marquée, selon la langue en usage pour désigner les partis, comme « réactionnaire » et « cléricale », associant à l'idée de la monarchie la restauration et le maintien d'institutions en désaccord avec les formes propres à la démocratie. Aussi témoignait-elle en toute circonstance d'une profonde aversion pour la république et les républicains.

Dès le début, les discours et les incidents de séance révélaient de quelles passions ardentes elle était animée.

A l'ouverture de l'Assemblée, la foule des curieux avait salué les députés, se rendant en séance, par des cris retentissants de : vive la république, des ovations avaient été faites au général Garibaldi et à Victor Hugo, des murmures avaient au contraire accueilli certains monarchistes. La majorité témoignait incontinent de son irritation. Le marquis de Franclieu réclamait la nomination immédiate de questeurs chargés des soins de police, des mesures militaires étaient prises aussitôt, et l'Assemblée entourée d'un cordon de troupes. La vue et le nom du général Garibaldi suffisaient, en toute circonstance, à mettre hors d'eux-mêmes les députés de la majorité. Le général avait été nommé député dans deux départements, la Seine et la Côte-d'Or, et en Algérie. Par une lettre, que le président lisait à l'ouverture de l'Assemblée, il déclarait renoncer à son mandat. A la fin de la séance, au moment de se retirer pour toujours, il demande la parole. « Il est trop tard ! lui crie-t-on, la séance est levée ! Vous n'avez pas le droit de parler ! Vous êtes démissionnaire ! » Il cherche inutilement à se faire entendre, on étouffe sa voix. Son attitude et sa parole n'ont rien de provoquant, son simple aspect excite les frémissements de la majorité. C'est contre l'ennemi du pape que, comme catholique, elle se soulève. Le 8 mars la validation des pouvoirs des députés de l'Algérie obligea à discuter les droits à l'éligibilité du général Garibaldi, qui était étranger. M Victor Hugo parla de la reconnaissance due à un homme qui avait combattu pour la France et qui, ..-il, était le seul chef d'armée ayant commandé dans la dernière guerre sans être vaincu. Cette assertion soulève au sein de la majorité une véritable tempête. Les apostrophes les plus violentes arrêtent court l'orateur. Indigné, M. Victor Hugo donne, séance tenante, sa démission de député et sort de l'Assemblée pour n'y plus rentrer. L'examen des élections de Vaucluse, où la liste républicaine avait passé tout entière, suscita des débats passionnés. Le succès des républicains fut attribué au rétablissement de la candidature officielle et des moyens de pression en usage sous l'empire. L'Assemblée ordonna une enquête et ajourna la validation des élus qui, sans attendre, envoyèrent leur démission pour se représenter aux électeurs.

En face de la majorité monarchique, les républicains ne formaient qu'une faible minorité, mais loin de compenser leur petit nombre par de l'habileté et du sang-froid, une partie d'entre eux s'abandonnait aux emportements de la colère. Ils continuaient à être aveuglés par cette surexcitation du patriotisme, qui les avait portés à vouloir indéfiniment poursuivre la guerre et qui leur avait été si fatale aux élections, en les faisant repousser par les campagnes. Après avoir presque seuls parlé et voté contre la paix, maintenant qu'elle était conclue, aucuns persistaient à la déclarer honteuse ou bien prétendaient que l'Assemblée n'ayant aucun droit d'aliéner une portion du territoire avait, par le seul fait d'agir ainsi, mis fin à son mandat. Imitant les députés des territoires cédés à l'Allemagne qui s'étaient déjà retirés, MM. Ledru-Rollin, Girod-Pouzol, Rochefort, Ranc, Malon, Victor Hugo, Félix Pyat et quelques autres, donnaient leur démission et éclaircissaient les rangs déjà si faibles de leur parti. Paris avait élu d'ardents républicains et parmi eux des partisans de la Commune. Ils témoignaient d'une animosité, allant chez quelques-uns jusqu'à la haine la plus violente, contre ces républicains qui avaient formé le gouvernement de la Défense nationale et, dans l'opinion populaire, si mal conduit la défense. Leur passion débordait tellement, que le péril que tous les républicains couraient en commun dans une Assemblée monarchique et que la république courait avec eux ne pouvait les amener à se contenir. Ils remettaient eux-mêmes à la majorité des armes d'attaques contre le gouvernement qui, depuis le 4 septembre, avait personnifié la république. MM. Louis Blanc, Victor Hugo, Edgard Quinet, et quatorze autres députés de Paris déposaient en effet le 6 mars une proposition, pour que l'Assemblée demandât compte de sa conduite à l'ex-gouvernement de la Défense nationale. Trois députés de Paris partisans de la Commune, MM. Delescluze, Cournet et Razoua, allant plus loin, proposaient formellement qu'on décrétât d'accusation les membres du gouvernement de la Défense nationale, comme coupables de haute trahison.

L'Assemblée nationale se trouvait donc divisée en deux partis de force inégale, mais semblablement passionnés et animés l'un contre l'autre d'incurables rancunes. M. Thiers, chargé de relever le pays avec le concours d'un tel corps politique, avait promptement reconnu qu'il n'y réussirait qu'en s'assurant l'appui des hommes modérés de toute opinion. Il avait donc composé son ministère, en partie avec des républicains pris au gouvernement de la Défense nationale, et en partie avec des monarchistes, orléanistes et légitimistes, choisis dans la nouvelle majorité. Mais cela était insuffisant. Il fallait, pour tirer le pays de l'abîme où il était tombé, obtenir que les partis fissent trêve à leurs dissensions et que, réservant la question de forme de gouvernement qui les divisait, ils se consacrassent à ces projets de réorganisation et de relèvement national sur lesquels, au nom du patriotisme, ils pouvaient se mettre d'accord. Le jour même où il était nommé Chef du pouvoir exécutif, en remerciant l'Assemblée du témoignage de confiance qu'elle lui donnait, M. Thiers faisait donc appel à une trêve des partis : « Pacifier, réorganiser,
« relever le crédit, voilà la seule politique possible en
« ce moment. A celle-là tout homme honnête et éclairé,
« quoi qu'il pense sur la monarchie ou sur la répu-
« blique, peut travailler utilement. Ah! sans doute,
« lorsque nous aurons rendu à notre pays les services
« pressants que je viens d'énumérer, quand nous
« aurons relevé du sol où il gît le noble blessé qu'on
« appelle la France, quand nous aurons fermé ses

« plaies, ranimé ses forces, nous le rendrons à lui-
« même, et rétabli alors, ayant recouvré la liberté de
« ses esprits, il verra comment il veut vivre. Quand
« cette œuvre de réparation sera terminée, le temps de
« discuter les théories de gouvernement sera venu.
« Nous aurons recouvré notre sang-froid, ayant opéré
« notre reconstitution sous le gouvernement de la
« république, nous pourrons prononcer, en connais-
« sance de cause, sur nos destinées. »

M. Thiers, le 11 mars, revenait sur les mêmes idées.
Il les développait avec plus de précision pour les faire
définitivement accepter : « Permettez-moi de vous
« exposer, encore une fois, la politique que nous vous
« avons annoncée, le jour où je vous ai présenté les
« ministres nos collègues, pour qu'il n'y ait entre
« nous aucun malentendu. Spontanément, par un
« acte de sagesse qui vous honore, et dont je vous
« remercie, vous vous êtes dit : nous ne serons pas
« constituants. Vous vous êtes dit, qu'au lieu de cons-
« tituer, vous vous borneriez à réorganiser. Et pour-
« quoi ? parce que si vous vouliez exercer votre pou-
« voir constituant, vous vous diviseriez à l'instant même
« et que si, au contraire, vous ne voulez que réorga-
« niser, vous serez tous d'accord. Pour réorganiser
« vous n'avez rien à faire qui vous divise. Pour
« veiller à l'évacuation du pays, pour rétablir les
« services financiers, pour renouveler tous les corps
« électifs, pour rappeler vos prisonniers, pour recom-
« poser l'armée, pour cette œuvre si pressante et si
« indispensable, il faut ne rien faire qui vous désunisse.

« Nous vivons unis, à la condition qu'il y ait beaucoup
« de questions réservées.

« Confessons-le très sincèrement, vous êtes divisés
« en deux grands partis ; l'un croit que la France ne
« peut trouver de repos définitif que sous une monar-
« chie constitutionnelle ; l'autre pense qu'avec les insti-
« tutions que vous vous êtes données, qu'avec le
« suffrage universel, le mouvement des esprits, il y
« a quelque chose qui entraîne les générations actuel-
« les vers la forme républicaine. Ces deux grands
« partis se subdivisent. Le parti monarchique n'est
« pas d'accord sur tous les points. Le parti républicain
« est également divisé. Oui, il y a dans son sein des
« hommes généreux qui croient que la république,
« même quand elle n'est pas dans leurs mains, est
« encore la république. Il en est d'autres qui n'admettent
« la république, que quand elle est entre leurs mains.

« Vous êtes donc profondément divisés et cependant
« vous êtes unis en honnêtes gens, dans cette pensée
« de réorganiser le pays et de différer le jour où
« on le constituera. Quel est mon devoir à moi que
« vous avez, je dirai, accablé de votre confiance,
« c'est la loyauté envers les partis qui divisent la
« France et l'Assemblée. Ce que nous leur devons à
« tous, c'est de n'en tromper aucun ; c'est de ne pas
« nous conduire de manière à préparer, à votre insu,
« une solution exclusive. Je dirai donc : monarchistes,
« républicains, non, vous ne serez pas trompés, nous ne
« nous occuperons que de la réorganisation du pays.
« Qu'il me soit permis de dire aux hommes qui ont

« donné leur vie entière à la République : soyez justes
« envers les membres de cette Assemblée qui ne pen-
« sent pas comme vous. Sous quelle forme se fera la
« réorganisation? sous celle de la république. Vous
« m'avez appelé président du conseil, Chef du pouvoir
« exécutif de la République française. Dans tous les
« actes du gouvernement, le mot de République fran-
« çaise se trouve sans cesse répété. Cette réorganisa-
« tion, si nous y réussissons, se fera donc sous la
« forme de la république et à son profit.

« Maintenant, messieurs, ne venez pas nous dire : ne
« sacrifiez pas la république, ne la perdez pas. La
« république est dans vos mains, elle sera le prix de
« votre sagesse et pas d'autre chose. Toutes les fois
« que vous vous emporterez, toutes les fois que vous
« soulèverez des questions inopportunes, toutes les
« fois que malgré vous — je le sais — vous paraîtrez
« les confidents ou les complices des hommes de dé-
« sordre, vous porterez à la république le coup le plus
« funeste. Eh bien ! lorsque le pays sera réorganisé,
« nous viendrons ici, bien fiers d'avoir pu contribuer à
« cette noble tâche, vous dire : Le pays! vous nous
« l'aviez confié sanglant, couvert de blessures, vivant
« à peine, nous vous le rendons un peu ranimé, c'est
« le moment de lui donner sa forme définitive, et, je
« vous en donne la parole d'un honnête homme,
« aucune des questions qui aura été réservée n'aura
« été résolue par une infidélité de notre part. »

Ce langage plein de sagesse et de patriotisme fut
compris. Un accord tacite se fit, qui prit le nom de

Pacte de Bordeaux, pour renvoyer à des temps meilleurs la décision de la forme du gouvernement. Et cependant, tant les passions étaient ardentes et les divisions profondes dans l'Assemblée, il fallut, outre les circonstances, l'autorité irrésistible que M. Thiers exerçait alors, pour que les partis fissent, à l'intérêt du pays, le sacrifice d'ajourner leurs espérances. Il est vrai que l'abnégation à montrer n'était point égale de part et d'autre. Les républicains, en minorité et qui eussent vu la question décidée contre eux, ne pouvaient qu'accroître leurs chances en retardant toute décision. Puis M. Thiers promettait de réorganiser le pays sous l'égide de la forme républicaine provisoire existant *de facto* et, dans ce cas, ils pouvaient pressentir que, bien qu'il s'engageât à rester neutre, il allait forcément travailler en faveur de la république définitive. Les véritables sacrifices à faire venaient donc des monarchistes, car par la même raison que tout délai était favorable à leurs adversaires, il leur était désavantageux. Mais ils n'étaient point prêts à relever le trône. Ils étaient divisés en deux fractions à peu près égales, légitimiste et orléaniste, et chacune avait un prétendant tenant en échec celui de l'autre. D'ailleurs ils ne formaient encore qu'une masse confuse et inexpérimentée. Ils ne pouvaient rien entreprendre sans M. Thiers qui, après avoir été à leur tête aux élections, était leur chef au gouvernement.

L'appel de M. Thiers à une trêve des partis avait eu lieu au cours d'une discussion qui avait, une fois de plus, mis aux prises les républicains et les monarchistes. Il s'agissait de désigner la ville où siégeraient l'Assemblée et le gouvernement. On s'accordait à ne pas les laisser à Bordeaux, mais en même temps la majorité voulait absolument les écarter de Paris. L'état de la ville, tombée depuis l'armistice dans une sorte d'anarchie, inspirait de vives craintes ; aller délibérer, dans ces conditions, au milieu d'une population ardemment républicaine, causait une insurmontable répulsion aux monarchistes et aux catholiques de la majorité. La commission appelée à choisir le nouveau siège du gouvernement désignait Fontainebleau, par l'organe de son rapporteur M. Beulé. Les républicains combattirent ce projet. M. Louis Blanc exposa combien il était cruel, après le siège que les Parisiens avaient soutenu au prix de tant de sacrifices, de les priver de la présence du gouvernement ; il fit remarquer quelles conséquences désastreuses pareille mesure pourrait entraîner, en irritant une population déjà surexcitée ; il dit que, précisément parce que la ville était troublée, il fallait aller sur les lieux étudier et combattre le désordre. Mais la détermination de l'Assemblée d'éviter Paris était immuable. M. Thiers personnellement proposa Versailles. Il fit remarquer que Fontainebleau se prêtait mal à l'expédition des affaires ; il était trop éloigné de Paris, où devaient rester les ministères, les administrations, la banque, les tribunaux, le corps diplomatique. Ces raisons parurent décisives et Versailles fut choisi comme siège de l'Assemblée et du gouvernement. La ville était encore occupée par les Prussiens, qui ne devaient l'évacuer que le 13 mars; il fallait, en outre, certains délais pour préparer le palais de Louis XIV à recevoir les députés. L'Assemblée nationale s'ajourna donc le 11 mars, après avoir fixé sa réunion à Versailles le 20.

CHAPITRE II

Le 18 mars.

L'armistice était venu brusquement changer le train de vie des habitants de Paris. Si, pendant le siège, toutes les affaires et les occupations ordinaires avaient été interrompues, le service de la garde nationale avait cependant préservé de l'oisiveté. Les rudiments de tactique et de théorie que les officiers et sous-officiers improvisés avaient dû apprendre, les longues heures consacrées à l'exercice, la garde sur les remparts avec les marches pour s'y rendre et en revenir, le service des avant-postes fait par les mobilisés, avaient suppléé à toute autre occupation. L'armistice, en mettant fin au service de la garde nationale, enleva le seul moyen qui subsistât d'employer le temps. De la conclusion de l'armistice à la signature des préliminaires de paix, la population s'était vue absolument emprisonnée par l'ennemi, qui ne permettait de sortir qu'avec des laissez-passer et de correspondre que par lettres ouvertes; puis, les préliminaires signés, les troupes allemandes continuaient à occuper Saint-Denis et les forts de la rive droite. Le retour à la vie normale dans ces conditions était impossible. La ville avait, pendant le siège, épuisé toutes ses ressources en vivres, en combustible, en matières premières; avant de se remettre au travail, il fallait donc se ravitailler. La réunion et le transport des immenses approvisionnements requis ne pouvaient qu'être très lents. On dut d'abord réparer les chemins de fer; lorsqu'ils furent en état, ils s'encombrèrent et ne purent suffire aux besoins. Tout manquait de la sorte à la population pour reprendre ses anciennes habitudes, aussi vivait-elle dans un désœuvrement absolu. On ne découvrait en ville aucune apparence d'affaires ou d'industrie. Un grand nombre de boutiques étaient fermées, les autres sans acheteurs. Les habitants, revêtus du sombre uniforme de la garde nationale, passaient leur temps dehors, à flâner. Ils stationnaient sur les places, sur les boulevards, aux carrefours. Le plus léger incident, le moindre discoureur suscitaient des attroupements.

Des fractions entières de la population, les ouvriers habiles, les artistes, les employés, les petits boutiquiers qui d'ordinaire vivent à l'aise, par suite de l'élévation de leurs salaires ou de leurs gains quotidiens, étaient dans la détresse. Les hommes valides n'avaient plus pour se suffire que la solde de 1 fr. 50 allouée à la garde nationale, que l'on continuait à payer. La privation de nourriture et de chauffage, les angoisses morales pendant le siège, avaient rendu malades toutes les personnes faibles ou délicates et causé aux autres un véritable épuisement physique; la mortalité restait donc énorme, le siège et ses suites devaient coûter la vie à près de cinquante mille Parisiens (1). Pour remédier à l'insuffisance de nourriture et combattre la fatigue, particulièrement sensible dans les marches au grand air et les nuits passées sur les remparts, les gardes nationaux s'étaient mis à boire. L'approvisionnement de vins et spiritueux, alors que tous les autres avaient manqué, s'était trouvé inépuisable. Un vice naturellement étranger au Français, l'ivrognerie, s'était ainsi développé dans d'énormes proportions. Vers la fin du siège on avait pu voir des bataillons entiers de la garde nationale se rendre aux remparts, dans un état plus ou moins complet d'ébriété. A la paix on continua à boire, pour se remonter physiquement, et aussi par habitude et par oisiveté.

La population de Paris, soumise à de si grandes souffrances, traversait en même temps la plus grave des crises morales. Le sentiment de la lutte à poursuivre, de la victoire à arracher coûte que coûte avait été une passion maîtresse, qui avait enflammé les âmes, empêché de ressentir les misères du jour, atténué les haines, contenu les soupçons. Mais à présent qu'on était vaincu et prisonnier de l'ennemi, elle manquait et tous les germes de dissension, laissés libres, allaient se développer. Machiavel a remarqué que presque tous les grands sièges se terminent par des séditions. Il se passe sans doute, dans le domaine moral, quelque chose d'analogue à ce qu'on observe dans le monde physique. Si une force mise en jeu est subite-

---

(1) Dr Sueur, *La mortalité à Paris pendant le siège*, p. 76.

ment comprimée, comme elle ne peut s'annihiler, elle se transforme en vibrations moléculaires tendant à disjoindre les parties. De même, pendant les sièges, l'acharnement de la défense suscite une surabondance de force nerveuse, qui à la fin, lorsque l'objet auquel elle s'est appliquée, la résistance à l'ennemi, vient à manquer, se divise entre les factions et se dépense en luttes intestines.

Les élections fournirent un premier symptôme du changement d'esprit produit par la fin de la résistance. Le département de la Seine envoyait quarante-trois députés à l'Assemblée nationale. Sauf MM. Jules Favre, Gambetta et Dorian, aucun des membres ou des ministres du gouvernement de la Défense nationale ne fut élu. En exceptant MM. Thiers, Léon Say, les amiraux Saisset, Pothuau, le général Frébault, l'ingénieur Sauvage et quelques maires, les députés nommés appartenaient aux fractions les plus ardentes du parti républicain. En tête venaient M. Louis Blanc avec 216 mille voix, Victor Hugo avec 213 mille, qui représentaient déjà une autre nuance que celle des membres du gouvernement de la Défense nationale ; puis des hommes encore plus accentués, Garibaldi, Ledru-Rollin, Rochefort, et enfin les chefs même du parti de la Commune, Delescluze, Félix Pyat, Millière, Gambon, Malon, Cournet. Ainsi pendant le siège, tant qu'une lueur d'espérance était demeurée, la population avait bien pu, dans certains moments de surexcitation, délaisser le gouvernement de la Défense nationale, mais elle lui était aussitôt revenue. Maintenant, après la capitulation, elle n'élisait que des hommes qui l'eussent attaqué. En effet, il n'y avait pas un Parisien qui ne le tînt directement responsable de la défaite. A l'heure des responsabilités à se partager, tout le monde se déchargeait sur les membres du gouvernement, qui tombaient ainsi dans le dernier discrédit. Ils n'étaient plus que des capitulards, des ineptes, des lâches à balayer au plus vite du pouvoir. Et alors on élisait leurs ennemis, les hommes qui les avaient combattus, auxquels on faisait une sorte d'amende honorable. N'avaient-ils pas en effet, ceux-là, averti sans relâche la population de la défaite qu'on lui ménageait? Ah! si, disait-on, au lieu de les repousser, on les eût acceptés le 31 octobre, le siège eût pu avoir une toute autre conclusion. Ils eussent certes pris des mesures violentes, mais dans les circonstances tragiques que l'on traversait, on voyait bien maintenant que c'est seulement en agissant de la sorte qu'on eût pu trouver le salut. Les hommes du parti extrême voulaient d'ailleurs poursuivre la guerre à outrance, même après la reddition de Paris, et on les choisissait encore à cause de cela. Dans l'exaltation patriotique où l'on se maintenait, nul ne s'inquiétait du sort réservé à Paris, enserré par les Allemands et sous leur canon, si la guerre devait continuer. Les Parisiens, les yeux fixés sur l'Alsace-Lorraine, plutôt que de consentir au démembrement de la patrie, étaient résignés à tout affronter et à tout subir. Ils n'avaient point de renseignements qui leur permissent de décider si on pouvait ou non reprendre la guerre en province. Ils voulaient se persuader qu'on le pouvait, et ils se plaisaient à transformer les immenses levées d'hommes décrétées par M. Gambetta en armées capables de vaincre.

Le dépouillement du scrutin fut à Paris des plus laborieux, tant il y avait de noms inscrits sur les listes. Le résultat de l'élection ne fut connu qu'au bout de quelques jours. Par suite, au moment même où Paris apprenait que ses élus étaient d'ardents républicains, partisans de la résistance à outrance, il découvrait, avec stupeur et colère, que les provinciaux avaient au contraire nommé des monarchistes résolus à la paix. Paris et les départements avaient pendant quatre mois poursuivi séparément leurs destinées. Ils ne se trouvaient après ce temps d'accord que pour repousser le gouvernement de la Défense nationale; mais les Parisiens écartaient le Gal Trochu et ses collègues, comme trop faibles et parce qu'ils avaient capitulé, tandis que les provinciaux rejetaient M. Gambetta et les siens, comme trop violents et parce qu'ils voulaient continuer la guerre. Les hommes du 4 septembre avaient donc formé un véritable gouvernement de juste milieu et de transaction. A leur chute, Paris et la province, auxquels ils avaient servi de trait-d'union, s'en allaient chacun sur une pente fatale aux extrêmes : l'un s'abandonnait aux républicains révolutionnaires, l'autre aux monarchistes réactionnaires. Or c'étaient là deux sortes d'hommes qui, par leur notion absolument dissemblable du droit et de la souveraineté, par l'abîme qu'un siècle de luttes a mis entre elles, ne pouvaient être conciliées sur le même sol.

Lorsqu'ils eurent perdu leur dernière illusion, celle de voir la France continuer la guerre et chasser l'ennemi, les Parisiens furent pris d'une grande aigreur au spectacle de leur misère et se rappelèrent avec amertume les souffrances supportées. De toutes parts maintenant éclatent les plaintes, les regrets, les récriminations. C'était bien la peine de s'être imposé de si durs sacrifices, d'avoir montré tant d'abnégation. Qu'en retirait-on et la France avec soi? Lorsque l'Assemblée nationale fut constituée à Bordeaux, les Parisiens ressentirent une nouvelle angoisse, la république leur sembla perdue. L'Assemblée d'accord avec M. Thiers allait, croyaient-ils, rétablir la monarchie. M. Thiers passait à Paris pour un orléaniste, aux élections de 1869 un grand nombre de républicains avaient combattu sa candidature, et fort peu de gens supposaient que la république pût jamais trouver en lui un défenseur. La possession de la république avait depuis le 4 septembre dédommagé des revers et des souffrances. Si on finissait par être vaincu, au moins on resterait libre, et si Paris combattant ne parvenait à chasser l'ennemi, ses efforts, comme ville de la révolution, auraient toujours réussi à détruire la monarchie. Mais voilà que cette suprême consolation s'évanouissait! La coupe d'amertume débordait et on ne pouvait se résigner, après avoir tant souffert et tout perdu, à se laisser encore enlever la république.

Aussi longtemps que la garde nationale, qui était le peuple armé, conserverait ses armes, Paris devait rester la place forte de la république. Les partis républicains extrêmes cherchent donc à s'emparer tout à fait de la garde nationale.

Pendant le siège, les révolutionnaires jacobins, socialistes, n'avaient cessé de s'organiser et de resserrer leurs liens ; chaque échec leur avait servi de leçon pour s'y mieux prendre à l'avenir. Ils avaient fait trêve à leurs dissensions, depuis qu'ils avaient trouvé un cri de guerre, la Commune, qui les ralliait tous. Leurs principaux organes de domination étaient le Comité des vingt arrondissements constitué pendant le siège dans les réunions publiques (1), la Fédération des chambres syndicales, et l'Association internationale des travailleurs. Cette dernière, à la fin de l'empire, était devenue une armée, poursuivant le triomphe du socialisme par la révolution, passée maintenant presque tout entière à la Commune. Ses chefs se réunissaient dans une salle de la rue de la Corderie, où siégeaient également la Fédération des chambres syndicales et le Comité des vingt arrondissements (2). Le parti de la Commune sentit le besoin, à côté de ces associations, d'en créer une nouvelle qui s'appliquât spécialement à la garde nationale et en assurât la direction. La tendance, au sein de la garde nationale, à établir une organisation indépendante, en faisant représenter les hommes par des

(1) Lissagaray, *Histoire de la Commune*, p. 23.
(2) *Id., ibid.*, p. 23-76.

délégués, était du reste ancienne et, le 10 décembre, le gouvernement de la Défense nationale avait été obligé de dissoudre les comités, qui, dans certains bataillons, cherchaient à contrôler le commandement (1). A la fin de janvier, des candidats à la députation avaient provoqué une grande réunion de gardes nationaux au Cirque. On y avait arrêté une liste de candidats et chargé le bureau de ménager une nouvelle réunion (2). Les élections avaient eu lieu, mais on était tourmenté de la crainte de voir restaurer la monarchie et l'idée de grouper en un faisceau les bataillons de la garde nationale germait de divers côtés. Aussi la réunion décidée au Cirque se tenait-elle au Wauxhall le 15 février. Un grand nombre de gardes nationaux, plus ou moins régulièrement délégués, y assistèrent. Un comité provisoire soumit à l'assemblée un projet de statuts d'une fédération des bataillons de la garde nationale. Une troisième réunion, encore mieux préparée, eut lieu au Wauxhall le 24 février (3). Deux mille délégués des compagnies s'y rencontrèrent. Les statuts de la fédération furent discutés de nouveau, sans qu'on parvînt cependant à s'accorder d'une rédaction définitive. Mais le comité provisoire devint le Comité central et fut reconnu, par les autres associations siégeant à la Corderie, comme le représentant autorisé de la garde nationale fédérée.

(1) De Mortemart, *Enquête parlementaire sur le 18 Mars*, p. 373.
(2) Lissagaray, *Histoire de la Commune*, p. 70.
(3) Lanjalley et Corriez, *Histoire de la Révolution du 18 Mars*, p. 14.

Les délégués réunis au Wauxhall le 24 février avaient pris la résolution suivante : « La garde na-
« tionale proteste, par l'organe de son Comité central,
« contre toute tentative de désarmement et déclare
« qu'elle y résistera au besoin par les armes. » Puis, comme ce jour-là était l'anniversaire de la révolution de février 1848, ils se rendirent sur la place de la Bastille et participèrent aux manifestations qu'y faisait la garde nationale. Des députations défilaient devant la colonne de Juillet, au bruit du tambour, drapeau en tête, déposant à la grille et sur le piédestal des couronnes d'immortelles. Des orateurs prononçaient des discours enflammés, accompagnés du cri de : Vive la République. Un peuple immense stationnait sur la place et dans les rues voisines. Le drapeau rouge flottait sur la colonne. Les manifestations, le défilé et les discours continuèrent le 25 et le 26 ; aux gardes nationaux se joignaient maintenant des mobiles, des soldats et des femmes. La foule sur la place devenait de plus en plus fiévreuse. Le 26, un agent de police, Vincenzoni, découvert un carnet et un crayon (1) à la main, recueillant les numéros des bataillons, est saisi par des chasseurs à pied (2). Une bande de furieux demande à grands cris sa mort. Il est conduit sur le bord du canal, attaché à une planche, jeté à l'eau et frappé d'une grêle de pierres. Des milliers d'hommes le regardent noyer sans intervenir.

L'armistice était près d'expirer et le bruit se ré-

(1) *Journal des Débats*, 27 février 1871.
(2) Choppin, *Enquête parlementaire sur le* 18 *Mars*, p. 223.

pand, dans la ville déjà si pleine d'effervescence, que les Prussiens vont entrer. Paris se considérait comme ayant triomphé d'eux, puisque la famine seule l'avait réduit. Aussi leur prétention de pénétrer dans ses murs paraissait-elle injustifiable et était-elle ressentie comme un outrage. L'indignation et la colère populaires débordaient. Dans la réunion du 24 au Wauxhall, les délégués de la garde nationale avaient déclaré qu'ils s'opposeraient à l'entrée des Prussiens. Le Comité central avait, en conséquence, décidé qu'il mettrait la garde nationale sur pied pour les repousser. La rumeur publique annonce qu'ils entreront le 27, aussi le 26 au soir la ville est-elle pleine de tumulte. On cherche à organiser la résistance. Des bataillons spontanément réunis surveillent les portes et parcourent les rues toute la nuit (1). En même temps on se dit que les canons de la garde nationale sont parqués à Passy, et place Wagram, dans la zone que l'ennemi doit occuper, et on ne doute point qu'il ne s'en empare. Ces canons intéressaient particulièrement les Parisiens, beaucoup avaient été fondus pendant le siège, à l'aide de souscriptions patriotiques, ils portaient le chiffre des bataillons ou le nom des souscripteurs auxquels ils étaient dus. A la nouvelle qu'on peut les perdre, tout le monde s'alarme. On sonne le tocsin, on bat le rappel. Des bandes d'hommes et de femmes partent des quartiers les plus éloignés pour aller les chercher. On n'a pas de chevaux, on s'attèle aux pièces avec des cordes et

(1) Gal Vinoy, *L'armistice et la Commune*, p. 144.

on les emmène au loin, dans des lieux sûrs, le plus grand nombre à Montmartre, d'autres aux Buttes Chaumont et place des Vosges.

Cependant lorsqu'on sut que la garde nationale voulait s'opposer à l'entrée des Prussiens, l'inquiétude devint générale. Tous les hommes qui, dans le parti de la Commune, avaient conservé du sang-froid jugèrent combien pareille tentative pourrait leur être funeste. L'Association internationale des travailleurs, qui prétendait s'élever au-dessus des haines de peuples, combattit la résistance et, soutenue par les autres groupes de la Corderie, fit revenir le Comité central sur sa détermination. L'Internationale, le Comité des vingt arrondissements, le Comité central s'emploient maintenant à calmer la garde nationale. Des appels à la retenue sont affichés sur les murs et insérés dans les journaux, qui secondent l'effort des comités. Ces exhortations produisirent leur effet, mais furent surtout aidées, lorsque l'entrée des Prussiens fut enfin officiellement annoncée, par l'avis qu'en dédommagement Belfort restait à la France. L'humiliation à supporter était compensée par un avantage procuré à la patrie, et la population se résigna.

Le 1er mars, qui vit entrer les Prussiens, fut un jour de deuil public. Les journaux avaient suspendu leur publication; la Bourse, les théâtres, les cafés, un grand nombre de boutiques demeurèrent fermés; des drapeaux avec des crêpes pendaient aux maisons. Les habitants montrèrent un calme et une douleur dignes, évitant les quartiers occupés. Les Prussiens restèrent confinés entre la Seine et les rues des Ternes et du faubourg Saint-Honoré. On avait dressé des barrières, aux limites qui leur étaient assignées. Ils étaient ainsi comme parqués dans un coin de la ville, et ressemblaient assez peu à des triomphateurs. Le traité les autorisait à visiter sans armes les Invalides et le Louvre. Ils renoncèrent à se rendre aux Invalides, tant la population était hostile. Les quelques escouades qui parcoururent le Louvre trouvèrent les fenêtres blindées, par précaution contre le bombardement, et les salles pleines d'ombre.

Dans la crise amenée par l'occupation de Paris, le parti de la Commune et le Comité central s'étaient produits au grand jour et avaient montré leur influence. Ils s'appliquent maintenant à parfaire leur organisation. Le 9 mars deux cents bataillons envoyèrent des délégués au Wauxhall (1). Les statuts de la Fédération républicaine de la garde nationale furent lus et définitivement acceptés. Le préambule déclarait que « la république, étant le seul gouverne- « ment de droit et de justice, ne peut être subordonnée « au suffrage universel, qui est son œuvre. » Et l'article 6 : « les délégués de la garde nationale devront pré- « venir toute tentative qui aurait pour but le renver- « sement de la république. » Le Comité central devait être désormais formé des chefs de légion et de trois délégués par arrondissement, élus par les compagnies, les bataillons, les légions. On décida

(1) Lissagaray, *Histoire de la Commune*, p. 78.

la réélection immédiate des officiers de tout grade.

Pendant que le parti de la Commune étendait la main sur la garde nationale, le commandement régulier se désorganisait au contraire et perdait toute influence. A la fin du siège, un grand nombre d'officiers de l'état-major et des bataillons avaient pris des laissez-passer et étaient allés au dehors, se reposer de leurs fatigues. Le Gal Clément Thomas et son chef d'état-major le colonel Montagut donnèrent leur démission le 14 février, déclarant que l'abandon de leurs officiers, joint à la retraite du gouvernement de la Défense nationale et de leur ancien chef le Gal Trochu (1), leur enlevait toute autorité et ne leur permettait plus d'assumer les responsabilités du commandement. M. Thiers les remplaça par le G^{al} d'Aurelle de Paladines. Mais dans l'état d'esprit de la population, le choix d'un officier de l'armée régulière fut très mal pris. Le général, étranger à Paris, ne pouvait remédier aux difficultés de sa situation et il n'exerça jamais qu'une autorité nominale.

Les canons enlevés par le peuple, avant l'entrée des Prussiens, étaient restés à Montmartre et place des Vosges, où on les avait d'abord traînés. Là, les gardes nationaux fédérés en avaient pris possession. A Montmartre les pièces, au nombre de 170 (2), étaient parquées au sommet de la butte, dans un terrain entouré d'une tranchée et surveillé par des postes fédérés.

---

(1) Colonel Montagut, *Enquête parlem. sur le 18 Mars*, p. 359.
(2) Gal Vinoy, *L'armistice et la Commune*, p. 217. Lissagaray, *Histoire de la Commune*, p. 88.

Montmartre organisa en outre un comité local siégeant rue des Rosiers, pour diriger les bataillons de sa garde nationale et veiller à sa défense. Le gouvernement essaya de se faire rendre les canons, par l'entremise du maire de l'arrondissement M. Clémenceau, auquel des officiers de la garde nationale avaient cru pouvoir les promettre, mais en définitive ceux qui les détenaient refusèrent de les livrer. Les fédérés enlevaient en outre chaque jour, sur les remparts ou dans les dépôts, de nouveaux canons, des chassepots, des munitions (1); l'autorité militaire était sans force pour réprimer ce pillage et le parti de la Commune complétait ainsi son armement. Le 15 mars les délégués de 215 bataillons de la garde nationale fédérée se réunirent au Wauxhall (2). L'élection régulière des membres du Comité central eut lieu, dans les formes prescrites par les statuts de la fédération. Garibaldi fut acclamé général en chef et Lullier colonel, commandant l'artillerie. Des comités de défense locale étaient en outre constitués dans la plupart des arrondissements (3).

Au moment où le parti de la Commune prenait ces dispositions, une série d'actes de l'autorité militaire à Paris et de l'Assemblée et du gouvernement à Bordeaux venait encore accroître l'esprit de révolte. Le 11 mars le conseil de guerre chargé de juger les fauteurs de l'insurrection du 31 octobre condamnait à

---

(1) Gal Vinoy, *L'armistice et la Commune*, p. 191, 201.
(2) Lissagaray, *Histoire*, p. 86.
(3) *Id., ibid.*, p. 85.

mort, par contumace, Flourens et Blanqui. Ce jugement, rendu si longtemps après l'événement, frappa le peuple de surprise et lui parut injustifiable. Comment ! on poursuivait encore des hommes pour avoir combattu le gouvernement de la Défense nationale ! Mais Paris venait précisément de le repousser et de le honnir, il n'avait élu député aucun de ses membres, il avait au contraire acclamé et élu ses pires ennemis, ceux-là mêmes qui avaient voulu le renverser. Blanqui et Flourens protestèrent contre la sentence qui les frappait, et ils continuèrent à éluder les recherches de la police. Le 11 mars encore le Gal Vinoy, commandant l'état de siège, supprimait, sur l'ordre du gouvernement, six des principaux journaux du parti de la Commune, parmi lesquels le *Vengeur* de Félix Pyat, le *Cri du peuple* de Jules Vallès, le *Mot d'ordre* de Rochefort, le *Père Duchêne* de Vermesch.

Les Parisiens avaient senti se développer leur irritation contre l'Assemblée nationale, à l'occasion de l'hostilité témoignée au Gal Garibaldi leur élu, et, chaque jour, les récriminations et les propos malveillants échangés entre les députés monarchistes et les républicains l'avaient ensuite alimentée. A Bordeaux on méconnaissait tellement l'état anormal de Paris qu'on contribuait, tant par ce qu'on oubliait de faire que par ce qu'on accomplissait, à perpétuer le malaise et l'anxiété de la population.

Pendant le siège, très peu de locataires avaient pu payer leur loyer. Les endettés se demandaient maintenant, dans la gêne où ils étaient tombés, s'ils parviendraient jamais à se libérer. Et alors resteraient-ils éternellement sous le coup des poursuites des propriétaires et des menaces d'éviction ? La question des loyers était ainsi devenue un véritable tourment. Elle faisait le sujet d'interminables discussions dans la presse et les clubs. Les socialistes, presque tous les ouvriers demandaient que, puisqu'en souffrant pour la patrie, on avait été privé de salaire et de revenu, on fût légalement déchargé de l'obligation de payer ses loyers ; les autres proposaient toutes sortes de transactions, entre les intérêts des propriétaires et ceux des locataires, mais l'opinion était unanime qu'il y avait des mesures à prendre, qui nécessitaient l'intervention immédiate du législateur. Cependant le gouvernement négligeait cette question. Le garde des sceaux, M. Dufaure, déclarait qu'il l'étudierait (1) lorsque, l'Assemblée ayant quitté Bordeaux, il pourrait se transporter à Paris. Cet ajournement était considéré, par les Parisiens, comme un déni de justice, aussi partaient-ils de là pour ajouter foi au bruit répandu, que l'Assemblée allait absolument supprimer la solde de la garde nationale et les priver de leur dernier moyen d'existence.

Depuis le jour, le 13 août 1870, où le Corps législatif avait une première fois prorogé l'échéance des billets de commerce, on avait vécu, de prorogation en prorogation, sans rien payer. Le 10 mars M. Dufaure faisait adopter par l'Assemblée une loi

(1) Dufaure, *Séance du 10 Mars, Assemblée nationale.*

qui ramenait au droit commun, en rendant exigible sept mois, date pour date, après l'échéance inscrite aux titres, tous les effets échus du 13 août au 12 novembre. Les premiers effets, qui eussent profité d'une prorogation, devenaient payables le 13 mars, c'est-à-dire immédiatement. A Paris, où les affaires étaient nulles et où il était impossible de remplir ses engagements, cette loi exposait une foule de gens à des protêts et à la faillite. Les commerçants furent maintenant presque intéressés à voir se prolonger la crise politique, pour dérober leurs embarras particuliers dans la ruine générale, et la classe la plus naturellement portée à soutenir le pouvoir établi, quel qu'il soit, se promit au moins, cette fois-ci, de rester neutre entre le gouvernement et ses ennemis.

Par surcroît, l'établissement du gouvernement à Versailles vint froisser les Parisiens dans leurs sentiments les plus chers. La pensée que leur ville pût cesser d'être capitale ne leur était jamais venue à l'esprit; transporter le siège du gouvernement au dehors, leur semblait donc un fait contre nature. Aux yeux de ses habitants, Paris n'est pas une ville ou même une capitale ordinaire, c'est la ville des villes, la capitale du monde. Pour beaucoup de républicains, c'est le foyer de la Révolution, et, à ce titre, l'objet d'un véritable culte. Les Parisiens se sentaient blessés, au plus vif de leur orgueil, en pensant qu'ils étaient frappés par des monarchistes et des ruraux, c'est-à-dire par des hommes qu'ils ne considéraient qu'avec dédain. Ils craignaient en outre que la perte du gouvernement ne leur causât des dommages matériels et un appauvrissement, et ils se demandaient avec angoisse si, dans la situation qu'on leur faisait, ils pourraient jamais se relever de leur misère et revoir leurs anciens jours de prospérité et de splendeur. A partir du jour où l'Assemblée décide de s'établir à Versailles, les classes populaires adhèrent définitivement au parti de la Commune; les hommes que leurs opinions modérées ou leur position sociale empêchent de suivre cet exemple se déclarent neutres, et se désintéressent de la chose publique. En temps normal, l'Assemblée eût encore pu rallier, dans certains quartiers, une partie des habitants monarchistes comme elle d'opinion, mais cet appui lui manquait alors, car c'était précisément là la classe riche qui, le siège fini, s'était empressée d'aller chercher le repos au loin. De telle sorte qu'à l'heure où elle devait se retrouver à Versailles, l'Assemblée n'avait point d'adhérents dans Paris et ne pouvait commander le concours d'aucune fraction de la population.

Pendant le séjour de l'Assemblée et de M. Thiers à Bordeaux, l'administration de Paris avait été remise à MM. Jules Favre, Picard, Pouyer-Quertier, ministres des affaires étrangères, de l'intérieur et des finances, à M. Jules Ferry exerçant les fonctions de préfet de la Seine, au Gal Vinoy commandant l'armée, et au G^{al} d'Aurelle commandant la garde nationale. Ils se réunissaient en conseil tous les soirs (1) et se rendaient parfaitement compte de la situation. Les

(1) G^{al} d'Aurelle, *Enquête parlementaire sur le 18 Mars*, p. 367.

gardes nationaux de Montmartre tenaient leurs canons braqués sur la ville. Le Comité central couvrait les murs de ses adresses et publiait le procès-verbal de ses séances dans les journaux. Les membres du conseil voyaient donc l'insurrection se préparer au grand jour, mais ils étaient sans force contre elle. Le Gal Vinoy disposait de trop peu de troupes, pour courir le risque d'engager une bataille; le G^al d'Aurelle avait reconnu qu'il ne parviendrait point à se faire obéir de la garde nationale; le préfet de police déclarait que ses agents, traqués dans la ville, ne pouvaient appréhender les condamnés contumaces ou les membres des comités qu'on leur signalait (1). Le Gal Vinoy était cependant parvenu à mettre fin à une des difficultés du moment, en renvoyant dans leurs foyers les soldats désarmés de l'armée de Paris. Ces hommes, en contact avec la population, soumis à des excitations de toute sorte, eussent certainement grossi les rangs de l'insurrection. Les chemins de fer encombrés ne pouvaient les emmener assez vite. Le Gal Vinoy les achemina par les grandes routes; leurs dernières colonnes partaient le 15 mars. Ce jour-là même M. Thiers arrivait à Paris venant de Bordeaux.

Les ministres et les généraux réunis lui firent connaître l'état de la ville et la prévision qu'ils avaient d'une insurrection (2). Il était impossible de désarmer le peuple de Paris, mais ne pourrait-on pas au moins

---

(1) Chopin, G^al d'Aurelle, *Enquête parlementaire sur le 18 Mars*, p. 227, 368.

(2) G^al d'Aurelle, *Enquête parlementaire*, p. 367.

reprendre les canons braqués à Montmartre et aux Buttes-Chaumont, qui transformaient la garde nationale en armée sur le pied de guerre. La tentative de reprendre les canons par la force parut si grosse de conséquences, que la majorité des membres du conseil émit l'avis de temporiser (1). M. Thiers essaya alors, à son tour, de les obtenir de plein gré. (2). Il vit un certain nombre de républicains influents qui l'assurèrent qu'ils seraient rendus. On envoya, une nuit, des attelages chercher, place des Vosges, les canons promis ; ils furent repoussés avec leurs conducteurs, par les habitants du quartier. Il était donc bien évident que les canons ne seraient point rendus par ceux qui les gardaient. M. Thiers pensa que son gouvernement ne pouvait, sans perdre toute autorité, se laisser ainsi braver et, quoique la majorité des membres du conseil inclinât encore à temporiser, il fit prévaloir son opinion de brusquer le dénouement (3).

Le Gal Vinoy ne disposait que de 25 à 30 mille hommes, fort démoralisés par les défaites et la capitulation. On ne pouvait tenter avec eux qu'une opération rapide et circonscrite. Aussi décida-t-on qu'on les porterait à l'improviste, au milieu de la nuit, sur Montmartre et Belleville. On espérait ainsi s'emparer des canons, avant que la population avertie n'eut le temps de résister. Dans la nuit du 17 au 18 mars une

(1) G^{al} d'Aurelle, *Enquête parlementaire*, p. 367.
(2) Thiers, *Enquête parlementaire*, p. 176.
(3) G^{al} d'Aurelle, *Enquête parlementaire*, p. 368.

proclamation est placardée sur les murs de Paris signée de M. Thiers et des ministres. Elle invite les citoyens à se rallier au gouvernement pour rétablir l'ordre dans la ville ; puis elle annonce que les troupes vont reprendre les canons, propriété de l'État, qui, tombés dans des mains criminelles, sont une menace permanente de guerre civile. Selon le plan arrêté, à 3 heures du matin Montmartre se trouva occupé militairement par la division du Gal Susbielle et Belleville par celle du Gal Faron. Des troupes de soutien étaient placées au boulevard Clichy, à la place du Château-d'Eau, à la place de la Bastille. Une dernière réserve, à l'Ecole militaire, devait recevoir l'artillerie reprise. Personne à Montmartre n'avait eu l'éveil. Les troupes pénètrent sans obstacle, sur la butte, dans le terrain où sont les canons et commencent à détruire les tranchées pratiquées par les fédérés. Faire arriver, à travers des rues montantes, les attelages destinés aux pièces, sortir celles-ci du terrain par un étroit passage, les atteler, les emmener était une opération lente et des plus compliquées. Deux heures se sont passées à attendre les attelages, ils sont en partie arrivés et un certain nombre de pièces ont été traînées en bas de la butte. Mais, dans l'intervalle, la population de Montmartre fort émue s'est mise sur pied. Les femmes et les enfants remplissent les rues. Les gardes nationaux fédérés prennent les armes et s'assemblent au bas de la rue Muller. Une fois en nombre, ils s'approchent du premier cordon de troupes, déployé en tirailleurs. Les soldats, pressés par les femmes et les enfants qui leur crient de ne pas tirer, se laissent désarmer. Les gardes nationaux avancent sur le gros des troupes. Le 88° de ligne met la crosse en l'air et fraternise avec eux. Le Gal Lecomte qui commande et ses officiers sont faits prisonniers. La brigade en réserve sur le boulevard Clichy avait été également entourée par la foule. Le G^el Susbielle fait charger les cavaliers de son escorte pour s'ouvrir la rue Houdon, vers le haut de Montmartre. L'officier qui mène la charge est tué d'un coup de feu et les cavaliers prennent la fuite. L'infanterie témoignait de telles dispositions qu'il fallut la replier rapidement dans l'intérieur de Paris, crainte de la voir passer au peuple. Le Gal Faron lui aussi s'était d'abord emparé de Belleville sans coup férir, puis, entouré par des masses de gardes nationaux hostiles, il avait dû abandonner la position et ramener ses troupes.

Pendant que l'armée agirait, le G^al d'Aurelle devait assembler la garde nationale fidèle. Le 17 mars au soir il avait appelé 30 chefs de bataillons, les seuls sur les 260 existant qu'il crût bien disposés. Il leur avait demandé si, en cas de trouble, leurs hommes appuieraient le gouvernement. Ils avaient unanimement répondu qu'il n'y fallait point compter (1). Le G^al d'Aurelle fit néanmoins battre le rappel le 18 dès 6 heures du matin et, pendant plusieurs heures, les tambours parcoururent les quartiers riches et réputés les plus conservateurs. Les habitants sortaient des maisons, lisaient les affiches, échangeaient leurs im-

(1) G^al d'Aurelle, *Enquête parlementaire*, p. 368.

pressions, mais ils ne s'armaient point. C'est à peine
si cinq à six cents finirent par répondre à l'appel, si
mal disposés qu'ils voulurent arrêter l'officier d'état-
major du G^al d'Aurelle (1) et qu'on fut obligé de les
renvoyer chez eux.

M. Thiers et les ministres s'étaient réunis au ministère des affaires étrangères. Lorsque, vers midi, ils apprirent l'insuccès complet de l'armée et l'abandon de la
garde nationale des quartiers les plus conservateurs,
la situation leur parut affreuse. Ils allaient avoir sur les
bras la garde nationale acquise au Comité central qui,
de toutes parts, se soulevait et, jugeant par ce qui venait
de se passer, les troupes, loin de les défendre, se
joindraient probablement à l'insurrection. M. Thiers
émit l'avis d'abandonner Paris pour se retirer,
sans attendre, à Versailles. On ne pouvait rappeler
les soldats à la discipline qu'en les soustrayant à l'influence des Parisiens. A Versailles on protégerait
l'Assemblée nationale source de toute autorité légale
et, avec elle, on conserverait la domination de la
France. L'insurrection, qu'on était incapable de vaincre dans le moment, s'emparerait, il est vrai, de Paris,
mais elle y serait localisée, puis, quand on aurait réuni
des forces militaires suffisantes, on reprendrait la
ville pour l'écraser (2). M. Thiers réussit à faire partager ses vues au conseil des ministres. L'évacuation
fut donc décidée et le Gal Vinoy reçut l'ordre écrit

(1) G^al d'Aurelle, *Enquête parlementaire*, p. 368.
(2) Gal Leflo, *Enquête parlementaire*, p. 208. Gal Vinoy, *ibid.*,
p. 217.

de l'effectuer. Dans l'après-midi, trois bataillons fédérés de Grenelle passèrent devant le ministère des affaires étrangères, se rendant à l'appel du Comité central. Le palais, qui n'était gardé que par un petit nombre de chasseurs à pied, s'offrait à eux, si la pensée leur fût venue de l'occuper. Pour soustraire M. Thiers au péril, on le fit sortir par derrière, et il prit à la hâte le chemin de Versailles, accompagné des cavaliers qui servaient d'escorte au Gal Vinoy. Comme première précaution, l'ordre avait été donné de concentrer les troupes sur la rive gauche de la Seine. En occupant les ponts devant soi on serait à même de repousser une attaque et on garderait les portes qui ouvrent sur Versailles. Les corps restés en arrière eurent peine à traverser les quartiers insurgés. Un régiment entier, le 120ᵉ de ligne, fut désarmé à la caserne du Prince-Eugène et retenu par le peuple ; y compris les pertes du matin, l'armée abandonnait 5000 des siens dans Paris (1).

Le Gal Lecomte et les officiers pris avec lui ou arrêtés sur divers points de Montmartre avaient été conduits au Château-Rouge, un bal public de la chaussée de Clignancourt. Les abords et les jardins de la maison furent bientôt remplis par une foule furieuse, proférant des menaces de mort et cherchant à les exécuter. Les officiers fédérés chargés de garder les prisonniers, s'efforçaient de les protéger ; à la fin, ne recevant point d'ordres, ils décidèrent de les transférer sur la butte, à

---

(1) Gal Appert, *Rapport d'ensemble sur les opérations de la justice militaire*, p. 419.

la rue des Rosiers, où devait siéger le comité de défense de l'arrondissement. On les lui remettrait et il statuerait sur leur sort. A trois heures et demie les prisonniers sont emmenés sous l'escorte de gardes nationaux fédérés ; dans le trajet, ils subissent toutes sortes d'outrages et courent les plus grands dangers. On ne trouva point le comité rue des Rosiers. Il siégeait ailleurs, à la mairie. Les scènes de violence du Château-Rouge se renouvellent à la maison de la rue des Rosiers. Au sein de la foule, certains réclament la mort sommaire et immédiate, d'autres veulent le jugement préalable d'un conseil de guerre. Les discussions continuaient, on n'avait formé un conseil de guerre qu'après toutes sortes de retards, les officiers et les fédérés armés tenaient toujours les furieux en échec, lorsqu'à cinq heures une clameur s'élève (1), et, à la suite d'une bousculade affreuse dans la cour de la maison, les prisonniers voient jeter au milieu d'eux un vieillard habillé en bourgeois. C'était l'ancien général de la garde nationale, Clément Thomas, qui venait d'être reconnu place Pigalle, où il se promenait en curieux, et immédiatement arrêté.

Clément Thomas était un vieux républicain, intègre et courageux. Comme chef de la garde nationale, il avait dû sévir contre cette lie du peuple entrée dans les rangs, puisque toute la population avait été indistinctement armée. Il avait, à diverses reprises, flétri, par des ordres du jour, les bataillons qui avaient failli au devoir ou à la discipline et, entre autres, les tirail-

(1) *Récit du capitaine Beugnot.*

leurs de Flourens. Sa sévérité et son amitié pour les hommes du 4 septembre l'avaient donc rendu odieux aux partisans de la Commune. A partir du moment où il est amené rue des Rosiers, les officiers fédérés perdent tout empire sur leurs hommes, ils ne peuvent plus contenir la foule qui se déchaîne dans sa bestialité et veut du sang. Un capitaine fédéré court à la mairie de Montmartre chercher le maire, M. Clémenceau. Avant que celui-ci n'ait pu arriver, la foule se rue dans la maison, saisit le Gal Clément Thomas, l'arrache des mains de quelques hommes courageux qui luttent pour le sauver et l'entraîne dans le jardin. C'est à qui tirera sur lui le plus vite. Il reçoit successivement une douzaine de balles. Le Gal Lecomte est amené ensuite. Ce sont des soldats débandés qui, depuis le matin, ont avec le plus d'acharnement demandé sa mort, et maintenant ce sont eux qui se mettent en tête du peloton pour le fusiller. La fureur sanguinaire de la foule se calma cependant après ce double meurtre. Les officiers prisonniers, qui s'attendaient à partager le sort des généraux, furent épargnés et le lendemain remis en liberté.

L'opération militaire tentée le matin par le gouvernement avait été si peu prévue que, partout, les prises d'armes des gardes nationaux fédérés avaient devancé les ordres et les instructions des comités. Le Comité central avait, depuis quelques jours, abandonné la rue de la Corderie, pour éluder la surveillance de la police. Il se réunissait maintenant dans une école de la rue Basfroi, derrière la place de la Bastille. Ses membres apprirent le 18 mars au matin la tentative du gouvernement, par la rumeur publique et les affiches placardées sur les murs (1). Nommés depuis peu, ayant à peine siégé ensemble, encore étrangers à la décision de grandes affaires, ils n'avaient formé aucun plan d'action et n'avaient surtout rien conçu, en prévision d'un coup comme celui que le gouvernement avait essayé de leur porter (2). Un certain nombre accourut rue Basfroi, mais ils ne purent tenir de la journée de véritable séance. La plupart étant dans leurs arrondissements les hommes d'action en vue, durent y rester, pour stimuler la garde nationale et veiller à la défense locale. L'insurrection, quoiqu'elle grandît d'heure en heure, resta de la sorte longtemps confinée aux quartiers populaires. Le soir seulement elle commença à se porter en avant et de nombreux bataillons se dirigèrent sur l'Hôtel de ville (3). M. Jules Ferry voulait s'y défendre, ce ne fut que sur des ordres réitérés qu'il se résigna à l'évacuer. Les fédérés y entrèrent sans coup férir à dix heures du soir (4). Ils occupèrent en même temps la préfecture de police, l'état-major de la place Vendôme, l'imprimerie nationale, mais ils ne cherchèrent point à attaquer les troupes qui étaient encore dans Paris. Ils évitèrent au contraire les quartiers où elles s'étaient repliées. L'armée put ainsi se retirer à Versailles dans la nuit sans être inquiétée. Les ministres et les prin-

(1) Lissagaray, *Histoire*, p. 11 (appendice).
(2) Déposition Jourde, *Procès des membres de la Commune.*
(3) Lissagaray, *Histoire*, p. 11 (appendice).
(4) Jules Ferry, *Enquête parlementaire*, p. 204.

cipaux fonctionnaires partirent en même temps ou le lendemain matin.

Le 19 mars Paris était abandonné par le gouvernement. Le Comité central siégeait à l'Hôtel de ville, sous les plis du drapeau rouge.

Il avait placardé la proclamation suivante :

AU PEUPLE.

« Citoyens,

« Le peuple de Paris a secoué le joug qu'on essayait de lui imposer.

« Calme, impassible dans sa force, il a attendu sans crainte, comme sans provocation, les fous éhontés qui voulaient toucher à la République.

« Cette fois nos frères de l'armée n'ont pas voulu porter la main sur l'arche sainte de nos libertés. Merci à tous, et que Paris et la France jettent ensemble les bases d'une république acclamée avec toutes ses conséquences, le seul gouvernement qui fermera pour toujours l'ère des invasions et des guerres civiles.

« L'état de siège est levé.

« Le peuple de Paris est convoqué dans ses sections pour faire ses élections communales.

« La sûreté de tous les citoyens est assurée par le concours de la garde nationale.

« *Le Comité central de la garde nationale :*

« ASSI, BILLIORAY, FERRAT, BABICK, Édouard MOREAU, C. DUPONT, VARLIN, BOURSIER, MORTIER, GOUHIER, LAVALETTE, Fr. JOURDE, ROUSSEAU, Ch. LULLIER, BLANCHET, J. GROLLARD, BARROUD, H. GÉRESME, FABRE, POUGERET. »

Le 19 était un dimanche, les promeneurs circulaient en foule dans les rues. Ils examinaient placidement les barricades élevées par les fédérés, autour de l'Hôtel de ville et sur d'autres points. Ils s'attroupaient pour lire les affiches du Comité central. La seule impression qu'ils manifestassent était l'étonnement de voir à la tête du parti vainqueur des hommes absolument obscurs et inconnus. La population restait ainsi dans l'apathie et l'indifférence, comme si les événements ne l'eussent point concernée. Le Comité central faisait successivement occuper les ministères, la plupart des mairies et des édifices publics. Il allait trouver évacués les forts du sud de Paris, Ivry, Bicêtre, Montrouge, Vanves et Issy. Le château de Vincennes lui fut remis trois jours après, par les artilleurs que le gouvernement y avait laissés.

La retraite de l'armée de Paris sur Versailles avait eu toutes les apparences d'une fuite. Les soldats étaient si mal disposés qu'ils insultaient les gendarmes et les gardiens de la paix qui cheminaient avec eux (1). Versailles était dans la plus grande agitation. Il recevait simultanément les députés à l'Assemblée nationale, les membres du gouvernement, les employés des ministères, les fuyards de toute sorte qui abandonnaient Paris. Tous arrivaient pleins de colère et d'indignation, mais surtout saisis de panique, craignant de voir apparaître à chaque instant la garde nationale parisienne. M. Thiers n'avait qu'une pensée, réunir au plus vite des forces suffisantes pour repousser une

(1) Marseille, *Enquête parlementaire*, p. 263.

attaque. Il avait donc prescrit d'abandonner non seulement la ville de Paris, mais encore les forts. Le Mont-Valérien lui-même fut évacué. Dans la nuit du 19 au 20, sur les représentations du Gal Vinoy, M. Thiers se décida cependant à le faire réoccuper. On y dépêcha un bataillon du 119e de ligne, qui devança les gardes nationaux envoyés par le Comité central et le conserva (1). M. Thiers fit camper les troupes autour de Versailles, il s'appliqua à les visiter, à satisfaire tous leurs besoins, à les rappeler au sentiment du devoir. Lorsqu'on vit que le moral des troupes se relevait et que les renforts commençaient à arriver, on revint de la panique de la première heure et on se considéra désormais à Versailles comme en sûreté.

Le 18 mars au soir les maires et les adjoints des arrondissements de Paris s'étaient réunis à la mairie du 2e arrondissement, avec un certain nombre de députés de la Seine (2). M. Jules Ferry, en évacuant l'Hôtel de ville, les invitait à s'entremettre pour sauvegarder les archives et la caisse municipale. A minuit, ils reçurent du ministre de l'intérieur un décret, appelant le colonel de la garde nationale Langlois à commander en chef la garde nationale. C'était une concession que le gouvernement faisait à la population. Le colonel Langlois se rendit à l'Hôtel de ville, mais les membres du Comité central refusèrent absolument de le reconnaître et dès lors, impuissant à exercer aucun commandement, il renonça à la mission qu'il avait acceptée. Le 19 mars

---

(1) Gal Vinoy, *Enquête parlementaire*, p. 217.
(2) Frédéric Damé, *La résistance*, p. 56.

les maires reçurent de M. Picard une délégation en règle, pour administrer la ville de Paris, à défaut de l'autorité régulière. Les maires et les adjoints élus du peuple de Paris, et remplaçants autorisés du gouvernement, se trouvent ainsi constituer avec les députés de la Seine, entre le Comité central et le pouvoir légal, une sorte de troisième puissance ou corps intermédiaire, et ils vont s'efforcer d'amener une transaction, afin d'éviter la guerre civile.

Le Comité central, le 20 mars, avait dans son journal officiel répudié toute prétention à être un gouvernement. Il s'était simplement saisi, disait-il, de l'autorité abandonnée, pour permettre au peuple de constituer un pouvoir municipal. A cet effet, il avait déjà rendu le 19 un décret, qui appelait les électeurs à élire, le 22 mars, un conseil communal, devant lequel il promettait de s'effacer. Cette attitude modeste et ce rôle restreint qu'il s'attribuait donnèrent une grande force au Comité central. Les craintes de violence révolutionnaire et d'usurpation de la souveraineté que le mot de Commune avait suscitées semblaient dès lors sans fondement. Tout paraissait réduit à une affaire locale, au *self government* de la ville de Paris. Or la question ainsi posée entraînait l'adhésion de presque tous les Parisiens, car ils poursuivaient depuis longtemps avec passion la revendication de franchises municipales. Sous l'empire, le préfet de la Seine, avec un conseil d'hommes nommés par lui, avait, dans son omnipotence, démoli et rebâti une partie de la ville, en accroissant les charges des contribuables et en modifiant toutes les conditions de l'existence. C'était là l'exercice d'un pouvoir qui avait paru odieux aux habitants de Paris, attentatoire à tous leurs droits et à tous leurs intérêts, contre lequel ils n'avaient cessé de protester. Il est vrai que Paris était alors le siège du gouvernement, des Chambres, de la Cour, et ce fait, qui lui assurait une situation privilégiée et des avantages spéciaux, avait servi d'excuse pour le priver de représentation municipale. Mais maintenant que l'Assemblée nationale a transporté ailleurs le siège du gouvernement et des Chambres, il n'existe plus de prétexte qui permette de lui refuser les franchises municipales et il est bien juste, pense-t-on dans son sein, qu'on le laisse constituer sa propre administration. Ce sont donc les élections municipales qui vont former le point de départ de toutes les tentatives de transaction.

Les maires et un certain nombre de députés de la Seine se réunirent le 19 mars à la mairie du 3ᵉ arrondissement, avec une quarantaine de chefs de bataillon de la garde nationale. Le Comité central, l'ayant appris, délibéra sur la conduite à tenir à leur égard (1). La majorité de ses membres pensa qu'il fallait chercher à s'entendre avec les maires : s'ils voulaient se prêter aux élections on les ferait en commun ; on obtiendrait ainsi en France un effet moral considérable et, à Paris, on verrait un plus grand nombre d'électeurs se rendre aux urnes. Le Comité délègue donc un des siens, Arnold, à la mairie du 3ᵉ arrondissement, qui offre aux maires, s'ils consentent à participer aux

(1) Lissagaray, *Histoire de la Commune*, p. 106.

élections, de leur rendre l'Hôtel de ville et les mairies d'arrondissement occupées. Le Comité central se transporterait à l'état-major place Vendôme, en conservant le commandement de la garde nationale et l'exercice de l'autorité militaire dans Paris. Les maires et les députés envoyèrent, au reçu de ces propositions, un certain nombre des leurs à l'Hôtel de ville. Ces commissaires engagèrent avec les membres du Comité central une vive discussion : ils leur dirent qu'ils ne représentaient que l'insurrection et ils protestèrent contre le pouvoir qu'ils s'arrogeaient ; pour eux l'Assemblée de Versailles était la source de toute autorité légale et ils ne pouvaient reconnaître ailleurs le droit de décréter des élections. Les membres du Comité récriminèrent contre le gouvernement et l'Assemblée de Versailles qui avaient abandonné Paris à lui-même après l'avoir provoqué et qui, si on ne les tenait en échec, détruiraient la république. Le débat dura jusqu'à neuf heures et demie du soir sans qu'on parvînt à s'entendre (1). On décida que les pourparlers se poursuivraient à la réunion des maires et des députés, qui se tenait maintenant en permanence à la mairie du 2ᵉ arrondissement. Varlin, Moreau, Jourde et Arnaud, envoyés par le Comité central, trouvent les maires et les députés réunis sous la présidence de M. Tirard, à la fois maire de l'arrondissement et député de la Seine. La discussion recommença des plus vives, ceux du Comité offrant toujours de rendre l'Hôtel de ville, en cas d'accord sur les élec-

(1) F. Damé, *La résistance*, p. 79.

tions, et les maires et les députés niant le droit du Comité d'appeler les électeurs au scrutin et refusant de s'associer avec lui dans aucune convocation électorale. Enfin les maires et les députés s'engagent à user de toute leur influence, pour obtenir du gouvernement à Versailles des élections municipales à bref délai. Les envoyés du Comité central tiennent compte de cette promesse, mais ils exigent des garanties et n'offrent plus que le partage de l'Hôtel de ville (1); en outre l'accord serait rendu public par une affiche faite en commun. M. Louis Blanc s'élève vivement contre cette dernière prétention, il traite les membres du Comité d'insurgés, et déclare qu'il se gardera de tout acte qui l'exposerait à passer pour leur auxiliaire. Jourde répond avec violence qu'en refusant de s'associer au Comité central, ils déchaîneront une guerre terrible; que, s'il venait à être vaincu, son parti ne laisserait rien debout et transformerait certainement le pays en une seconde Pologne (2). M. Tirard proteste, au nom de ses collègues, contre de semblables paroles. Varlin cherche à atténuer le mauvais effet produit par le discours de Jourde. A la fin, après plusieurs heures, les envoyés du Comité central déclarèrent qu'ils se contentaient de la promesse de demander au gouvernement les élections à bref délai, les maires et députés porteraient en outre leur démarche à la connaissance du public par une affiche signée d'eux

(1) Lissagaray, *Histoire de la Commune*, p. 112.
(2) F. Damé, *La résistance*, p. 82. Tirard, *Enquête parlementaire*, p. 325.

seuls. En échange l'Hôtel de ville serait rendu. Mais, le 20 mars au matin, quand le maire M. Bonvalet, avec deux de ses collègues, se présenta pour l'occuper, les membres du Comité central s'écrièrent que leurs envoyés de la veille avaient agi sans mandat en les engageant. Le Comité s'était ravisé; rendre l'Hôtel de ville était un pas en arrière que ses partisans n'eussent point toléré. Le Comité des vingt arrondissements, en séance à la Corderie, se prononçait en effet absolument pour le garder (1). Les membres du Comité central refusèrent donc de céder la place à M. Bonvalet qui dut se retirer.

L'Assemblée nationale tenait sa première séance à Versailles le 20 mars. Ce jour-là même M. Clémenceau, maire du 18° arrondissement et député de la Seine, fidèle à la promesse faite aux envoyés du Comité central de demander à l'Assemblée de promptes élections municipales, déposait sur le bureau le projet de loi « suivant : « 1° Il sera procédé, dans le plus bref délai, à « l'élection d'un conseil municipal pour la ville de Paris, « composé de quatre-vingts membres. — 2° Le conseil « nommera, dans son sein, son président, qui aura le ti- « tre et exercera les fonctions de maire de Paris. » Un second projet de loi portait que les officiers de la garde nationale seraient nommés à l'élection directe, jusqu'au grade de capitaine et ensuite, jusqu'à celui de général en chef, par le suffrage, au second degré, des officiers. Enfin M. Millière présentait un

(1) Lissagaray, *Histoire*, p. 115.

projet de loi, prorogeant de trois mois le paiement des effets de commerce. Après explications de MM. Clémenceau et Tirard disant que, si on voulait les mettre à même de rallier la population de Paris, il fallait adopter les mesures qu'ils proposaient, les ministres acceptèrent qu'on prît en considération les projets de loi.

Le lendemain 21 mars l'Assemblée vota une adresse au peuple et à l'armée pour les rappeler à la fidélité :

« Citoyens et soldats,

« Le plus grand attentat qui se puisse commettre
« chez un peuple qui veut être libre, une révolte ou-
« verte contre la souveraineté nationale, ajoute en ce
« moment, comme un nouveau désastre, à tous les
« maux de la patrie. Des criminels, des insensés, au
« lendemain de nos revers, quand l'étranger s'éloi-
« gnait à peine de nos champs ravagés, n'ont pas
« craint de porter dans ce Paris qu'ils prétendent
« honorer et défendre, plus que le désordre et la
« ruine : le déshonneur. Ils l'ont taché d'un sang qui
« soulève contre eux la conscience humaine, en même
« temps qu'il leur interdit de prononcer ce noble mot
« de République, qui n'a de sens qu'avec l'inviolable
« respect du droit et de la liberté.

« Déjà, nous le savons, la France entière repousse avec
« indignation cette odieuse entreprise. Ne craignez
« pas de nous ces faiblesses morales qui aggraveraient
« le mal, en pactisant avec les coupables. Nous vous
« conserverons intact le dépôt que vous nous avez

« commis pour sauver, organiser, constituer le pays,
« ce grand et tutélaire principe de la souveraineté
« nationale.

« Nous le tenons de vos libres suffrages, les plus libres
« qui furent jamais; nous sommes vos représen-
« tants et vos seuls mandataires; c'est par nous, c'est
« en notre nom que la moindre parcelle de notre
« sol doit être gouvernée; à plus forte raison cette
« héroïque cité, le cœur de notre France, qui n'est
« pas faite pour se laisser longtemps surprendre par
« une minorité factieuse.

« Citoyens et soldats,

« Il s'agit du premier de vos droits, c'est à vous de
« le maintenir. Pour faire appel à vos courages, pour ré-
« clamer de vous une énergique assistance, vos repré-
« sentants sont unanimes. Tous à l'envi, sans dissi-
« dence, nous vous adjurons de vous serrer étroitement
« autour de cette Assemblée, votre œuvre, votre
« image, votre espoir, votre unique salut. »

Une longue discussion s'engagea ensuite. MM. Clémenceau, Tirard et autres députés de la Seine demandaient que l'on accordât à Paris les concessions qu'ils avaient réclamées la veille et que, surtout, on votât une loi spéciale, lui permettant de faire immédiatement des élections. MM. Thiers et Jules Favre répondaient qu'ils ne voulaient point priver Paris de libertés municipales, mais qu'il n'obtiendrait que le droit commun, et, puisqu'on allait déposer une loi s'étendant à toutes les communes de France et appelant à y faire des élections, il en profiterait au même titre que les autres villes. Ils s'élevaient du reste avec indignation contre les insurgés parisiens qu'ils traitaient de scélérats, et ils faisaient comprendre que leur refus de présenter une loi spéciale à la ville de Paris venait de la volonté de ne rien accorder à l'insurrection. Les députés de la Seine répondaient que leur demande n'avait point pour but d'amener l'Assemblée à concéder quelque chose aux insurgés, mais uniquement de permettre aux hommes qui résistaient au Comité central de rallier à eux la population et, en faisant les élections dans des circonstances favorables, de créer une autorité municipale dévouée à l'ordre. MM. Thiers et Jules Favre répliquaient qu'avant de s'engager dans la voie des concessions, ils eussent voulu découvrir à Paris cette population prête à se rallier dont parlaient les maires, qui ne se montrait nulle part, qu'enfin c'était grandement s'illusionner que d'espérer faire des élections sincères sous la domination d'un pouvoir insurrectionnel, décidé à ne rien respecter et à renverser les urnes, si le résultat du scrutin lui était contraire. Au terme de cette discussion, l'Assemblée votait l'ordre du jour suivant : « L'Assemblée, résolue, d'accord « avec le pouvoir exécutif, à reconstituer, dans le plus « bref délai possible, les administrations municipales « de Paris et des départements sur la base des conseils « élus, passe à l'ordre du jour. »

Le lendemain M. Vacherot lisait le rapport de la commission chargée d'examiner les projets de loi déposés par les députés de la Seine. La commission, se fondant sur l'ordre du jour voté la veille, déclarait qu'il n'y avait pas lieu de légiférer exceptionnellement pour Paris. Elle écartait donc les projets de loi. Mais aussitôt le ministre de l'Intérieur déposait la loi promise pour constituer les conseils municipaux dans toute la France. Paris obtenait un conseil municipal de soixante membres ; cependant le gouvernement nommerait le préfet chargé de l'administrer ainsi que les maires de ses vingt arrondissements. Les députés de la Seine s'empressèrent d'informer leurs électeurs, par une affiche, qu'ils avaient obtenu un conseil élu et les élections à bref délai, et ils grossissaient ces avantages le plus possible. Aux yeux des Parisiens, ils n'en parurent pas moins avoir subi un échec, car ils avaient demandé que l'Assemblée fît à Paris des concessions spéciales, telles qu'un maire et un général de la garde nationale élus, et elle s'y était refusée.

Pendant ce temps, les maires s'étaient préoccupés, à Paris, de grouper les gardes nationaux demeurés en dehors de la fédération, pour opposer une force armée à celle du Comité central. Ils avaient commencé à organiser la résistance dans la journée du 20 à la mairie du 2e arrondissement, près de la Banque de France, où ils se réunissaient. Sur les neuf bataillons que comptait l'arrondissement, trois seulement obéissaient au Comité central, les autres s'étaient offerts pour garder la mairie (1). Le lendemain les bataillons fidèles du 1er arrondissement se mettaient également sous les armes et occupaient leur mairie.

(1) F. Damé, *La résistance*, p. 101.

Dans le 16ᵉ arrondissement, les bataillons dévoués aux maires interdisaient l'entrée de Passy aux fédérés. Le 21 mars M. Thiers nommait un des députés de la Seine, l'amiral Saisset, général en chef de la garde nationale. Les maires ratifièrent sa nomination et il prit la direction de la résistance. Il s'établit au Grand Hôtel, fit occuper d'un côté le palais de la Bourse, pour se rattacher aux mairies des 2ᵉ et 1ᵉʳ arrondissements, et de l'autre la gare Saint-Lazare, pour avoir une communication ouverte avec Versailles. Avec les hommes venus isolément se rallier aux bataillons déjà réunis, il disposa d'environ 12 mille hommes (1). En même temps, trente et un journaux de toute opinion politique déclaraient, dans un avis collectif, absolument illégale la convocation des électeurs faite par le Comité central, et ils engageaient les citoyens à n'en point tenir compte.

Le 20 mars, un capitaine de la garde nationale, M. Bonne, avait placardé une invitation aux hommes d'ordre de s'unir contre la révolution. Par suite, plusieurs centaines d'hommes sans armes, rassemblés le 21 sur le boulevard des Capucines, se livrèrent à une manifestation pacifique. Après avoir parcouru le boulevard en criant : Vive l'ordre : et s'être rendus place Vendôme, à l'état-major des fédérés, ils s'ajournèrent au lendemain, dans l'espoir d'être alors plus nombreux. Le 22 mars ils se retrouvèrent en effet sur le boulevard des Capucines, augmentés de quatre à cinq mille nouveaux venus. L'amiral Saisset était présent de sa

---

(1) Amiral Saisset, *Enquête parlementaire*, p. 308.

personne. Pendant que le gros du rassemblement stationne indécis sur le boulevard et la place de l'Opéra, les plus ardents s'engagent, en masse compacte, dans la rue de la Paix, voulant encore une fois se présenter devant l'état-major, place Vendôme. Ils refoulent sans peine les quelques gardes nationaux détachés, en avant-garde, dans la rue (1). Par derrière, Bergeret, qui commande les fédérés, pour empêcher l'envahissement de la place Vendôme, fait appel à toute sa troupe. Les hommes restés stationnaires sur le boulevard et la place de l'Opéra étaient des gens paisibles et sans armes, venus pour prendre part à une manifestation réellement pacifique; mais les autres, marchant en avant, étaient beaucoup moins calmes et retenus, et si la majorité d'entre eux encore était sans armes, un certain nombre était muni d'armes cachées, poignards, revolvers, cannes à épée. Les manifestants engagés rue de la Paix veulent à toute force pénétrer place Vendôme, malgré la défense des chefs fédérés et la sommation de se disperser, accompagnée de roulements de tambour (2). Poussés par la pression, ceux des premiers rangs serrent de plus en plus les fédérés, qui barrent le passage et résistent. Des clameurs s'élèvent, on en vient à des injures, à une mêlée. Ici les partisans de la Commune disent que les manifestants ont d'abord tiré des coups de revolver et ceux-ci le nient; ce qui

---

(1) Édouard Moriac, *Paris sous la Commune*, p. 29. John Furley, *Épreuves et luttes d'un volontaire*, p. 310.
(2) Abbé Vidieu, *Histoire de la Commune*, p. 96.

est certain, c'est que les fédérés dirigent, sur la masse humaine en face d'eux, un feu irrégulier et prolongé et qu'eux-mêmes, soit avant, soit au même moment, reçoivent quelques coups de revolver (1). Les manifestants s'enfuient terrifiés, laissant sur le terrain huit tués et un plus grand nombre de blessés. Le gros du rassemblement demeuré sur le boulevard se dispersa à la hâte. La plupart de ceux qui le composaient, pleins de colère et d'indignation, allèrent se joindre aux gardes nationaux de l'amiral Saisset.

A mesure que le temps s'écoulait, le Comité central se livrait à des actes et à des déclarations absolument contraires à la promesse qu'il avait faite, au début, de ne point s'attribuer les fonctions d'un gouvernement. Il s'emparait de tous les services administratifs, le départ d'un grand nombre d'employés les avait désorganisés, il en remettait la direction à ses membres ou à des hommes à lui. Il s'était saisi de l'argent renfermé dans la caisse municipale, il percevait les droits d'octroi, prenait un premier million à la Banque de France et continuait ainsi à payer la solde de la garde nationale. Il suspendait la vente des objets engagés au mont-de-piété, prorogeait d'un mois les échéances, interdisait aux propriétaires de congédier leurs locataires. Dans le *Journal officiel*, il laissait insérer des articles qui cherchaient à démontrer le caractère rénovateur et socialiste de la révolution nouvelle et qui témoignaient de l'intention de s'emparer de la pleine souveraineté. Toutefois la résistance organisée

(1) Voyez la note B.

par les maires, la protestation des journaux l'obligeaient à retarder les élections. Il leur assignait comme nouvelle date le 26 mars, pour avoir le temps de vaincre les résistances. Il publiait un avis menaçant aux journaux qui avaient nié son droit d'appeler les électeurs au scrutin. En réponse aux prises d'armes organisées par les maires, il doublait les bataillons de garde à l'Hôtel de ville, entourait la place Vendôme de barricades, interceptait, à la gare des Batignolles, les communications de l'amiral Saisset avec Versailles. Les députés acquis au parti de l'insurrection, Delescluze, Millière, Malon, qui jusqu'alors avaient assisté à la réunion des maires et des députés, la délaissaient.

Les maires n'en persistaient pas moins à rechercher une entente. Ils s'efforçaient toujours d'obtenir du gouvernement et de l'Assemblée des concessions qui leur permissent de rallier la population de Paris.

M. Desmarest, maire du 9ᵉ arrondissement, était allé avec quelques collègues trouver M. Thiers. Il en avait obtenu une lettre, qu'il publiait, promettant de ratifier les mesures de pardon et d'oubli que les maires pourraient prendre. Le ministre de l'intérieur s'engageait, en même temps, à appeler les électeurs au scrutin le 3 avril (1). Un certain nombre de maires et d'adjoints se rendirent à Versailles le 23, désireux d'entrer en rapport avec l'Assemblée et de s'expliquer avec les députés. M. Arnaud (de l'Ariège), maire du 7ᵉ arrondissement et député de la Seine, se leva dans l'Assemblée, pour annoncer leur démarche et faire connaître le

(1) Damé, *La résistance*, p. 162.

sentiment de déférence qui la dictait. Le président et les questeurs avaient mis une tribune à la disposition des maires. Ils entrèrent ceints de leurs écharpes ; les députés de la gauche, comme témoignage de bienvenue, les saluèrent, debout, du cri de : Vive la république, aussitôt répété par eux. Cette manifestation républicaine indigne les monarchistes de la droite. Ils réclament le rappel à l'ordre, interpellent violemment le président, se couvrent et quittent leurs sièges. M. Baze, un des questeurs, déclara qu'il désavouait absolument ce qui se passait et le président, ne sachant comment sortir d'embarras, leva brusquement la séance. Le soir, à une nouvelle séance, on chercha à effacer l'impression fâcheuse, que cette scène ne pouvait manquer de produire à Paris. M. Arnaud (de l'Ariège) demanda à l'Assemblée de prendre un certain nombre de résolutions, convaincu, disait-il, que leur adoption assurerait le rétablissement de l'ordre dans Paris. « 1° Que l'Assemblée se mette en commu-
« nication plus directe et plus intime avec les munici-
« palités de Paris ; 2° qu'elle autorise les maires à
« prendre les mesures que les circonstances exige-
« ront ; 3° que les élections de la garde nationale aient
« lieu avant le 28 mars ; 4° que les élections du con-
« seil municipal aient lieu le 3 avril. » L'urgence était déclarée à l'unanimité. Les maires étaient de nouveau présents dans une tribune, cette fois silencieux et sans écharpes. Le président expliqua que, s'il avait levé la séance précédente à leur entrée, c'était uniquement parce que l'ordre du jour était épuisé.

Toutes ces réparations n'empêchaient point que l'esprit de la majorité, hostile à la république et à Paris, ne se fût montré au grand jour. La plupart des députés monarchistes considéraient en effet d'un très mauvais œil l'œuvre de conciliation entreprise par les maires. Ils suivaient avec inquiétude M. Thiers dans ses moindres actes et craignaient toujours qu'il n'inclinât à des concessions. Ils voyaient très bien que toute transaction avec Paris insurgé, permettant de rétablir la paix, sans avoir au préalable écrasé la révolte, ne pouvait intervenir qu'au profit de la république. Le travail des maires et des députés de la Seine auprès de M. Thiers et de l'Assemblée tendait en effet à leur arracher, pour apaiser Paris, la reconnaissance de la république comme gouvernement définitif. Que fût devenu alors le pacte de Bordeaux qui réservait la forme du gouvernement, et que fût devenu surtout l'espoir des monarchistes de rétablir la royauté ! Au contraire si l'Assemblée soumettait purement et simplement Paris, la citadelle de la Révolution serait entre ses mains et la république, croyait-elle, à sa merci. Paris s'insurgeait, disait-il, pour défendre la république contre l'Assemblée qui avait l'arrière-pensée de rétablir la monarchie ; eh bien ! soit ! les monarchistes acceptaient la question posée en ces termes et ils se promettaient, en domptant l'insurrection, de préparer le terrain au gouvernement de leur choix. Aussi bien, l'Assemblée refusait de légiférer séparément en faveur de Paris, elle ne lui concédait aucun avantage spécial, elle ne lui accordait que le droit commun. Or dans l'état d'orgueil et de confiance en sa force où l'avait mis la résistance qu'il venait d'opposer aux Prussiens, pareil traitement lui semblait une véritable indignité. De telle sorte que les tentatives de transaction, loin de produire l'apaisement espéré, ne faisaient que confirmer Paris dans son antipathie pour l'Assemblée.

Dans ces conditions, la résistance au Comité central ne pouvait ni s'étendre ni durer. Cette partie de la population que les maires se flattaient de rallier, si M. Thiers et l'Assemblée eussent fait droit à leurs demandes, continuait à se désintéresser de la chose publique et s'abstenait ; les classes populaires, déjà acquises à l'idée d'une Commune, en lisant les discours tenus à Versailles pour stigmatiser un mouvement révolutionnaire auquel elles avaient participé, voyaient leur colère grandir et adhéraient d'autant plus au Comité central. Il ne restait donc aux maires que les quelques mille gardes nationaux groupés autour de l'amiral Saisset. Mais ils étaient mal armés (1), presque sans munitions et découragés, par le sentiment qu'ils avaient de leur faiblesse en face de l'immense armée des fédérés.

Lorsque l'impuissance des maires à obtenir des concessions fut démontrée, le Comité central crut le moment venu d'agir. Dans son *Journal officiel* du 24 mars, après avoir récapitulé ses griefs contre l'Assemblée, il déclarait que, pour faire triompher la cause du peuple et assurer la victoire de la république, il y avait lieu d'élire et de constituer immédiatement la Com-

---

(1) Amiral Saisset, *Enquête parlementaire*, p. 308.

mune. Il rendait donc un décret qui appelait trois généraux à commander la garde nationale, Brunel, Eudes et Duval, avec mission de mettre fin à toutes les résistances. Le jour même, à deux heures, le Gal Brunel se présenta, avec quatre bataillons de gardes nationaux fédérés et quatre pièces de canon, à la mairie du 1er arrondissement. Les gardes nationaux fidèles aux maires se rangèrent en bataille devant l'édifice qu'ils gardaient. Les fédérés s'arrêtèrent. Leur chef entra et invita le maire, M. Méline, à lui remettre la mairie. Celui-ci répondit que, comme élu des habitants de l'arrondissement, lui seul avait le droit d'occuper les lieux. Le Gal Brunel n'osa point insister, mais il demanda à M. Méline, puisqu'il refusait de se retirer, de ne pas s'opposer plus longtemps aux élections, de les faire faire au contraire, dans son arrondissement, à la date du 26. M. Méline répondit que le délai était trop court. On finit par transiger, entre la date du 26 mars fixée par le Comité central, et celle du 3 avril, promise par le ministre de l'intérieur au nom du gouvernement, en prenant celle du 30 mars. Une convention dans ces termes est signée d'une part par le maire et ses adjoints, de l'autre par le Gal Brunel. Lorsque la nouvelle de l'accord conclu se répandit, elle produisit une vive explosion de joie dans le quartier et parmi les gardes nationaux des deux partis, qui avaient été très près d'en venir aux mains.

M. Méline, ses adjoints et le Gal Brunel se rendent ensemble à la mairie du 2e arrondissement, où se tenait la réunion des maires, pour faire ratifier l'arrangement. Les maires et les députés présents acceptent les élections à la date du 30, et signent à leur tour la convention (1). Mais à minuit deux membres du Comité central, Ranvier et Arnold, viennent leur déclarer que le Gal Brunel s'était engagé sans autorité. Le Comité le désavouait donc et maintenait plus que jamais la date du 26 pour les élections. Les maires et les délégués du Comité central, après avoir longuement discuté sans résultat, s'ajournèrent au lendemain à onze heures. Le 25, à l'heure convenue, Ranvier et Arnold étaient à la mairie du 2e arrondissement et la discussion recommença; les maires voulant toujours faire prévaloir, pour les élections, la date du 30, et les délégués du Comité central maintenant absolument celle du 26. Mais, puisqu'on transigeait avec le Comité central, personne dans Paris n'eût consenti à soutenir les maires au risque d'une lutte, dans le seul but de retarder les élections de quatre jours! Les délégués du Comité central se montraient donc inébranlables, déclarant au reste que si les maires ne voulaient consentir au vote le lendemain, ils étaient assez forts pour accomplir sans eux les élections. Les maires résistaient encore, lorsque le rapport d'un incident survenu la veille à l'Assemblée les fit céder.

L'amiral Saisset était, personnellement, fort préoccupé d'éviter la guerre civile, aussi cherchait-il tous les moyens d'apaiser la population. Lorsque la démarche entreprise par un certain nombre de maires à l'Assemblée sous l'égide de M. Arnaud (de l'Ariège) lui fut

---

(1) F. Damé, *La résistance*, p. 191.

connue, il s'empressa de l'annoncer par une affiche. Mal renseigné et se méprenant sur les dispositions de l'Assemblée, il se laissa entraîner à une série d'assertions absolument erronées : « Je m'empresse de porter
« à votre connaissance, disait-il aux Parisiens, que,
« d'accord avec les députés de la Seine et les maires
« élus de Paris, nous avons obtenu du gouvernement
« de l'Assemblée nationale : 1° la reconnaissance
« complète de vos franchises municipales ; 2° l'élec-
« tion de tous les officiers de la garde nationale, y
« compris le général en chef; 3° des modifications à la
« loi des échéances; 4° un projet de loi sur les loyers
« favorable aux locataires, jusques et y compris les
« loyers de 1,200 francs. »

Cette annonce causa dans Paris une vive satisfaction, mais lorsque, le 24 au soir, elle fut connue à l'Assemblée, elle y amena au contraire une violente explosion de colère et d'indignation. Les monarchistes, qui soupçonnaient déjà le gouvernement de M. Thiers de faiblesse envers Paris et qui redoutaient un arrangement nuisible à leurs desseins, ne doutèrent plus qu'ils ne fussent trompés, en lisant l'affiche de l'amiral Saisset, car elle les engageait contrairement à leurs vues et préjugeait à faux de leurs résolutions. Ils se réunirent en grand nombre dans un bureau et, surexcités comme ils l'étaient, ils auraient agité la question de préparer les voies à la monarchie, en nommant le prince de Joinville lieutenant général. Le bruit de cette proposition se répand, il grossit, et le 25 au matin l'Assemblée passe, à Paris, pour avoir comploté la veille le rétablissement de la monarchie. Sur cette nouvelle, la majorité de ceux des maires et adjoints qui continuaient à se réunir à la mairie du 2ᵉ arrondissement cède au Comité central et s'engage, de concert avec lui, à appeler le lendemain 26 les électeurs au scrutin; six des députés de la Seine, MM. Clémenceau, Floquet, Greppo, Lockroy, Schœlcher et Tolain, participent à cet accord. Les maires et les adjoints, opposés à toute action commune avec le Comité central, se retirent en refusant leur adhésion.

La résistance des maires avait pris fin. L'amiral Saisset renvoya les gardes nationaux groupés autour de lui, et retourna de sa personne à Versailles. Désormais le Comité central et la garde nationale fédérée possédaient Paris sans conteste.

Les maires avaient cru que rentrés dans leurs mairies, prenant part à la convocation des électeurs et aux opérations électorales, ils contrebalanceraient l'influence du Comité central. Ils espéraient donc que la majorité du conseil municipal élu pourrait être formée d'hommes d'une certaine modération. Ils furent sur ce point complètement déçus. Un grand nombre d'électeurs des classes riches, naturellement conservateurs, étaient absents de la ville, d'autres ne prirent point part au vote, niant le droit des maires et du Comité central de décréter les élections, ou se maintenant dans cette insouciance née de l'égal mécontentement inspiré par l'Assemblée et le Comité central. Les abstentions furent donc nombreuses et le parti de la Commune eut le champ libre.

Les maires, les adjoints ou leurs partisans, qui s'étaient offerts comme candidats, n'obtinrent la majorité que dans quatre arrondissements, les 1er, 2e, 9e et 16e. Ils se trouvaient une quinzaine dans le conseil élu. Les autres membres appartenaient aux diverses fractions de l'extrême parti révolutionnaire jacobin, blanquiste, socialiste et, par la grande majorité qu'ils possédaient, allaient exercer une autorité irrésistible. Dès les premières séances de la Commune, les maires virent adopter une série de mesures attentatoires à tous les droits de l'État, qui faisaient absolument perdre au nouveau conseil le caractère d'un corps municipal. Ils donnèrent donc leur démission de membres de la Commune et quittèrent presque tous la ville, en butte aux accusations et à la malveillance des deux partis, pour s'être employés à des tentatives d'accommodement d'un succès impossible.

CHAPITRE III

Le gouvernement de la Commune.

Le résultat du vote pour l'élection des membres de la Commune fut proclamé en grande pompe le 28 mars à l'Hôtel de ville. Une estrade ornée de drapeaux rouges s'élevait devant le palais. Les membres du Comité central et les nouveaux élus l'occupaient, ceints de l'écharpe rouge. La garde nationale fédérée remplissait la place de l'Hôtel de ville et les rues voisines. Deux membres du Comité central, Ranvier, Lavalette, prononcent des discours fréquemment interrompus par les applaudissements et les cris de : Vive la Commune. Puis un autre membre, Assi, s'écrie : « Au nom du peuple, la Commune de Paris est déclarée ! » Des salves d'artillerie retentissent, la garde nationale s'ébranle et les bataillons défilent pleins d'enthousiasme au cri de : Vive la Commune.

A l'issue de cette cérémonie, la Commune tenait sa première séance à l'Hôtel de ville. Le citoyen Beslay, président d'âge, expliquait, dans un discours, le sens qu'il fallait attribuer aux élections parisiennes ; selon lui, la Commune devait se restreindre à l'exercice d'un pouvoir purement municipal :

« Citoyens,

« Votre présence ici atteste à Paris et à la France
« que la Commune est faite, et l'affranchissement de la
« commune de Paris c'est, nous n'en doutons pas,
« l'affranchissement de toutes les communes de la
« république..... Vos adversaires ont dit que vous frap-
« piez la République, nous répondons, nous, que si
« nous l'avons frappée, c'est comme le pieu qu'on
« enfonce plus profondément en terre..... Oui, c'est
« par la liberté complète de la commune que la Répu-
« blique va s'enraciner chez nous..... L'affranchisse-
« ment de la commune est donc l'affranchissement de
« la République elle-même. Chacun des groupes va
« retrouver sa pleine indépendance et sa complète
« liberté d'action. La commune s'occupera de ce qui
« est local ; le département s'occupera de ce qui est
« régional ; le gouvernement s'occupera de ce qui est
« national. Et disons-le hautement, la commune que
« nous fondons sera la commune modèle..... Voilà à
« mon avis, citoyens, la route à suivre ; entrez-y har-
« diment. Ne dépassons pas cette limite fixée par notre
« programme, et le pays et le gouvernement seront
« heureux et fiers d'applaudir à cette révolution si
« simple.

« Vive la République ! Vive la Commune ! »

Le même jour, le Comité central déclarait ses fonctions gouvernementales terminées par l'installation de la Commune élue. Cependant il restait constitué, mais pour reprendre, disait-il, son rôle primitif de grand conseil de famille de la garde nationale.

La Commune, par l'organe de son président d'âge, débutait en déclarant que ses attributions seraient exclusivement municipales, puis aussitôt se démentait. Dès ses premières séances, elle usurpait en effet sur tous les droits de l'État. Elle se partageait en commissions qui, presque toutes, devaient s'occuper d'affaires d'ordre national. Elle remplaçait les doyens des facultés de droit et de médecine par de nouveaux titulaires. Elle abolissait la conscription, décrétait qu'aucune autre force militaire que la garde nationale ne pourrait être créée ou introduite dans Paris. Elle interdisait l'affichage des écrits émanés du gouvernement de Versailles. Après avoir d'abord publié son journal sous le titre de *Journal officiel de la Commune*, elle lui donnait ensuite celui de *Journal officiel de la République française*. Le garde des sceaux, M. Dufaure, avait déposé à l'Assemblée nationale un projet de loi sur les loyers arriérés, il ne concédait aucune réduction des sommes dues ; il accordait seulement des délais aux locataires pour se libérer. La Commune rendait, elle, un décret qui faisait remise pleine et entière des termes d'octobre 1870, janvier et avril 1871.

Les grandes villes de province étaient, depuis le 4 septembre, dans une effervescence qui les faisait tressaillir à chaque mouvement de Paris. Aussi après le 18 mars des tentatives ne pouvaient-elles manquer de s'y produire pour secourir l'insurrection parisienne.

Le 24 mars, des officiers de la garde nationale de Lyon, réunis au nombre de plusieurs centaines, délibéraient s'ils adhéreraient à l'Assemblée de Versailles ou à la Commune de Paris. La majorité se décida en faveur de cette dernière, et, dans la soirée, la garde nationale des faubourgs, mise sur pied, s'emparait de l'Hôtel de ville. La Commune fut proclamée, une commission communale établie ; mais dès le lendemain celle-ci se trouva dans l'isolement. Le maire, M. Hénon, et le préfet, M. Valentin, se refusaient à toute transaction. Le général Crouzat s'était maintenu à la garde de Perrache avec les troupes sous ses ordres, les gardes nationaux fidèles au gouvernement se ralliaient à lui. Les membres de la commission communale délaissés de leurs partisans abandonnèrent l'Hôtel de ville dans la nuit du 24, annonçant, par une proclamation, qu'ils résignaient leur mandat. La Commune lyonnaise s'évanouit ainsi d'elle-même. Il n'y eut plus à Lyon qu'une insurrection locale à la Guillotière le 30 avril, que le préfet, M. Valentin, comprima énergiquement.

Les socialistes affiliés de l'Internationale avaient tenté de proclamer la Commune à Saint-Etienne dès le 31 octobre. Après le 18 mars, ils invitèrent inutilement le maire et le conseil municipal, composé d'ardents républicains, à se rallier à la Commune de Paris. Le 25 ils s'insurgent et s'emparent de l'Hôtel de ville. La préfecture est contiguë et le préfet, M. de l'Espée, demeure leur prisonnier. On lui demande, avec menaces, de proclamer la Commune ou de se démettre. Il s'y refuse. En même temps les insurgés organisaient un comité chargé de gouverner la ville. Le préfet était gardé, dans la grande salle de l'Hôtel de ville, par un ancien proscrit nommé Fillon, une sorte de fou (1), qui au milieu du tumulte avait perdu tout sang froid. La nuit était venue. La foule surexcitée pressait de plus en plus le préfet de reconnaître la Commune ; à un moment où elle devient particulièrement menaçante, Fillon décharge son révolver, tue un des assistants et en blesse un autre. Immédiatement les hommes armés, qui se trouvaient dans la salle, abaissent leurs fusils et font feu. Fillon est tué avec M. de l'Espée. Le lendemain le comité insurrectionnel dominait la ville, mais le meurtre du préfet soulevait une telle réprobation, que personne ne se ralliait à lui. Deux jours après, à l'arrivée de quelques troupes, il vida l'Hôtel de ville. Ses partisans déposèrent les armes.

Le 26 mars des gardes nationaux du Creuzot arboraient le drapeau rouge et proclamaient la Commune. La population resta indifférente et le lendemain la mairie fut reprise par la troupe.

Une partie des habitants des villes du Languedoc et du rivage de la Méditerranée inclinait vers la Commune et n'était retenue de la proclamer que par l'adhésion que les députés républicains continuaient à prêter à l'Assemblée et au gouvernement de Versailles. Cependant à Toulouse les gardes nationaux s'emparèrent du Capitole, puis nommèrent une commission

(1) Ducros, *Enquête parlementaire*, p. 386.

exécutive. Celle-ci une fois installée chercha à atténuer son caractère insurrectionnel, dans l'espoir de rallier une partie des républicains demeurés fidèles au gouvernement de Versailles. Mais elle n'y réussit point. Le général s'était retiré à l'arsenal, que les gardes nationaux n'osèrent attaquer. Le 27 M. de Kératry, récemment nommé préfet, se mit à la tête des troupes et reprit, sans coup férir, possession de la ville. La commission exécutive se soumit par un manifeste.

La Commune avait été proclamée à Narbonne le 23 mars par Digeon, qui s'était emparé de l'Hôtel de ville, après avoir désarmé les quelques soldats de la garnison. Digeon, maître de Narbonne, avait élevé des barricades, repoussé le pardon qu'on lui offrait, s'il se soumettait, et montré la volonté de se défendre à outrance. Cependant il fut abandonné par les siens le 31 mars, lorsque le Gal Zentz arriva pour reprendre la ville, et l'autorité légale fut rétablie sans effusion de sang.

Les partisans de la Commune s'insurgèrent à Limoges le 4 avril. Ils désarmèrent, à la gare, un détachement de soldats qu'on envoyait à Versailles, et occupèrent la préfecture. Le colonel de cuirassiers Billet fut tué dirigeant une charge. Dans la nuit les insurgés sortirent de la préfecture et se dispersèrent.

Les tentatives de soulèvement ne devaient être suivies de résistance sérieuse qu'à Marseille. Les républicains exaltés de cette ville tenaient un club à l'Eldorado. Le 22 mars leur chef Gaston Crémieux y lisait une dépêche reçue de Versailles, qui apprenait que M. Rouher, débarqué à Calais et menacé par la population, avait été protégé par les autorités et ensuite laissé libre, qu'en outre M. Thiers avait accepté les offres de service du M^{al} Canrobert. Gaston Crémieux avait vu dans ces faits la preuve d'une trahison. Il proposait donc que le lendemain, après s'être emparé de la préfecture, on se déclarât contre le gouvernement de Versailles. Le préfet amiral Cosnier, informé de ce projet, imagina de convoquer la garde nationale à une revue, pour obtenir une manifestation de sa part favorable au gouvernement. La revue eut lieu, mais avec un tout autre résultat que celui que le préfet en attendait. Les gardes nationaux venus à l'appel appartenaient en majorité au parti exalté, ils marchèrent sur la préfecture, au cri de : Vive la Commune, retinrent le préfet prisonnier et nommèrent une commission exécutive présidée par Gaston Crémieux. A Marseille encore la commission exécutive se trouva isolée: Le Gal Espivent de la Villeboisset s'était retiré à Aubagne, avec les troupes et les fonctionnaires. Le conseil municipal, qui d'abord avait paru incliner à une entente avec la Commission et qui lui avait envoyé des délégués, lui refusait ensuite tout concours. Aucune des villes des environs ne se ralliait à elle. Gaston Crémieux et la commission, sentant leur faiblesse, restaient inactifs. La Commune s'affaissait donc lorsque le 27 mars trois délégués, envoyés de Paris, Landeck, Amouroux et May, arrivèrent à Marseille. Landeck prit la direction du mouvement. Il excita à une action énergique, nomma un général, fit arrêter, comme otages, le procureur de la république, son substitut et le fils du maire, menaçant de les fusiller si on cherchait à les délivrer. Cependant le 1ᵉʳ avril le Gal Espivent se mettait en marche, avec des renforts, pour reprendre Marseille. Des marins débarqués l'appuyaient. Les partisans de la Commune, refoulés de toute part, se concentrèrent à la préfecture, vaste bâtiment isolé qui, barricadé, devenait une véritable forteresse. Le Gal Espivent, pour s'épargner la perte d'hommes qu'une attaque directe lui eût coûtée, le fit bombarder du haut de la montagne de Notre-Dame-de-la-Garde. Une grande partie de ses défenseurs l'abandonna et les marins l'enlevèrent ensuite facilement. Gaston Crémieux fut pris au cimetière israélite où il s'était caché, Landeck réussit à se dérober.

Le peu de durée des insurrections de province, le petit nombre de leurs fauteurs, même dans les villes les plus républicaines, montraient bien que l'explosion qui donnait naissance à la Commune était sans prise sur la grande masse du peuple. Par là on peut juger que si, au contraire, la Commune ralliait momentanément une majorité à Paris, c'est à la condition morale née du siège que cette exception était due.

Pendant que le gouvernement étouffait l'insurrection en province, il s'occupait de réunir une grande armée à Versailles pour attaquer et reprendre Paris. Il lui fallut d'abord faire modifier l'article des préliminaires de paix, limitant à 40 mille hommes l'armée qu'il eut le droit d'entretenir dans la région de Paris ; le chiffre fut d'abord porté à 80 mille, puis, un peu après, surélevé encore. Il obtint également de la Prusse la libération immédiate d'une partie des prisonniers de guerre, qui seuls pouvaient former une armée solide et aguerrie. Les prisonniers, à leur arrivée à la frontière, allaient subir un triage. Ceux dont le temps de service était expiré recevaient leur congé définitif, les autres seraient envoyés à Cherbourg et à Cambrai, à des camps commandés par les généraux Ducrot et Clinchant. Là on les verserait dans des régiments provisoires qui, aussitôt organisés, seraient dirigés sur Versailles. Sans attendre les hommes revenant d'Allemagne, on s'était hâté d'appeler à Versailles les meilleures troupes des armées du Nord et de la Loire (1). On réunit ainsi le noyau de cinq nouvelles divisions, et dès le 2 avril on se sentit assez fort pour prendre l'offensive contre les gardes nationaux fédérés.

La division Bruat et la brigade Daudel (2) approchèrent de Paris, l'une par Ville-d'Avray et Montretout, l'autre par Bougival et Rueil. Les fédérés parisiens occupaient Puteaux et Courbevoie, avec un avantposte au rond-point de Courbevoie. Ils étaient en nombre inférieur. Attaqués à l'improviste, ils furent facilement délogés de leurs positions et refoulés en désordre au delà de la Seine. Les Versaillais, après avoir continué la poursuite, par le pont de Courbe-

---

(1) Gal Vinoy, *L'armistice et la Commune*, p. 246.
(2) Id., *ibid.*, p. 257.

voie, jusque dans l'avenue de la Grande-Armée, s'arrêtèrent, et le soir même reprirent leurs cantonnements autour de Versailles.

Le canon versaillais, entendu à Paris, y suscita un mélange de stupeur, d'indignation et de colère. La retraite précipitée du gouvernement et de l'armée, le 18 mars, avait eu tellement les apparences d'une fuite dictée par la peur, que les partisans de la Commune ne s'attendaient point à un retour aussi prompt. Depuis les défaites des armées impériales et les capitulations, le peuple parisien s'était si bien habitué à mépriser les généraux et à les traiter de lâches et de capitulards, que la pensée qu'ils pussent le dompter lui demeurait étrangère. Car on avait fini par prendre au pied de la lettre dans Paris ces louanges surfaites et ces descriptions exagérées de ses mérites auxquelles on s'était abandonné pendant le siège, et on croyait que, réellement, la garde nationale, par son courage et son instruction, était capable de braver toutes les attaques. Depuis le 18 mars on vivait donc dans la quiétude, sans se préoccuper de l'armée de Versailles, persuadé que la Commune était assez forte pour défier M. Thiers et l'Assemblée. Aussi, lorsque le 2 avril au soir, on apprend que les fédérés à Courbevoie avaient subi un échec, l'idée de répondre par une sortie naît immédiatement et, dans la garde nationale, le cri : à Versailles ! s'élève de tous côtés.

La Commission exécutive de la Commune, composée des citoyens Eudes, Tridon, Vaillant, Lefrançais, Duval, Félix Pyat, Bergeret, se réunit. Elle rédigea une proclamation : « Les conspirateurs royalistes ont « attaqué... Ce matin les chouans de Charette, les bre- « tons de Trochu, les gendarmes de Valentin ont cou- « vert de mitraille et d'obus le village inoffensif de « Neuilly et engagé la guerre civile avec nos gardes « nationaux. » La Commune décrétait, en même temps, d'accusation MM. Thiers, Jules Favre, Picard, Dufaure, Jules Simon, Pothuau, et mettait leurs biens sous séquestre, jusqu'à ce qu'ils eussent comparu devant la justice du peuple. La Commission exécutive délibéra si, se rendant au désir de la garde nationale, on marcherait sur Versailles. Les généraux Duval, Bergeret et Eudes recommandaient l'opération ; les membres civils hésitaient, doutant du succès (1). La commission décida que les généraux fourniraient, avant d'agir, un état détaillé de leurs forces, puis elle nomma le Gal Cluseret délégué à la guerre, conjointement avec Eudes. La Commission s'était séparée, sans interdire la marche sur Versailles d'une manière formelle, aussi les généraux dans la nuit résolurent-ils de l'entreprendre. D'ailleurs ils ne faisaient que suivre l'impulsion venue de leurs hommes. La garde nationale prenait spontanément les armes, pleine d'ardeur et déterminée à partir.

Les bataillons de la rive droite furent concentrés place Wagram, ceux de la rive gauche à la barrière d'Italie et au Champ de Mars. On marcherait sur Versailles en trois colonnes. A droite Bergeret et Flourens se dirigeraient, par Nanterre et Rueil, sur Bou-

---

(1) **Lefrançais**, *Étude sur le mouvement communaliste*, p. 219.

gival ; à gauche Duval et Eudes prendraient, séparément, par le plateau de Châtillon et Meudon. Les forces réunies s'élevaient vraisemblablement à une cinquantaine de mille hommes. Cette grande sortie que les partisans de la Commune n'avaient cessé de réclamer, ils allaient enfin l'effectuer et non plus contre les Prussiens victorieux et invisibles derrière des retranchements, mais contre les troupes françaises toujours battues dans la dernière guerre et combattant en rase campagne. On allait enfin juger de quoi était capable la garde nationale abandonnée à elle-même, et ce que valait la science de ces stratégistes qui, depuis si longtemps, accusaient les généraux et le gouvernement de la Défense nationale d'incapacité et de lâcheté. L'épreuve devait être en effet décisive. Les hommes que la Commune avait appelés au commandement ne tinrent aucun compte, en marchant sur Versailles, des règles les plus simples de l'art de la guerre. En divisant leurs forces à droite et à gauche du Mont-Valérien, ils les exposaient à être battues isolément, sans qu'elles pussent se prêter appui ; ils partaient avec peu ou point d'artillerie, sans ambulances, sans état-major organisé pour transmettre les ordres et unifier le commandement. La colonne de droite avec Bergeret, le 3 avril au matin, gravissait le plateau des Bergères, sur la route de Rueil, lorsque soudain des obus lancés du Mont-Valérien tombent dans les rangs. Bergeret faisait passer ses hommes sous un fort, tenu par l'adversaire qu'il allait combattre et ils le suivaient de confiance : un grand nombre ignorait que le Mont-Valérien fût occupé par l'armée de Versailles, d'autres croyaient que son commandant s'était engagé à ne pas tirer, certains allaient même jusqu'à se persuader que les soldats, à leur approche, mettraient la crosse en l'air. Les obus du Mont-Valérien, tombant sur la colonne en marche, y jettent la panique. Les hommes se débandent aussitôt, rebroussent chemin et s'enfuient vers Paris, où ils rentrent dispersés. La tête de la colonne, qui avait déjà dépassé le point où les obus balayaient la route, arriva seule à Rueil, avec Bergeret, et y fut renforcée d'un millier d'hommes, amenés d'Asnières par Flourens.

Le Gal Vinoy se porta à la rencontre des gardes nationaux de Bergeret, avec trois brigades d'infanterie, de la cavalerie et de l'artillerie. Pendant qu'une partie de ses troupes, se dirigeant sur Bougival par la Celle-Saint-Cloud, les aborderait de front, une autre, passant par Garches, la Jonchère et la Fouilleuse, leur couperait la retraite sur Paris. Mais dès que les fédérés engagés à Bougival virent se dessiner le mouvement de flanc à la Jonchère, ils battirent précipitamment en retraite et, passant par Nanterre et Asnières, pour éviter les canons du Mont-Valérien, rentrèrent dans Paris. L'infanterie ne put les joindre; la cavalerie lancée à la poursuite atteignit seule les retardataires dans Rueil. Flourens, abandonné de ses hommes, fut découvert dans une maison; il voulut se défendre; un capitaine de gendarmerie le tua d'un coup de sabre. Bergeret, qui ne montait pas à cheval,

LE GOUVERNEMENT DE LA COMMUNE. 97

s'était mis en campagne dans une voiture de louage et une dépêche affichée avait dit : « Bergeret lui-même » se rend sur le lieu du combat. Le général de la Commune devenu, après sa défaite, profondément ridicule, ne fut plus désigné que par le sobriquet de « Bergeret lui-même ».

Les fédérés, de l'autre côté du Mont-Valérien, s'étaient divisés en deux colonnes. Duval avec l'une d'elles, dépassant Châtillon et le Petit-Bicêtre, s'était avancé jusqu'à Villacoublay. La division Pellé l'avait arrêté sur ce point, puis rejeté sur la redoute de Châtillon. Eudes, avec la seconde colonne, repoussé par la brigade La Mariouse, fortement établie à Meudon, avait dû se replier.

Le 4 avril au matin les troupes versaillaises prenaient l'offensive, pour enlever la redoute de Châtillon. Pendant que la division Pellé la menaçait de front, la brigade Deroya la tournait par Fontenay-aux-Roses. Les fédérés, qui ne savaient point se garder, furent absolument surpris. Le Gal Deroya, entré dans la redoute presque sans combat, y fit prisonniers Duval et quinze cents hommes. Le reste des gardes nationaux s'enfuit vers Paris dans le plus complet désordre (1). Le feu des forts d'Ivry et de Vanves solidement armés, arrêta seul les Versaillais.

La lutte engagée entre la Commune et Versailles devait être implacable. Le 31 octobre et le 18 mars l'instinct sanguinaire d'une partie des adhérents de la Commune s'était spontanément révélé, par la de-

(1) Dr A. Latour, *Journal du bombardement de Châtillon*, p. 9.

mande du sang des membres du gouvernement de la Défense nationale retenus comme otages et par le massacre des généraux Lecomte et Clément Thomas. A Versailles, on tenait indistinctement tous les fédérés responsables du meurtre commis et on accusait, contre toute vérité, le Comité central de l'avoir lui-même ordonné. Tous les hommes rangés du côté de la Commune étaient ainsi devenus des brigands et des assassins indignes d'aucune miséricorde. Aussi non seulement on fusillait les déserteurs ou les soldats laissés à Paris le 18 mars, qu'on prenait combattant à Châtillon parmi les fédérés (1), mais le Gal Vinoy rencontrant, le 4 avril au matin, les prisonniers emmenés à Versailles, faisait-il sortir des rangs Duval et son chef d'état-major, pour les passer sommairement par les armes (2). La veille le Gal de Gallifet avait saisi à Chatou trois des gardes nationaux de Bergeret qui venaient de traverser la Seine en bateau, et, quoiqu'ils n'eussent point résisté, il les avait fait immédiatement fusiller (3). Les prisonniers désarmés, lorsqu'ils traversèrent les rues de Versailles, eurent à subir toutes sortes d'insultes et même des coups, de la part de ces fuyards que la peur avait chassés de Paris (4).

Les déroutes qui terminaient la marche sur Versailles condamnaient désormais la garde nationale à la défensive, et comme, en même temps, les tentatives

---

(1) *Guerre des Communeux de Paris*, p. 130. — Lepage, *Voyage aux pays révolutionnaires*, p. 142.
(2) Colonel Lambert, *Enquête parlementaire*, p. 283.
(3) *Guerre des Communeux de Paris*, p. 127.
(4) Abbé Vidieu, *Histoire de la Commune*, p. 191.

d'insurrection avortaient en province, la domination de la Commune allait être définitivement circonscrite à la seule ville de Paris. Mais cette situation, qui eût semblé en tout autre temps si précaire, ne parut point telle alors. Paris venait de supporter quatre mois de siège, sans que ses défenses fussent entamées. De ce fait, il passait pour imprenable. Aussi les fédérés, derrière ses murs, se flattaient-ils de repousser victorieusement toutes les attaques.

A partir du jour où la Commune entre en lutte armée avec Versailles, elle dédaigne les réticences et s'abstient des ménagements qu'elle avait pu garder jusqu'alors. Il n'est plus question de sa part d'attributions municipales restreintes aux seules affaires de la ville de Paris, elle s'arroge ouvertement toutes les prérogatives de la pleine souveraineté ; ses actes, ses décrets lui donnent le caractère définitif d'un gouvernement complet, prétendant se fonder et agir en opposition à celui de Versailles.

Le Comité central avait publié dans le *Journal officiel* du 23 mars une note reçue du Gal de Schlotheim, chef d'état-major du IIIe corps d'armée prussien cantonné autour de Paris. Le général apprenait que les troupes allemandes, sans s'inquiéter des événements survenus, garderaient envers la ville de Paris une attitude passive et *amicale*, à moins qu'on ne se livrât contre elles à des actes d'hostilité. — Le général allemand avait réellement dit *friedliche*, pacifique, que le traducteur avait trouvé bon de transformer en *freundliche*, amicale. — Le Comité central avait répondu que le mouvement auquel il présidait, exclusivement municipal, ne saurait porter ombrage aux armées allemandes, que d'ailleurs il ne se reconnaissait pas le droit de discuter les préliminaires de paix votés par l'Assemblée nationale. La Commune faisait maintenant une démarche qui, contrastant avec cette réserve, révélait de sa part l'ambition de nouer des rapports diplomatiques. M. Paschal Grousset, délégué aux relations extérieures, adressait en effet le 5 avril une note aux représentants des puissances étrangères résidant à Paris, pour porter officiellement à leur connaissance la constitution du gouvernement communal de Paris.

La colère de la Commune contre Versailles avait débordé, à la suite de la défaite et surtout des exécutions sommaires d'officiers et de gardes nationaux fédérés. A la séance du 5 avril, les membres les plus violents proposaient de fusiller, par représailles, un certain nombre de « réactionnaires », spécialement choisis parmi les ecclésiastiques (1). La Commune, tout en repoussant cette proposition, prit des mesures d'intimidation. Elle rendit un décret portant que toute personne prévenue de complicité avec le gouvernement de Versailles serait décrétée d'accusation et incarcérée; qu'un jury d'accusation serait institué pour connaître des cas qui lui seraient déférés; que l'exécution d'un prisonnier de guerre fait sur la Commune de Paris serait, sur-le-champ,

(1) Lanjalley et Corriez, *Histoire de la révolution du 18 Mars*, p. 223.

suivie de celle d'un nombre triple des personnes condamnées par le jury. La Commune s'assura immédiatement des otages. Au président de la cour de cassation M. Bonjean, incarcéré dès le 21 mars, elle joignit maintenant l'archevêque de Paris M. Darboy, et un grand nombre d'ecclésiastiques, prêtres et religieux de divers ordres. Elle retenait encore emprisonnés des gendarmes, d'anciens sergents de ville, des officiers de paix arrêtés le 18 mars ou depuis, et un assez grand nombre de soldats abandonnés par l'armée, lors de la retraite sur Versailles, qui refusaient de marcher avec les bataillons fédérés. En peu de temps les prisons se trouvèrent ainsi remplies de suspects et d'otages. Elle interdisait en outre la publication des journaux qui lui étaient le plus hostiles, le *Journal des Débats*, le *Constitutionnel*, le *Pays*, le *Paris-Journal*. Le Comité central se remettait en lumière. Il faisait paraître, au lendemain de la défaite, une proclamation, rappelant que la révolution du 18 mars devait être non seulement politique mais sociale, avec mission de relever les travailleurs de leur infériorité. Il excitait plus énergiquement que jamais le peuple de Paris à verser son sang pour le triomphe d'une aussi noble cause, contre l'esprit de réaction et d'oppression représenté par le gouvernement de Versailles. Des obsèques solennelles étaient faites, le 6 avril, aux gardes nationaux tués dans les sorties des 3 et 4.

C'était maintenant le Gal Cluseret, délégué à la guerre, qui avait la haute main sur les affaires militaires de la Commune. Il cherchait à organiser la défense, et, dans ce but, reformait les bataillons de guerre de la garde nationale. Tous les hommes valides de dix-neuf à quarante ans étaient contraints d'en faire partie, quels que fussent leurs sentiments envers la Commune. En même temps il armait d'artillerie les remparts, du Point-du-Jour à la Porte-Maillot, et les positions avancées, Asnières, le château de Bécon. La Commune disposait de tout le matériel accumulé dans Paris pour soutenir le siège contre les Prussiens, ses ressources en armes et en munitions étaient donc énormes. Le 6 avril les Versaillais, prenant de nouveau l'offensive, attaquèrent le pont de Courbevoie défendu par Bergeret. Ils enlevèrent les barricades qui le fermaient, prirent huit canons, poussèrent jusqu'à Neuilly et s'établirent à demeure sur le terrain conquis. La Commune remplaça Bergeret par le polonais Dombrowski, qui organisa la défense à Neuilly et, soutenu par l'artillerie des remparts, sut s'y maintenir.

Cependant les forces concentrées à Versailles grossissaient tellement que le 6 avril on en formait deux armées. La première, sous les ordres du maréchal de Mac-Mahon, dite armée de Versailles, comprit deux corps d'armée à trois divisions d'infanterie chacun, le 1er commandé par le Gal de Ladmirault, le 2e par le Gal de Cissey, plus un 3e corps composé de cavalerie commandé par le Gal du Barail. La seconde armée dite de réserve, placée sous les ordres du Gal Vinoy, compta trois divisions (1). Les corps furent répartis

(1) Gal Vinoy, *L'armistice et la Commune*, p. 286.

autour de Paris, qu'ils cernèrent d'une manière continue, depuis la Seine vers Choisy-le-Roi jusqu'à la presqu'île de Gennevilliers. Les chemins de fer et les routes furent coupés et tous les rapports interrompus. Paris allait donc subir un second siège, pendant lequel il ne communiquerait avec le dehors que par le côté de son enceinte entouré par les Prussiens, de Saint-Denis à Charenton.

La pensée d'intervenir entre les combattants était venue à un certain nombre d'habitants de Paris. L'*Union nationale des chambres syndicales* représentant cinquante-six chambres, auxquelles adhéraient plusieurs milliers d'industriels et de commerçants, prit l'initiative, au nom du commerce parisien, de porter à Versailles des paroles de paix. Elle demandait que le gouvernement fît des concessions aux Parisiens, telles que la reconnaissance de la République, comme forme définitive du gouvernement, et l'octroi de franchises municipales (1). M. Thiers répéta aux délégués de l'Union des chambres syndicales, ce qu'il avait déjà répondu aux maires et aux députés de Paris, lorsqu'ils avaient réclamé des concessions analogues : qu'avant tout l'insurrection désarme, la République existait de fait, il n'était point question de la détruire, Paris jouirait des mêmes libertés municipales que les autres villes de France.

Dans le même temps, quelques-uns des maires et des députés ayant fait partie de la réunion qui s'était en-

(1) Lanjalley et Corriez, *Histoire de la révolution du 18 Mars*, p. 209.

tremise entre le Comité central et Versailles, se concertaient avec des républicains notables. Ils formaient ensemble la *Ligue d'union républicaine des droits de Paris*, pour peser simultanément sur la Commune et le gouvernement de Versailles et les obliger à la paix. Après avoir tenu plusieurs réunions privées, ils annoncèrent une grande réunion publique à la Bourse. Mais la Commission exécutive de la Commune l'interdit, déclarant que la conciliation, dans les circonstances que l'on traversait, était de la trahison. La Ligue envoya malgré tout des délégués porter ses demandes à M. Thiers : c'étaient toujours la reconnaissance définitive de la République et l'octroi de franchises municipales. M. Thiers répondit comme précédemment. Les délégués publièrent un compte rendu de leur entretien avec M. Thiers, après quoi la Ligue entreprit une démarche auprès de la Commune, analogue à celle qu'elle avait faite à Versailles. Ses délégués furent reçus le 14 avril à l'Hôtel de ville, par la Commission exécutive. Ils lui communiquèrent le programme de la Ligue et la réponse qu'ils tenaient de M. Thiers. La Commune, informée le même jour de cette démarche, décidait de n'en point tenir compte et l'annonçait, par une note insérée le lendemain au *Journal officiel*. La Ligue ne put désormais acquérir d'influence et tout espoir d'un rapprochement s'évanouit.

Les arrestations d'otages continuaient. Le 11 avril M. Gustave Chaudey, ancien adjoint au maire de Paris, était arrêté dans les bureaux du *Siècle*, dont il était rédacteur. Le *Père Duchêne*, une feuille écrite avec des plumes trempées dans le ruisseau, l'avait quelques jours avant violemment dénoncé, prétendant faire retomber sur sa tête le sang répandu le 22 janvier, à l'attaque que les partisans de la Commune avaient faite de l'Hôtel de ville. De nouveaux ecclésiastiques étaient emprisonnés, choisis parmi les curés, les vicaires de Paris et les séminaristes (1). En même temps l'église de Montmartre était fermée, par un commissaire de police qui prenait un arrêté de la dernière violence : « Attendu que les prêtres sont des bandits « et que les églises sont des repaires, où ils ont assas- « siné moralement les masses... Le délégué civil des « Carrières près l'ex-préfecture de police ordonne que « l'église Saint-Pierre de Montmartre sera fermée et « décrète l'arrestation des prêtres et des Ignoran- « tins. »

Cependant le combat engagé entre la Commune et Versailles, les arrestations répétées d'otages, les suppressions de journaux, la violence de ces feuilles qui demandaient le recours aux mesures révolutionnaires de 1793, la prétention de plus en plus accusée des socialistes d'inaugurer un régime économique nouveau, causaient dans la ville de profondes angoisses. L'émigration commencée le 19 mars par les fonctionnaires publics et des employés du gouvernement n'avait cessé de grandir ; elle menaça bientôt de s'étendre à des classes entières d'habitants. La Commune, pour retenir les jeunes gens qu'elle contraignait à servir

(1) A. Rastoul, *L'Église de Paris sous la Commune*, p. 90.

dans la garde nationale, interdit absolument de quitter Paris à tous les hommes ayant moins de quarante ans, et aux autres, elle ne permit plus la sortie qu'avec des laissez-passer et des passe-ports. Les jeunes gens qui se refusaient à combattre l'armée de Versailles, en butte aux perquisitions, durent se cacher ou s'enfuir la nuit par-dessus le mur d'enceinte. Peu de jours avaient donc suffi pour modifier les dispositions d'une grande partie de la population à l'égard de la Commune. Tous ceux qui, au début, se l'étaient représentée comme un conseil municipal, ou étaient allés vers elle, dans un accès de colère, sans se préoccuper de l'avenir, un grand nombre encore qui avaient cru qu'elle défendrait simplement la république contre l'Assemblée monarchique de Versailles, la délaissaient, en voyant ce qu'elle était devenue et à quelles revendications elle se prêtait.

Les démissions, les élections doubles, la mort de Flourens et de Duval avaient successivement élevé à trente et une les vacances au sein de la Commune. Le 16 avril les électeurs étaient appelés à les remplir. Le chiffre des abstentions fut énorme et vint montrer l'isolement dans lequel tombait le nouveau régime. Onze arrondissements, qui, aux élections du 26 mars, avaient fourni 119 mille votants sur 256 mille électeurs inscrits, n'en donnaient plus que 59 mille. Les votes exprimés furent si peu nombreux que la Commune dut négliger la loi de 1849, respectée par tous les gouvernements, qui ne reconnaît élus que des candidats ayant obtenu les voix du huitième au moins des électeurs inscrits. Elle déclara élus, sans se préoccuper du nombre des votants, tous ceux qui avaient obtenu la majorité absolue des suffrages exprimés. Quelque faciles qu'eussent été rendues les conditions d'admission, plusieurs ne purent les remplir et furent éliminés. Deux des candidats validés, à qui manquait le huitième des voix des inscrits, refusèrent de profiter des facilités qu'on leur accordait et s'abstinrent de siéger. La Commune ne put ainsi se compléter. Elle ne compta que 79 membres au lieu des 90 que lui attribuait le décret du Comité central.

Les perquisitions faites par des gardes nationaux à la recherche des réfractaires, ou par des agents en quête de personnes suspectées de connivence avec Versailles, devenaient de plus en plus fréquentes et le nombre des détenus avait tellement grossi que la Commune réglait par décret la procédure à leur appliquer. Le 22 avril elle fixait le mode de formation du jury appelé à désigner les otages. La discussion de ces décrets l'amena à s'occuper du régime des prisons. Le citoyen Arthur Arnould, secondé par le citoyen Miot, réclama et obtint l'abolition du secret. Les membres de la Commune eurent le droit de visiter et d'interroger les détenus. Le délégué à la préfecture de police, Raoul Rigault, s'acharnait aux arrestations et aux poursuites. Il avait réclamé avec énergie le maintien du secret et, lorsqu'on l'abolit, il donna sa démission de délégué à la préfecture de police. Cournet lui succéda. Mais il se fit nommer aussitôt procureur de la Commune et, peu à près, un de ses amis, Ferré, remplaçant Cournet sous le titre de délégué à la Sûreté, il put disposer plus arbitrairement que jamais de toutes les ressources de la police.

L'armée de Versailles serrait maintenant de plus en plus la ligne des avant-postes occupés hors de l'enceinte et des forts par les gardes nationaux fédérés. Elle avait reçu le 24 avril deux nouveaux corps, le 4ᵉ et le 5ᵉ, formés avec des prisonniers revenus d'Allemagne et placés sous les ordres des généraux Douay et Clinchant. Ainsi grossie elle poussait ses attaques sur plusieurs points à la fois. Dans la direction d'Asnières, elle enlevait aux fédérés leurs positions sur la rive gauche de la Seine, le 17 avril le château de Bécon entre Courbevoie et Asnières, le 18 le village de Bois-Colombes. Le 19, elle prenait Asnières même. Les fédérés repassèrent la Seine en désordre. Ils se maintinrent cependant en dehors des remparts de Paris sur la rive droite à Levallois et Neuilly. Sur ce dernier point les deux partis, abrités par des barricades et des murs crénelés, poursuivaient, sans résultats appréciables, un combat incessant. Les habitants, soumis à toutes les horreurs du bombardement, n'ayant pu fuir, s'étaient blottis dans les caves et les sous-sols des maisons. Leur sort excitait une commisération générale, aussi la *Ligue d'union républicaine des droits de Paris* s'entremit-elle en leur faveur. Ses délégués, après des démarches répétées, firent consentir le gouvernement de Versailles à une trêve partielle de huit heures, et, le 5 avril, ils purent se réfugier dans Paris avec leurs effets et leurs meubles.

Les attaques de l'armée de Versailles sur Asnières et Neuilly n'avaient eu pour but que de déloger les fédérés de leurs postes avancés. Cet avantage obtenu, on s'arrêtait, car il n'entrait point dans le plan des généraux de forcer de ce côté l'enceinte de Paris. L'attaque décisive était dirigée sur le saillant du rempart qui entoure le Point-du-Jour et s'avance vers Billancourt et Saint-Cloud. Dans le système des fortifications de Paris, cette portion de l'enceinte est protégée à droite par le Mont-Valérien, à gauche par le fort d'Issy. Les Versaillais occupaient le Mont-Valérien et par conséquent de son côté le rempart se trouvait vulnérable; s'ils s'emparaient en outre du fort d'Issy, ils auraient découvert la partie du mur d'enceinte qu'ils voulaient attaquer des deux côtés à la fois, et ils pourraient alors diriger sur elle de tels feux convergents, qu'il serait impossible aux fédérés de s'y maintenir. Le fort d'Issy est donc choisi, dans l'ensemble des fortifications de Paris, comme le premier point à enlever. En même temps que l'armée poursuivrait l'attaque d'Issy, elle commencerait à côté celle du fort de Vanves. Les travaux nécessités par ces opérations furent confiés au 2⁰ corps, Gal de Cissey, et à la division Faron, de l'armée de réserve.

Les Prussiens, pendant le premier siège, avaient construit de nombreuses batteries contre les forts d'Issy et de Vanves et le front sud de Paris, que les Versaillais utilisèrent en partie. Le 25 avril, les pièces de siège étaient placées et la canonnade commença sur les forts d'Issy, de Vanves et leurs approches. Les fédérés tenaient non seulement les deux forts, mais encore les avancées et le terrain intermédiaire, que les défenseurs de Paris avaient de leur côté fortifié et armé pendant le premier siège. Les Versaillais, sous la protection de leurs batteries, poussent rapidement les travaux d'approches. L'armée formée par le Gal Trochu avait résisté avantageusement à l'attaque des Prussiens, sur ces mêmes positions occupées par les fédérés, mais l'organisation et la science de ces derniers étaient tellement inférieures, qu'en peu de jours les Versaillais surent leur porter des coups décisifs. Dans la nuit du 29 ou 30 avril, ils enlevèrent à la baïonnette le cimetière, le parc et les tranchées d'Issy. Au jour les fédérés du fort d'Issy voient les Versaillais tout près d'eux, sur les positions qui avaient jusqu'à ce moment couvert et appuyé le fort. Ils s'alarment. Leur chef Mégy tient conseil (1). L'évacuation est décidée. Les hommes enclouent rapidement les canons et rentrent dans Paris avec leurs officiers. Le fort resta toute la journée sans défenseurs. Il ne fut réoccupé qu'à six heures du soir par les généraux Cluseret et la Cécilia, à la tête de quelques compagnies. Le lendemain seulement une nouvelle et plus forte garnison y fut placée.

---

(1) Lissagaray, *Histoire de la Commune*, p. 265.

L'annonce de l'évacuation du fort d'Issy vint porter le trouble et l'effroi parmi les partisans de la Commune. Un de ces forts, derrière lesquels ils avaient cru se maintenir à jamais, eût été perdu si l'adversaire, s'apercevant du départ des défenseurs, fût venu l'occuper. Ainsi la confiance inspirée par les fortifications de Paris s'évanouissait donc; il fallait admettre comme possible une chute prochaine. L'idée d'une trahison n'avait pas manqué de se faire jour, et la Commission exécutive avait promis de rechercher les coupables. Le soir même, elle destituait et emprisonnait le délégué à la guerre, Gal Cluseret, sur qui s'arrêtaient ses soupçons.

L'évacuation du fort d'Issy, par les craintes qu'elle inspirait, devait amener la Commune à modifier, dans son sein, l'organisation des pouvoirs et à créer un Comité de salut public.

Les membres de la Commune étaient hantés, sans relâche, de la peur d'une dictature et des trahisons, ils se partageaient en groupes autrefois ennemis ou se rangeaient derrière des chefs ombrageux, qui n'eussent point toléré que la direction supérieure échût à un rival. Les socialistes en particulier s'opposaient à toute initiative gouvernementale et à tout pouvoir concentré. Selon eux le peuple devait demeurer la source directe de toute impulsion, et ses mandataires, au gouvernement, n'auraient plus qu'à exécuter scrupuleusement ses volontés. Par ces divers motifs, la Commune n'avait point voulu remettre la direction du pouvoir exécutif à une seule main ou se donner un président permanent. Tous les pouvoirs reposaient indistinctement dans le conseil formé par les élus du 26 mars et du 16 avril. C'était là la Commune, qui tenait ses séances à l'Hôtel de ville. Chaque jour, un président et un assesseur nouveaux prenaient place au bureau ; aussi n'y a-t-il aucune suite dans les délibérations, aucun ordre dans les débats ; les discussions s'éternisent, s'arrêtent, reprennent au hasard lorsque, comme il arrive souvent, c'est un membre inexpérimenté ou sans ascendant qui préside.

Pour l'exercice du gouvernement les membres de la Commune s'étaient répartis, au début, en commissions dites des relations extérieures, de la guerre, des finances, de sûreté générale, de la justice, de l'enseignement, du travail et de l'échange. Dans certains cas, les commissions avaient été doublées par des délégués. C'est ainsi que des délégués avaient été nommés à la guerre, aux finances, aux relations extérieures. Cherchant à imprimer de l'unité au gouvernement, la Commune avait formé une Commission spéciale dite exécutive. Mais on ne pouvait naturellement définir le partage à effectuer, dans la décision de chaque affaire, entre cette commission et celle de qui l'affaire, par sa nature, relevait plus spécialement. La Commission exécutive ne pouvait d'ailleurs l'emporter sur les autres, puisqu'ensemble elles étaient formées de membres de la Commune égaux en droits, aussi étaient-ce des conflits d'attributions perpétuels et un arrêt de tous les services. Les inconvénients de ce système furent reconnus et, le 20 avril, la Commune modifia l'organisation des pouvoirs. Elle nomma un délégué à chaque service, pour exercer en réalité des fonctions ministérielles. Elle eut comme délégués :

CLUSERET, puis ROSSEL et DELESCLUZE, à la guerre.
JOURDE, aux finances.
VIARD, aux subsistances.
PASCHAL GROUSSET, aux relations extérieures.
VAILLANT, à l'enseignement.
PROTOT, à la justice.
RAOUL RIGAULT, puis FERRÉ, à la sûreté générale.
FRANKEL, au travail et à l'échange.
ANDRIEU, aux services publics.

La Commission exécutive fut dissoute ; les délégués, en se réunissant, durent faire fonction de pouvoir exécutif. Cependant les autres commissions primitivement nommées subsistèrent, et alors la difficulté d'établir un partage d'atibutions, fut plus grande que jamais. La Commune, cherchant à préciser le rôle des délégués et leur position complexe à son égard et à celui des commissions, arrêta : 1° les commissions ne doivent pas entraver les délégués, elles contrôleront simplement leurs actes et en référeront à la Commune ; 2° chaque jour les délégués rendront compte à la Commune, en comité secret, des mesures arrêtées ou discutées par eux, et elle statuera. Mais aucun règlement ne pouvait faire fonctionner un mécanisme où des commissions permanentes s'interposaient entre les délégués et le corps souverain, et où le pouvoir exécutif était détenu par neuf personnes égales en droits, sans président pour les diriger. Aussi le manque d'impulsion, les conflits constants, dont on s'était plaint avec la première organisation, se retrouvèrent-ils avec la nouvelle (1).

Dans l'espoir de créer enfin un pouvoir énergique et concentré, le citoyen Miot avait introduit à la Commune, le 28 avril, la proposition suivante :

« Vu la gravité des circonstances et la nécessité de
« prendre promptement les mesures les plus radi-
« cales, les plus énergiques ;

« La Commune décrète :

« Article 1er. — Un Comité de salut public sera
« immédiatement organisé.

« Art. 2. — Il sera composé de cinq membres
« nommés par la Commune au scrutin individuel.

« Art. 3. — Les pouvoirs les plus étendus sur
« toutes les commissions sont donnés à ce Comité,
« qui ne sera responsable qu'envers la Commune. »

Ce projet de décret avait suscité de vives discussions, encore pendantes lorsque survint l'évacuation du fort d'Issy. On comprit si bien alors que l'anarchie régnante était une cause de ruine certaine, que la majorité de la Commune, dans la pensée d'y remédier, adoptait, sans plus de retard, la proposition Miot. Arnaud, Léo Meillet, Ranvier, Félix Pyat, Gérardin furent choisis pour composer le Comité de salut public. Ils ne répondirent point aux espérances. Ils ne firent sentir nulle part l'action énergique et l'exécution rapide qu'on attendait d'eux, et lorsque, le

---

(1) P. Vésinier, *History of the Commune*, p. 250.

9 mai, le fort d'Issy tomba définitivement aux mains des Versaillais, la Commune se hâta de les destituer. Ranvier, Arnaud, Gambon, Eudes, Billioray furent chargés de reformer le Comité de salut public, qui désormais siégea en permanence à l'Hôtel de ville. Ce changement — le quatrième — dans la constitution du pouvoir exécutif fut le dernier, mais il demeura aussi inefficace que les précédents. Le choix des personnes ne pouvait remédier aux vices d'un système qui persistait à partager les pouvoirs publics entre des hommes sans préséance et des comités sans liens entre eux, aussi la Commune périt-elle avant d'avoir réussi à créer un véritable mécanisme de gouvernement.

Cependant c'était la bonne direction de ses forces militaires que la Commune devait rechercher pardessus tout, puisque son existence dépendait du succès d'une lutte armée. Mais, malgré des efforts répétés, elle réussissait encore moins dans ses services de guerre que partout ailleurs, à introduire de la méthode et de l'organisation. Au début la Commission exécutive, la Commission militaire et les généraux nommés par le Comité central, s'étaient partagé le soin des affaires militaires. Le 1ᵉʳ avril la Commune, pour obtenir l'unité de direction, nommait Eudes délégué à la guerre. Dès le 3 avril, elle le remplaçait par le Gᵃˡ Cluseret. Lorsque, le 30 avril, celui-ci eût été incarcéré, elle délégua à sa place le colonel du génie Rossel, déjà chef de l'état-major général. Rossel était un militaire expérimenté, un homme énergique, il avait appartenu à l'armée du Rhin, il s'était évadé après la capitulation de Metz et, promu au grade de colonel auxiliaire par M. Gambetta, était devenu chef du génie au camp de Nevers. La profonde irritation qu'il avait ressentie des capitulations de Metz et de Paris et du démembrement du territoire l'avait conduit à adhérer à la Commune, la supposant capable, par son énergie et ses résolutions désespérées, de relever la France pour reprendre la lutte contre la Prusse. Rossel, nommé délégué à la guerre, projeta de donner à la garde nationale l'organisation et la discipline qui lui manquaient. Il voulut créer des régiments dont il aurait choisi les colonels et qui, destinés au service actif, eussent été constamment casernés (1). Il déclara qu'il châtierait énergiquement la désobéissance et l'indiscipline, qu'il cannonerait au besoin les fuyards. Mais, aussitôt qu'il eut fait montre de volonté et d'initiative, il souleva la jalousie du Comité central qui, à côté de lui, prétendait être maître de la garde nationale.

De temps à autre le Comité central lançait des proclamations ou prenait des décisions. Il apparaissait ainsi dans l'ombre, par derrière la Commune, comme une sorte de second pouvoir indépendant. S'il n'avait pu, quelque velléité qu'il en eût, garder d'autorité directe sur le gouvernement, il avait au moins fait en sorte de se conserver la garde nationale. Il en était l'élu, le mandataire, le représentant, et il estimait que lui seul, à tous ces titres, avait des droits sur elle.

---

1) Rossel, *Papiers posthumes*, p. 126.

C'était lui du reste qui avait réparti les bataillons en légions d'arrondissement, lui qui avait veillé à l'élection des officiers et obtenu le choix d'hommes dévoués au régime inauguré le 18 mars. La tentative faite par Rossel de transformer la garde nationale rencontra donc l'hostilité absolue du Comité central. Ses membres se concertent avec les chefs de légion opposés aux réformes, pour présenter des remontrances à la Commune. Rossel, considérant cette démarche comme une atteinte à la discipline, voulut user de rigueur. Il menaça les officiers récalcitrants et fit arrêter un des membres du Comité central. Les autres, fort peu intimidés, se rendent au Comité de salut public. Ils demandent que leur droit de régler l'organisation et le service intérieur de la garde nationale soit reconnu, et qu'au délégué à la guerre soit seulement laissée la conduite des opérations sur le terrain. Le Comité de salut public, sous l'influence de Félix Pyat, entra dans les vues du Comité central. Le débat fut porté devant la Commune. Rossel et les membres du Comité de salut public durent s'expliquer. La minorité de la Commune, qui voyait avec inquiétude les velléités d'action séparée du Comité central, s'éleva contre ses prétentions et proposa même de faire arrêter ses membres. La majorité ne prit aucune résolution ; elle laissa le Comité de salut public libre de décider. Celui-ci fit alors le partage d'attributions que le Comité central avait réclamé. Rossel dut se résigner à voir son autorité amoindrie. Il eut bientôt à subir un nouvel empiètement. Le Comité de salut public, toujours inspiré par Félix Pyat, remit à Dombrowski le commandement de toutes les forces actives (1). Rossel fit, il est vrai, revenir sur cette mesure, mais il n'en demeura pas moins annihilé par le Comité central. L'anarchie la plus complète régnait partout au ministère de la guerre. On avait été obligé d'y recruter à la hâte et de toutes mains des employés pour remplacer ceux qui, sur l'ordre du gouvernement de Versailles, avaient quitté leur poste. L'unité de direction qui eût seule permis le bon emploi d'un personnel ainsi improvisé manquant absolument, les conflits d'attribution et le désordre s'étendaient à toutes les parties du service et empêchaient la décision, en temps opportun, des moindres questions (2). Le 9 mai le fort d'Issy était définitivement occupé par les Versaillais, et Rossel, tenu responsable des événements, quoique sans autorité, donna sa démission.

La perte du fort d'Issy détermina la Commune à chercher des remèdes aux conflits dont souffraient les affaires de la guerre. Elle écarta du Comité de salut public Félix Pyat, qui avait soutenu les prétentions du Comité central. Elle nomma à la guerre un délégué civil, Delescluze qui, par l'autorité dont il jouissait, était bien l'homme le plus capable de se faire obéir. Et comme il ne pouvait se produire de revers sans qu'on ne criât à la trahison, elle décida l'arrestation

---

(1) Rossel, *Papiers posthumes*, p. 132. — Déposition Rossel, Affaire Rossel, 3ᵉ conseil de guerre, p. 12.

(2) Barral de Montaud, *L'état de Paris durant la Commune*, p. 44 et 55.

de Rossel, accusé d'avoir laissé prendre le fort d'Issy. Rossel se présenta à l'Hôtel de ville, sous la garde d'un membre du premier Comité de salut public, Gérardin, pour être interrogé par la Commune. Après avoir vainement attendu qu'on le fît comparaître, apprenant qu'on avait appelé à présider la cour martiale chargée de le juger, un homme indigne, un certain Collet qu'il avait vu défaillir au combat (1), il s'évada avec son gardien et se tint caché.

Le désordre qui régnait dans les bureaux de la guerre s'étendait aux opérations sur le terrain. La Commune, par les mêmes motifs qui l'avaient empêchée de se donner un président permanent, avait évité de mettre à la tête de ses forces un général, un chef. Quand les délégués à la guerre avaient été des militaires comme Cluseret et Rossel, ils avaient pu suppléer, dans une certaine mesure, à l'absence du commandement supérieur, leur connaissance du métier leur avait permis tout au moins de surveiller sur le terrain l'exécution des ordres donnés; mais lorsque le délégué fut un civil, Delescluze, il dut se restreindre dans le cabinet aux attributions purement ministérielles, et alors le manque d'un général, exerçant au dehors un contrôle incessant, se fit cruellement sentir. Les chefs auxquels la Commune avait distribué des commandements, n'étaient point préparés à suppléer à une direction d'ensemble supérieure. En même temps que des officiers qui, sans avoir atteint les hauts grades dans les ar-

---

(1) Rossel, *Papiers posthumes*, p. 150.

mées, étaient cependant instruits et expérimentés, Dombrowski, Wrobleski, La Cécilia, le Comité central et la Commune avaient nommé généraux des hommes connaissant tout au plus les rudiments du métier, tels que Brunel, un ex-lieutenant de chasseurs d'Afrique, et Bergeret, un ancien sergent, ou même totalement dépourvus d'instruction militaire, comme Duval, un ouvrier fondeur, et Eudes, un ancien étudiant en médecine. Cependant le désaccord de chefs trop nombreux et l'inexpérience des généraux absolument improvisés, étaient de telles causes de défaite que la Commune fut contrainte d'enlever successivement les postes importants aux chefs trop ignorants. A la fin, lorsqu'elle trembla pour son existence, elle concentra le commandement aux mains des officiers éprouvés. Dombrowski, Wrobleski, La Cécilia furent ainsi placés à la tête de trois armées censées mises sur pied; mais, toujours poursuivi de la crainte de la dictature et de l'ascendant que pourraient prendre les militaires, le Comité de salut public déléguait aussitôt un membre de la Commune auprès de chacun d'eux, à titre de commissaire civil.

La Commune, déjà réduite à choisir ses généraux parmi des officiers de grades inférieurs, était absolument condamnée, en descendant aux commandements secondaires et aux cadres de la garde nationale, à employer des hommes dépourvus de toute instruction militaire. Aussi ne devait-elle jamais posséder ces services de guerre et ces corps spéciaux qui exigent le concours d'hommes doués de connaissances techniques longues à acquérir. Elle demeurait sans intendance, sans véritable état-major, totalement privée de cavalerie et d'artillerie de campagne. Elle ne pouvait même utiliser, comme pièces de position, qu'une faible partie de ses canons, tant étaient peu nombreux les artilleurs qu'elle recrutait.

Les membres du Comité central, de la Commune et leurs partisans, dans leurs discours et leurs journaux, ne cessaient de répéter qu'ils sauraient repousser au rempart toutes les attaques des Versaillais, mais qu'enfin, au cas où les murs de Paris seraient forcés, ils poursuivraient derrière les barricades une résistance désespérée. L'érection anticipée de barricades, comme moyen de défense intérieure, était ainsi devenue un sujet de grandes préoccupations et donnait lieu à toutes sortes de projets. La Commune chargea de la construction et de l'armement des barricades, le citoyen Gaillard père, avec le titre de commandant des barricadiers. Les ouvrages à construire ne pouvaient acquérir de réelle valeur qu'autant qu'ils seraient distribués avec art, sur des positions choisies, et combinés en lignes continues. Mais Gaillard, cordonnier de son état, n'avait aucune notion de la science de l'ingénieur. Il se contenta d'élever, sur certains points, au Trocadéro, à la place de la Concorde, des barricades très fortes en elles-mêmes, toutefois isolées et, par conséquent, faciles à tourner. Lorsque les travaux furent exécutés, leur manque d'ensemble apparut et Gaillard, dont l'incompétence frappait désormais tous les yeux, donna sa démission le 15 mai. La Commune ne put entreprendre de travaux supplémentaires ; aussi les Versaillais, entrés dans Paris, n'eurent-ils pas besoin d'attaquer les barricades construites par Gaillard, ils les tournèrent par les rues latérales.

La Commune disposait sur le papier d'une immense armée. Les états publiés le 5 mai au *Journal officiel* portent l'effectif des gardes nationaux touchant la solde à 190 mille, 94 mille sédentaires et 96 mille pour les bataillons de marche. En réalité le chiffre des hommes sous les armes resta toujours fort inférieur à ce dénombrement. Beaucoup en effet, qui par crainte n'osaient refuser le service d'une manière ouverte, savaient se soustraire à l'appel, tout en laissant leurs noms inscrits sur les rôles. D'un autre côté, les chefs de bataillon, dans le désir de plaire, les officiers payeurs pour accroître le montant de la solde à palper, se laissaient facilement entraîner à grossir les chiffres fournis à l'administration de la guerre. Malgré cela le nombre des défenseurs de la Commune se fût encore trouvé énorme, si tous les gardes nationaux, répondant à l'appel, eussent été des partisans convaincus et de réels combattants. Mais ils ne prenaient en majorité les armes que parce que la Commune, maîtresse de Paris, contraignait au service, ou, s'ils le faisaient de plein gré, c'était dans l'unique but de recevoir la solde. Car, tout travail étant interrompu, la solde de la garde nationale pouvait seule fournir à vivre à une grande partie de la population.

On peut évaluer de 40 à 50 mille le nombre des gardes nationaux qui se battaient véritablement ; cependant comme ils étaient confondus dans cette masse qui, d'abord lâchait pied ou n'opposait qu'une courte résistance, leur courage se produisait presque toujours en pure perte. On éprouvait toutes sortes de difficultés, lorsqu'il fallait entreprendre à l'improviste une opération importante. Il était impossible de prévoir exactement l'effectif qu'un appel fournirait. Selon l'esprit du jour ou l'opinion des quartiers, le même nombre de bataillons convoqués donnait un chiffre d'hommes fort différent. Souvent, lorsque les postes assignés sont jugés périlleux, ceux qu'on y envoie se refusent à les occuper ou les abandonnent aussitôt. On avait institué une cour martiale d'abord présidée par Rossel, pour connaître des cas de désobéissance les plus graves ; elle prononça à diverses reprises la peine de mort. La Commune n'osa exécuter les jugements, elle les commua en quelques années de détention, et la cour martiale, incapable désormais d'inspirer de terreur, ne put imposer la discipline. Ne sachant jamais, quand on relevait un bataillon sur un point exposé, si celui qu'on commanderait pour le remplacer répondrait à l'appel ou bien, une fois réuni, comment il se comporterait, on maintenait indéfiniment au danger les bataillons éprouvés ; pendant que certains s'épuisaient ainsi aux remparts ou aux avancées quinze et vingt jours, les autres touchaient la solde à l'intérieur sans faire aucun service utile. Le désordre de l'administration et du commandement, l'ignorance des officiers, l'indiscipline des hommes rendaient donc infructueux les actes de courage et de dévouement individuels qui pouvaient se produire, et chaque jour la garde nationale fédérée perdait du terrain devant l'armée de Versailles.

Lorsque M. Thiers et les ministres avaient abandonné Paris, ordonnant aux fonctionnaires et aux employés de les suivre à Versailles ou tout au moins de ne prêter aucun concours à l'insurrection, toutes les administrations publiques s'étaient désorganisées. La Commune avait essayé de les rétablir, en appelant à les diriger ceux de ses membres ou de ses partisans que leurs aptitudes semblaient recommander. A la poste, à la monnaie, dans les ministères, aux mairies d'arrondissement, les nouveaux chefs s'efforçaient de faire fonctionner les services, à l'aide de quelques employés inférieurs ralliés à la Commune et promus en grade, puis d'un personnel supplémentaire improvisé. Les résultats obtenus étaient des plus médiocres, et aucune des administrations n'eût répondu aux besoins, si l'activité de la ville, au lieu d'être absolument suspendue, eût eu son cours habituel.

Un des premiers soins des vainqueurs du 18 mars avait été de s'assurer des ressources financières, en continuant la perception des impôts. Grâce à cette position double qui en faisait à la fois un pouvoir municipal et un gouvernement, la Commune s'appliquait, sans distinguer, le produit des impôts et des taxes perçus séparément, en temps ordinaire, par la ville de Paris et le gouvernement national. Malgré ce cumul, les rentrées étaient faibles. Les percepteurs s'étaient retirés, emportant les rôles des contributions. D'ailleurs les contribuables, avertis que les sommes versées ne seraient point admises plus tard à valoir par le gouvernement, se refusaient à rien payer. La Commune n'obtenait donc qu'une somme insignifiante de l'impôt direct ou mobilier. Les recettes de l'octroi, principale source du revenu municipal, étaient fort réduites, puisque la ville en partie investie ne recevait presque plus de denrées du dehors. Jourde, délégué aux finances, en entrant en fonctions, avait trouvé dans les caisses du trésor 4,658,000 francs; les impôts, contributions, redevances de toute nature produisaient, pendant son administration, 24 millions environ, et comme les dépenses s'élevaient à plus de 46 millions, il lui avait fallu combler le déficit. Il s'était adressé, dans ce but, à la Banque de France. La principale des dépenses résultait de la solde de la garde nationale, qui exigeait chaque jour près de 350 mille francs (1). La Commune n'eût pu sans risques apporter le moindre retard à la payer, aussi, lorsque les caisses du trésor étaient vides, se tirait-elle d'embarras par une réquisition à la Banque. Le secours de cet établissement lui était ainsi devenu indispensable et, pour s'en assurer le contrôle, elle y avait délégué un de ses membres, le citoyen Beslay. Celui-ci, homme modéré, s'était entendu avec le sous-directeur, M. de Plœuc, demeuré à son poste. Il s'était engagé à faire tous ses efforts pour que la Banque fût respectée; la Commune s'abstenait en effet de l'occuper et la lais-

---

(1) Déposition Jourde, *Procès des membres de la Commune.*

sait à la garde du bataillon formé par les employés, mais il fut admis qu'elle y puiserait. Chaque fois que le délégué aux finances avait des besoins, il adressait donc une réquisition à la Banque. Le sous-directeur résistait d'abord et cherchait à faire réduire la somme demandée le plus possible, puis il cédait, sur l'observation péremptoire de Jourde et de Beslay, que le payement exigé était pour la Banque la rançon de son existence. Les délégués aux finances et à la Banque avaient en effet beaucoup de peine à contenir le parti violent de la Commune, qui voulait sans examen qu'on s'emparât purement et simplement de l'encaisse et du portefeuille. La Commune, même au dernier moment, devait respecter la Banque, mais elle lui arrachait, par acomptes successifs, 16,695,000 francs et remédiait ainsi à l'insuffisance de ses revenus.

Il était à prévoir que les hommes qui avaient fait trêve à leurs dissensions pour réclamer la Commune, se diviseraient de nouveau, une fois parvenus au gouvernement. Et, en effet, il apparut bientôt que les membres de la Commune ne resteraient unis qu'aussi longtemps qu'ils se borneraient aux généralités. C'est pourquoi la Commune venant le 19 avril exposer son programme, sous forme d'adresse solennelle au peuple français, se contentait d'émettre une série de propositions absolument vagues. Elle n'eût pu affirmer de préférences arrêtées en faveur d'une des opinions qui subsistaient dans son sein sans froisser toutes les autres. Elle faisait donc la part de chacune, en évitant si bien d'appuyer et de s'expliquer sur aucun point, que sa déclaration laissait plus que jamais dans l'ignorance de la forme exacte de gouvernement qu'elle cherchait à établir.

DÉCLARATION AU PEUPLE FRANÇAIS.

« Dans le conflit douloureux et terrible qui impose
« une fois encore à Paris les horreurs du siège et du
« bombardement, qui fait couler le sang français, qui
« fait périr nos frères, nos femmes, nos enfants, écra-
« sés sous les obus et la mitraille, il est nécessaire que
« l'opinion publique ne soit pas divisée, que la cons-
« cience nationale ne soit pas troublée.

« Il faut que Paris et le pays tout entier sachent
« quelle est la nature, la raison, le but de la révolu-
« tion qui s'accomplit. Il faut enfin que la responsabi-
« lité des deuils, des souffrances, des malheurs dont
« nous sommes les victimes, retombe sur ceux qui,
« après avoir trahi la France et livré Paris à l'étranger,
« poursuivent, avec une aveugle et cruelle obstination,
« la ruine de la capitale, afin d'enterrer, dans le dé-
« sastre de la République et de la liberté, le double
« témoignage de leur trahison et de leur crime.

La Commune a le devoir d'affirmer et de détermi-
« ner les aspirations et les vœux de la population de
« Paris : de préciser le caractère du mouvement du
« 18 mars, incompris, inconnu et calomnié par les
« hommes politiques qui siègent à Versailles.

« Cette fois encore Paris travaille et souffre pour la
« France entière, dont il prépare, par ses combats et
« ses sacrifices, la régénération intellectuelle, morale,

« administrative et économique, la gloire et la pros-
« périté.

« Que demande-t-il ?

« La reconnaissance et la consolidation de la Répu-
« blique, seule forme de gouvernement compatible
« avec les droits du peuple et le développement régu-
« lier et libre de la société.

« L'autonomie absolue de la Commune étendue à
« toutes les localités de la France et assurant à cha-
« cune l'intégralité de ses droits, et à tout Français le
« plein exercice de ses facultés et de ses aptitudes,
« comme homme, citoyen et travailleur.

« L'autonomie de la Commune n'aura pour limites
« que le droit d'autonomie égal pour toutes les autres
« communes adhérentes au contrat, dont l'association
« doit assurer l'unité française.

« Les droits inhérents à la Commune sont :

« Le vote du budget communal, recettes et dépenses ;
« la fixation et la répartition de l'impôt ; la direction
« des services locaux ; l'organisation de sa magistra-
« ture, de la police intérieure et de l'enseignement ;
« l'administration des biens appartenant à la Com-
« mune.

« Le choix, par l'élection ou le concours, avec la
« responsabilité et le droit permanent de contrôle et
« de révocation, des magistrats ou fonctionnaires com-
« munaux de tous ordres.

« La garantie absolue de la liberté individuelle, de
« la liberté de conscience et de la liberté du travail.

« L'intervention permanente des citoyens dans les

« affaires communales, par la libre manifestation de
« leurs idées, la libre défense de leurs intérêts ; ga-
« ranties données à ces manifestations par la Com-
« mune, seule chargée de surveiller et d'assurer le
« libre et juste exercice du droit de réunion et de pu-
« blicité.

« L'organisation de la défense urbaine et de la
« garde nationale, qui élit ses chefs et veille seule au
« maintien de l'ordre dans la cité.

« Paris ne veut rien de plus à titre de garanties
« locales, à condition, bien entendu, de retrouver dans
« la grande administration centrale, délégation des
« communes fédérées, la réalisation et la pratique des
« mêmes principes.

« Mais à la faveur de son autonomie et profitant
« de sa liberté d'action, Paris se réserve d'opérer
« comme il l'entendra, chez lui, les réformes admi-
« nistratives et économiques que réclame sa popula-
« tion, de créer des institutions propres à développer
« et à propager l'instruction, la production, l'échange
« et le crédit ; d'universaliser le pouvoir et la pro-
« priété, suivant les nécessités du moment, le vœu des
« intéressés et les données fournies par l'expérience.

« Nos ennemis se trompent ou trompent le pays,
« quand ils accusent Paris de vouloir imposer sa
« volonté ou sa suprématie au reste de la nation et
« de prétendre à une dictature, qui serait un véritable
« attentat contre l'indépendance et la souveraineté des
« autres communes.

« Ils se trompent ou trompent le pays, quand ils

« accusent Paris de poursuivre la destruction de
« l'unité française, constituée par la Révolution, aux
« acclamations de nos pères, accourus à la fête de la
« Fédération de tous les points de la vieille France.

« L'unité telle qu'elle nous a été imposée jusqu'à
« ce jour par l'empire, la monarchie et le parlemen-
« tarisme, n'est que la centralisation despotique,
« inintelligente, arbitraire ou onéreuse.

« L'unité politique telle que la veut Paris, c'est
« l'association volontaire de toutes les initiatives lo-
« cales, le concours spontané et libre de toutes les
« énergies individuelles, en vue d'un but commun, le
« bien-être, la liberté et la sécurité de tous.

« La Révolution communale, commencée par l'ini-
« tiative populaire le 18 mars, inaugure une ère nou-
« velle de politique expérimentale, positive, scienti-
« fique.

« C'est la fin du vieux monde gouvernemental et
« clérical, du militarisme, du fonctionnarisme, de
« l'exploitation, de l'agiotage, des monopoles, des pri-
« vilèges auxquels le prolétariat doit son servage, la
« patrie, ses malheurs et ses désastres.

« Que cette chère et grande patrie, trompée par les
« mensonges et les calomnies, se rassure donc.

« La lutte engagée entre Paris et Versailles est de
« celles qui ne peuvent se terminer par des compro-
« mis illusoires; l'issue n'en saurait être douteuse. La
« victoire, poursuivie avec une indomptable énergie
« par la garde nationale, restera à l'idée et au droit.

« Nous en appelons à la France !

« Avertie que Paris en armes possède autant de
« calme que de bravoure ; qu'il soutient l'ordre avec
« autant d'énergie que d'enthousiasme; qu'il se sacri-
« fie avec autant de raison que d'héroïsme ; qu'il ne
« s'est armé que par dévouement pour la liberté et
« la gloire de tous, que la France fasse cesser ce san-
« glant conflit !

« C'est à la France à désarmer Versailles par la ma-
« nifestation solennelle de son irrésistible volonté.

« Appelée à bénéficier de nos conquêtes, qu'elle se
« déclare solidaire de nos efforts ; qu'elle soit notre
« alliée dans ce combat, qui ne peut finir que par
« le triomphe de l'idée communale ou par la ruine de
« Paris !

« Quant à nous, citoyens de Paris, nous avons la
« mission d'accomplir la révolution moderne, la plus
« large, la plus féconde de toutes celles qui ont illu-
« miné l'histoire.

« Nous avons le devoir de lutter et de vaincre !

« *La Commune de Paris.* »

Cependant, quelque désir qu'eussent pu avoir au début les membres de la Commune de rester unis, en s'abstenant d'un programme précis, la discussion des affaires de chaque jour devait forcément les diviser. Ce fut la vérification des pouvoirs des élus du 16 avril qui, pour la première fois, suscita au sein de la Commune un désaccord appelé à être permanent. Il s'agissait de décider si certains candidats, ayant réuni moins du huitième des voix des électeurs inscrits, seraient reconnus élus, en violation de la loi que le Comité central avait lui-même déclarée applicable à l'élection des membres de la Commune. Deux opinions s'étaient produites. Les uns, arguant de la difficulté des circonstances, du caractère révolutionnaire de leur gouvernement, voulaient que, sans se préoccuper de la loi et des déclarations antérieures, on validât tous les candidats ayant obtenu une majorité quelconque; les autres soutenaient que, si la Commune était sortie d'une insurrection et avait d'abord usé des moyens révolutionnaires, elle devait entrer désormais dans les voies régulières et, surtout envers le suffrage universel, observer ses engagements. Ils demandaient donc qu'on tînt pour non avenu le résultat du scrutin de certains arrondissements. Au vote, 26 se prononçaient en faveur de la validation, 13 contre. La majorité des violents, jacobins, blanquistes, formée sur cette question, devait en toutes circonstances se retrouver et montrer la même absence de scrupules, en opposition avec la minorité relativement modérée, composée surtout de socialistes.

Une fois que les membres de la Commune eurent précisé leurs divergences et glissé à une première rupture, les plus simples frottements devinrent entre eux des causes de dissensions. Les groupes formant la majorité et la minorité n'entretenaient déjà plus que des rapports difficiles, lorsque la création du Comité de salut public en fit deux partis définitivement ennemis. La proposition du citoyen Miot de confier tous les pouvoirs à un Comité de salut public, avait dès l'abord rencontré l'opposition la plus vive de la minorité. Le jour où la discussion s'ouvrit, le 30 avril, les modérés, qui n'avaient aucun espoir en combattant la proposition de front de la faire repousser, se bornèrent à introduire un amendement, pour que le comité à créer prît le titre de Comité exécutif. Par là, au moins, ils espéraient lui enlever la physionomie terrible que son nom lui eût donnée et obtenir qu'il répudiât les traditions dictatoriales de 1793. La Commune se partagea également, 26 votant pour que le titre du nouveau comité fût de salut public et 26 comité exécutif. Le lendemain l'état des esprits s'était modifié — l'évacuation du fort d'Issy avait eu lieu la veille même, pendant qu'on discutait — aussi le titre de Comité de salut public prévalut-il définitivement, par 34 voix contre 28.

Lorsque les modérés se virent battus sur la question incidente qu'ils avaient soulevée, ils cessèrent tous ménagements. Ils combattirent directement la proposition Miot et, à l'occasion du vote motivé réclamé sur l'ensemble des articles, ils formulèrent leurs objections. Nous votons contre, dirent-ils, parce que la nomination d'un Comité de salut public aura pour effet de créer un pouvoir dictatorial qui, sans donner de force à la Commune, usurpera la souveraineté du peuple ; parce que le recours aux mots et aux institutions de 1793 n'a pas de raison d'être, et que la révolution nouvelle doit avoir sa physionomie et son caractère propres, trouvant leur expression dans des formes politiques spéciales ; parce que l'influence attribuée au nom de Comité de salut public, est du même ordre que celle qu'on peut prêter aux talismans et aux amulettes et ne saurait être prise au sérieux. Les partisans de la proposition Miot évitèrent de s'expliquer avec une égale netteté. Ils n'en laissaient pas moins paraître que leur opinion favorable était déterminée par le principal motif qui dictait l'opposition des modérés : ils voulaient un pouvoir fort et concentré, dont le nom pût inspirer l'effroi à leurs ennemis. 45 votaient pour la création du Comité de salut public, 23 contre. Ceux de la minorité s'abstinrent ensuite, lorsqu'il fallut élire les membres du comité et ils rédigèrent les déclarations suivantes :

« Les soussignés,

« Considérant qu'ils ont voté contre l'institution
« dite Comité de salut public, dans laquelle ils n'ont vu
« que l'oubli des principes de réforme sérieuse et so-
« ciale d'où est sortie la réforme communale du
« 18 mars ;

« Le retour dangereux ou inutile, violent ou innof-
« fensif à un passé qui doit nous instruire, sans que
« nous ayons à le plagier ;

« Déclarent qu'ils ne présenteront pas de candidats,
« et qu'ils regardent, en ce qui les concerne, l'absten-
« tion comme la seule attitude digne, logique et
« politique.

« Ch. Longuet, Lefrançais, Arthur Arnould, Andrieu, Ostyn, Jourde, B. Malon, A. Serrailler, Beslay, Babick, Clémence, Courbet, E. Gérardin, Langevin, Rastoul, J. Vallès, Varlin.

« Vu que nous ne pouvons nommer personne à
« une institution considérée par nous comme aussi
« inutile que fatale, nous nous abstenons.

« Avrial, V. Clément, Vermorel, Theiz, Tridon,
Pindy, E. Gérardin. »

La minorité, en s'abstenant, s'était mise à l'écart ; la majorité l'y laissa, et désormais ses principaux membres conviendront entre eux des mesures à prendre (1). Les séances officielles de la Commune ne seront plus que des réunions de forme, où s'enregistreront des projets arrêtés d'avance, sans que la minorité puisse même émettre une opinion. Les membres de la Commune, dans leur ensemble, ne constituaient point une assemblée parlementaire, où la majorité, qui fait diriger les affaires par ses chefs, est seule responsable des décisions prises, ils formaient indistinctement le gouvernement ; les lois, les décrets émanés d'eux étaient promulgués sous la signature impersonnelle *La Commune*, qui couvrait aussi bien la minorité que la majorité et les engageait au même titre. Lorsque les membres de la minorité se virent absolument à l'écart, alors que leur responsabilité persistait, ils cherchèrent à pacifier la majorité et crurent en trouver l'occasion au renouvellement du Comité de salut public. C'était leur abstention qui avait amené la rupture ouverte, ils se déclarèrent prêts, maintenant qu'on recomposait le Comité, à concourir à la nouvelle élection devenue nécessaire. Ils dirent, pour motiver

(1) Arthur Arnould, *Histoire de la Commune*, t. III, p. 33.

leur volte-face, que les craintes qu'ils avaient eues de voir le Comité de salut public exercer un pouvoir dictatorial ne s'étaient point réalisées, qu'au contraire il s'était montré faible et impuissant, que puisqu'à l'épreuve, c'était un simple comité de direction, tel qu'ils l'avaient accepté sous le nom de Comité exécutif, ils n'avaient pas de motif de persister dans leur opposition et qu'aussi bien, par esprit de concorde, ils participeraient au prochain scrutin. Au moment du vote, le 9 mai, ils durent aller à la recherche de leurs collègues de la majorité qui délibéraient séparément, hors de la salle des séances (1). Ils les ramenèrent, en leur adressant d'amers reproches, et le vote eut lieu. Les cinq élus appartenaient à la majorité, qui avait eu soin d'arrêter sa liste à part (2) ; cependant l'un d'entre eux, Delescluze, venait d'être délégué à la guerre, et il fallait le remplacer. Les membres de la minorité, espérant qu'en considération de leurs avances, on appellerait au moins un des leurs au Comité de salut public, cherchèrent à faire revenir la majorité sur son oubli ; ils proposèrent Varlin pour succéder à Delescluze, ce qui eût été un excellent choix, mais la majorité le repoussa et, pour ajouter à l'insulte, elle prit dans son sein un homme indigne, Billioray (3). Les paroles violentes, les accusations et les reproches échangés au cours de ces incidents, rendirent la séparation plus profonde que jamais entre les deux groupes de la Commune. Ceux

(1) Lissagaray, *Histoire de la Commune*, p. 288.
(2) Lefrançais, *Étude sur le mouvement communaliste*, p. 294.
(3) Lissagaray, *Histoire de la Commune*, p. 288.

de la minorité étaient outrés ; ils avaient condescendu à se déjuger, pour prendre part à l'élection du Comité de salut public ; ils avaient ainsi fortifié le pouvoir créé malgré eux, en en faisant le représentant de la Commune toute entière, et, en retour, la majorité les écartait plus que jamais du gouvernement. Ils voulurent cependant s'expliquer une dernière fois dans l'espoir d'arriver à une entente ; ils se promirent de le faire à la séance du 15 mai, mais les membres de la majorité avertis évitèrent de s'y rendre (1). La minorité, convaincue que tout rapprochement était désormais impossible, porta ses griefs à la connaissance du public. Le 16 mai, dans une déclaration solennelle, elle blâmait les procédés de la majorité à son égard, protestait contre le rôle dictatorial que les violents voulaient donner au Comité de salut public, rappelait que la Commune devait avoir pour principal souci d'inaugurer l'ère des réformes sociales. Cette démarche mit le comble à l'irritation de la majorité ; les plus fougueux traitèrent en séance les signataires de la déclaration de « girondins », ce qui à leur sens était la pire des flétrissures. Déjà ils avaient agité la question d'arrêter certains membres de la minorité, comme coupables de faiblesse, et ils avaient été jusqu'à informer de ce projet ceux qu'il devait atteindre (2). Les journaux dévoués à la majorité couvrirent d'outrages les membres de la minorité (3). *Le Père*

(1) Lefrançais, *Étude*, etc., p. 300.
(2) Arthur Arnould, *Histoire de la Commune*, t. III, p. 31.
(3) Lefrançais, *Étude*, etc., p. 305.

Duchêne les accusant de n'être guidés que « par la peur « qu'ils ressentaient pour leur peau, » invita le peuple à en faire bonne et sommaire justice.

La minorité, dans sa déclaration, avait annoncé qu'elle cesserait d'assister aux séances de la Commune, sauf le cas où celle-ci, transformée en cour de justice, jugerait un de ses membres. La majorité, à la suite de cette sorte de démission, se vit maîtresse incontestée du gouvernement. Les comités, les postes et les fonctions qui garantissent l'usage de la force sont entre ses mains. Ses chefs dirigeront jusqu'au dernier jour la résistance, et par les actes qu'ils commettront, et les résolutions qu'ils pourront prendre, ce sont eux qui donneront à la Commune sa physionomie définitive.

Les hommes qui formaient la majorité, avaient été autrefois fort divisés et, quoique au sein de la Commune une similitude de passions ardentes les eût liés, l'amalgame n'était point tel qu'il ne subsistât des divergences. Si l'on veut décomposer la majorité de la Commune en ses éléments, il faut d'abord distinguer les jacobins. On ne peut en effet désigner autrement que par ce titre ceux des hommes de 1871 qui ont pris pour modèle exclusif les anciens jacobins et se sont approprié les idées, les principes, la langue des révolutionnaires de 1793. Les jacobins, dont le plus marquant était Delescluze, ne s'étaient point triés et organisés à part au sein de la Commune. Ils n'en n'avaient nul besoin, car ils étaient si bien dominés par les mêmes traditions, si portés à imiter les hommes de la Convention et du Comité de salut public, qu'ils pensaient et agissaient naturellement à l'unisson en toute circonstance.

Les partisans et les amis de Blanqui formaient à côté des jacobins un groupe distinct. Ils observaient entre eux cette discipline rigide, habituelle aux hommes qui ont subi ensemble la direction d'un chef révéré, comme un apôtre ou un esprit supérieur. Blanqui, il est vrai, leur manquait ; sorti de Paris quelques jours avant le 18 mars, il avait été découvert et arrêté à Cahors. Mais son ombre demeurait au milieu d'eux, et le souvenir des conspirations et des coups de force qui avaient rempli la vie du vieux révolutionnaire et auxquels ils avaient eux-mêmes participé, leur indiquait les voies à suivre. L'emploi des mesures sommaires, le recours à la violence, la volonté de briser toutes les résistances par le fer et le sang, faisaient partie du programme dès longtemps mûri par les blanquistes. Dans leurs tentatives antérieures pour s'emparer du pouvoir, ils s'étaient donné comme une répétition de la conduite à tenir au jour du succès. Aussi, sous le gouvernement de la Commune, s'assurent-ils immédiatement l'usage des moyens de terreur ; ils s'emparent de la police, des prisons ; ils font leur spécialité des arrestations. Parmi eux, deux jeunes gens, de francs scélérats, Raoul Rigaud, Ferré, prennent absolument plaisir à torturer leurs ennemis et se satisfont à verser le sang. Les blanquistes de même que les jacobins avaient leur idéal dans le passé. La Commune de 1793 s'offrait à eux comme le modèle à suivre. Et cela était naturel, car avec leur propension à recourir à la force et leur goût pour les mesures violentes, ils tenaient en 1871 cette même position extrême que les hommes de l'ancienne Commune avaient occupée en 1793. Ils voyaient donc dans les hébertistes leurs véritables précurseurs, et l'un d'entre eux, Tridon, à la fin de l'empire, avait composé un panégyrique dans lequel Hébert, Chaumette, Anacharsis Clootz étaient béatifiés (1).

Après les hommes de la pure tradition jacobine et les blanquistes, la majorité de la Commune comprenait surtout des orateurs de clubs, politiques de hasard, élus, pour avoir attiré l'attention dans les réunions publiques de la fin de l'empire ou les clubs tenus pendant le siège. La plupart étaient de véritables démagogues qui ne s'étaient signalés que par leur forte voix et leur persistance à flatter les passions et les préjugés d'auditeurs aigris ou affolés par les événements.

Les adhérents qui occupaient en sous-ordre les postes de l'administration et du commandement ressemblaient naturellement à leurs chefs, les membres de la Commune, et, pénétrés des mêmes passions et des mêmes vues, eussent pu être répartis entre les mêmes groupes. Cependant on voyait s'étendre au milieu d'eux certaines taches qui ne faisaient que poindre chez les chefs. Si, en effet, au sein de la Commune on rencontre déjà quelques hommes véreux, à mesure qu'on descendait dans les rangs inférieurs des serviteurs et des appuis du nouveau gouvernement, la proportion devenait de plus en plus forte de ces

---

(1) Tridon, *Les Hébertistes*.

fruits-secs, n'ayant réussi dans aucune carrière, et de ces déclassés, sans position avouable ou flétris par des condamnations judiciaires. Pris dans l'ensemble, les membres de la majorité de la Commune et leurs adhérents manquent de connaissances et de lumières. Ce sont des hommes amenés par des circonstances tragiques, inattendues, à remplir des fonctions auxquelles ils sont impropres. Leur ignorance des affaires qu'ils ont à décider est profonde; ils n'entendent rien aux choses de l'administration et de la guerre; les premiers éléments de l'art de gouverner leur sont étrangers. Ce sont surtout des hommes aux opinions extrêmes, aux idées exclusives et étroites. Il s'était produit dans le parti républicain, à l'occasion de la lutte acharnée soutenue pendant des années contre l'empire, ce débordement de colères, ce désir illimité de changement qui accompagnent les grandes crises politiques et les grandes transformations d'opinion. Les républicains avaient constamment agrandi le champ de leurs revendications, jaloux de se dépasser les uns les autres; et les moins capables de se modérer avaient enfin atteint, avec la Commune, ces limites de l'exagération révolutionnaire, où l'étroitesse des vues, l'esprit sectaire, la fixité des haines préparent à toutes les intolérances et à toutes les violences.

Cependant, les hommes devenus maîtres au sein de la Commune ne savaient point animer d'un souffle propre les passions dont ils étaient pénétrés. Ni leurs actes ni leurs discours n'ont de physionomie originale. Leur pensée est en effet si absolument dominée par le souvenir des révolutions antérieures, leur esprit est si plein de formules devenues des dogmes et des articles de foi, qu'ils ne peuvent que répéter servilement le langage et les procédés des révolutionnaires leurs devanciers. C'est qu'en effet l'accès révolutionnaire aigu qui les enfiévrait, était une dernière manifestation de cette éruption qui en 1793 s'était produite avec l'irrésistible puissance et la spontanéité d'une force volcanique, qui depuis, à chaque apparition nouvelle, s'était laissé voir plus faible et qui maintenant, par suite des changements de l'esprit humain et des circonstances modifiées, révélait son épuisement, en reproduisant sous une forme caduque les effets du passé.

Les membres de la Commune désireux de se maintenir en dehors des voies par trop violentes faisaient partie de la minorité. C'est également là que se trouvent les hommes qui ont du talent ou montrent des aptitudes administratives. Ce n'était pas seulement leur modération relative qui distinguait les membres de la minorité, mais encore la nature de leurs conceptions. Il est vrai que leurs idées étaient de tel ordre qu'elles les classaient eux aussi parmi les hommes d'opinions extrêmes, et ne pouvant, à ce titre, parvenir au gouvernement qu'à l'aide de coups de force, s'étaient-ils employés, avec autant d'ardeur que ceux qui devaient former plus tard la majorité, à amener le soulèvement du 18 mars. Cependant, une fois la révolution consommée, leurs vues particulières sur l'usage à faire du pouvoir, sur la constitution politique et sociale à établir, devaient forcément les séparer de leurs anciens alliés. Les membres de la majorité, attardés dans la tradition révolutionnaire, n'avaient qu'un programme négatif. Le spectre de l'ancienne monarchie et de l'ancienne société les hantait d'une manière exclusive et, pour empêcher le retour qu'ils craignaient d'un régime détesté, ils cherchaient à extirper brusquement les institutions, les lois, les croyances qui, au sein du monde moderne, tiennent encore du passé. Les socialistes de la minorité se disaient avant tout novateurs ; une fois au pouvoir, ils prétendaient transformer le régime économique et, en changeant les conditions du travail et de l'échange, inaugurer une ère inconnue de justice et de bien-être (1). Les socialistes obéissaient naturellement à d'autres habitudes d'esprit que leurs collègues les jacobins, aussi bien ils avaient des maîtres dans le passé et des précurseurs intellectuels qui leur étaient absolument propres.

C'est avec Saint-Simon, au commencement de ce siècle, que se développent les études humanitaires et la recherche d'un ordre social nouveau dont l'ensemble a pris le nom de socialisme. Les premiers inventeurs Saint-Simon, Fourrier, Cabet sont les plus hardis ; ils se proposent, dans la solitude du cabinet, de modifier de fond en comble la manière d'être du genre humain. Ils disent aux hommes, qu'en adoptant les nouvelles règles de vie qu'ils ont trouvées, ils entreraient soudain dans des voies inconnues de bon-

(1) *Addres of the general council of the working men's international association*, p. 19.

heur et de prospérité. Avec une seconde génération les systèmes perdent de leur ampleur ; ils tendent à se restreindre, à se spécialiser pour se rendre applicables, et ceux qui les propagent se mêlent à la politique active. C'est là ce que l'on voit en 1848 avec les Proudhon et les Louis Blanc.

Le socialisme s'est donc précisé et surtout restreint. Revenu de la prétention de refaire l'humanité tout entière, par tous ses côtés, il se borne désormais à poursuivre la transformation de l'ordre économique. Ce sont les rapports du capital et du travail, les questions de crédit et d'échange, l'assiette de la propriété qui l'occupent avant tout. Et les changements qu'il médite devront s'opérer dans l'intérêt d'une classe qui monopolise presque exclusivement son attention, celle des ouvriers salariés, selon son expression « des travailleurs ». Le socialisme prétend que l'ordre économique actuel est vicieux et mal établi. Le régime de la propriété individuelle étant injuste, on lui substituera celui de la possesion collective ou commune du sol. Le travail est pressuré, on l'affranchira par l'usage gratuit du capital. La classe des travailleurs a été jusqu'à ce jour absolument spoliée ; son sort est identique à celui du prolétariat dans l'antiquité. Les transformations à réaliser doivent donc, comme œuvre de réparation et de justice, lui profiter en l'élevant à la prépondérance politique et à l'indépendance économique. Tel est le résumé des doctrines socialistes, sous leur forme définitive.

La compression qui suivit le rétablissement de

l'empire réduisit les socialistes au silence et interrompit leur propagande. A cette époque, le socialisme avait atteint son plein développement, en tant que créateur de systèmes et de théories, car il ne connaîtra plus, du moins en France, d'écrivains puissants, de fondateurs d'école, du genre de ceux qui l'avaient porté et enfanté. Lorsque la vie politique se réveille, à la fin de l'empire, il réapparaît cependant et son agitation se mêle à celle des partis qui poursuivent un changement de gouvernement ; mais ses principaux propagateurs sont désormais d'un autre ordre et d'une autre classe que les anciens. Ce sont les ouvriers, « les travailleurs », les hommes appelés à profiter directement des changements entrevus, qui se mettent à l'œuvre pour les réaliser. Des ouvriers socialistes français et de diverses autres nationalités du continent européen, désireux de se créer des moyens de propagande, se réunirent à Londres, en septembre 1864, dans Saint-Martin's hall avec des ouvriers anglais (1). Là ils jetèrent ensemble les bases de l'Association internationale des travailleurs, puis firent appel aux ouvriers du monde entier. Ils les déclaraient tous solidaires, sans acception de nationalité, et les invitaient à entrer dans les cadres de la nouvelle association, pour étudier les moyens de réaliser ces réformes, qui devaient enfin affranchir le travail du joug du capital. Les sections de l'Internationale établies en France firent sur-le-champ œuvre de recrutement et de propagande. Dans leurs déclarations

(1) E. E. Fribourg, *L'Association internationale des travailleurs*, p. 11.

elles répudiaient les errements purement révolutionnaires de la tradition jacobine et, en qualité de socialistes, prétendaient se consacrer avant tout à l'étude des réformes économiques. De ce programme naquit l'inimitié que les jacobins et les blanquistes devaient plus tard témoigner aux membres de l'Internationale, au sein de la Commune (1).

L'Association internationale des travailleurs attira bientôt l'attention de l'Europe. Ses fondateurs de diverses nations se réunirent en congrès, pour élucider les questions sociales ; à Genève en 1866, à Lausanne en 1867, à Bruxelles en 1868, à Bâle en 1869. En France elle avait promptement excité les alarmes du gouvernement impérial ; aussi les principaux membres des sections françaises étaient-ils traduits à trois reprises devant les tribunaux, sous l'inculpation de société secrète, et chaque fois condamnés.

Dans les congrès que l'Internationale avait tenus, des divergences s'étaient manifestées qui donnaient lieu à des luttes ardentes et à un déchirement. Les membres s'étaient divisés, sur la question fondamentale de la propriété, en mutuellistes et en collectivistes. Les mutuellistes admettaient la propriété individuelle, et, sous réserve de la réglementation à lui imposer, la laissaient à la base de l'ordre économique, tandis que les collectivistes prétendaient la détruire, pour lui substituer la possession en commun du sol et des instruments de travail. Puis le dissenti-

---

(1) Tolain, *Enquête parlem.*, p. 420; Fribourg, *Enquête parlem.*, p. 428.

ment s'était étendu à la conduite politique à tenir. Les modérés, la plupart mutuellistes, avaient cherché à maintenir à l'association son caractère de société d'étude, poursuivant l'amélioration du sort des travailleurs par des moyens pacifiques; les plus ardents, presque tous collectivistes, avaient voulu au contraire en faire un instrument de combat, qui servît d'abord à renverser l'empire, puis à établir un gouvernement dévoué à leurs idées. Ces derniers l'avaient emporté. L'Internationale, surtout à partir du jour où elle est poursuivie devant les tribunaux, se mêle donc aux attaques dirigées contre l'empire. Après le 4 Septembre, pendant le siège de Paris, elle faisait cause commune avec les pires ennemis du gouvernement de la Défense nationale. Elle s'était par conséquent trouvée associée de la manière la plus active aux événements qui avaient préparé et amené l'insurrection du 18 Mars, aussi ses membres saluaient-ils avec enthousiasme l'inauguration de la Commune.

Cependant les socialistes éprouvèrent une réelle déception lorsque le résultat des élections du 26 Mars fut connu. Ils découvrirent qu'ils se trouveraient en minorité dans le nouveau gouvernement, et ils s'aperçurent bientôt que les jacobins et les blanquistes, qui allaient être les plus nombreux, leur feraient une part fort restreinte. Lorsque la Commune se divisa en commissions, la majorité, après s'être assuré la prépondérance dans toutes celles qui donnaient la possession de la force et la faculté d'en user, laissa toutefois les socialistes se grouper dans la Commission des finances et dans celle du travail et de l'échange, les deux qu'il leur importât plus particulièrement d'occuper. Jourde, comme délégué, présidant la Commission des finances et exerçant les fonctions de ministre, se trouva bientôt jouir d'une part d'autorité telle que n'en possédait aucun autre membre de la minorité. Mais il montrait de réelles aptitudes et, quoique les violents protestassent contre son modérantisme, la majorité le maintenait en fonctions ; l'ignorance de ses propres membres en fait d'administration et de finances le lui rendait indispensable.

La Commission du travail et de l'échange avait été créée, sur la demande expresse des socialistes, pour résoudre les questions sociales. Comme les jacobins et les blanquistes ne prétendaient nullement intervenir dans l'examen des réformes économiques telles que les concevaient les socialistes, ils avaient laissé ceux-ci occuper seuls la commission qu'ils avaient réclamée. Les socialistes de la Commune étaient de deux sortes. Les uns étaient des « bourgeois », la plupart hommes de lettres qui, sauf exception, ne prétendaient point avoir fait une étude approfondie des réformes sociales, et qui se bornaient, en toute circonstance, à affirmer la nécessité d'améliorer le sort du « prolétariat » ; les autres, au contraire, étaient des ouvriers, « des travailleurs » au sens du socialisme, c'est-à-dire des hommes adonnés, pour vivre, au travail manuel et presque tous ceux-là, entrés d'abord dans l'Internationale, avaient pris une part active à ses études et à ses travaux. Or c'étaient précisément les socialistes de cette dernière catégorie, les plus autorisés à formuler le programme des réformes intéressant les ouvriers, qui composaient en entier la Commission du travail et de l'échange.

Les ouvriers socialistes figuraient avec avantage au sein de la Commune. Alors que tant de membres, véritable déchet, ne s'y trouvent que pour avoir manqué de se faire une place ailleurs, eux y sont au contraire entrés comme un choix. Ce sont des hommes qui, obligés à un travail manuel quotidien, ont cherché à s'instruire et qu'une supériorité de culture ou d'intelligence a recommandés aux électeurs de leur condition. Ils sont d'ailleurs parfaitement sincères, car ils ne se donnent point pour les initiateurs de la pensée de transformer la société. Ce ne sont que des disciples. En entrant dans la vie, ils ont vu leur entourage croire à la possibilité de renouveler l'humanité, et il n'est point surprenant qu'ils se soient persuadés que les conditions d'existence de leur classe pouvaient être absolument métamorphosées par des mesures de législation. La Commune, par la faculté qu'elle procure aux ouvriers socialistes groupés à part, de formuler leur programme de réformes économiques et leur plan de transformation sociale, permet donc d'assister à une expérience du plus haut intérêt. On va voir ce que valent enfin, lorsqu'il s'agit de les appliquer, ces systèmes préconisés depuis si longtemps sous le nom de socialisme.

La Commune, après trois semaines d'existence, ne s'était encore occupée d'aucune réforme sociale. Enfin le 16 avril, sur la proposition d'Avrial, à la fois membre de l'Internationale et de la Commission du travail et de l'échange, elle rendait un premier décret prétendant au caractère social. Il s'agissait d'une enquête à opérer sur les ateliers abandonnés.

« La Commune de Paris, considérant qu'une quan-
« tité d'ateliers ont été abandonnés par ceux qui les
« dirigeaient afin d'échapper aux obligations civiques,
« et sans tenir compte des intérêts des travailleurs ;

« Considérant que, par suite de ce lâche abandon,
« de nombreux travaux essentiels à la vie communale
« se trouvent interrompus, l'existence des travailleurs
« compromise ;

« Décrète :

« Les chambres syndicales ouvrières sont convo-
« quées à l'effet d'instituer une commission d'enquête
« ayant pour but :

« 1° De dresser une statistique des ateliers abandon-
« nés, ainsi qu'un inventaire exact de l'état dans lequel
« ils se trouvent et des instruments de travail qu'ils
« renferment ;

« 2° De présenter un rapport établissant les condi-
« tions pratiques de la prompte mise en exploitation
« de ces ateliers, non plus par les déserteurs qui les
« ont abandonnés, mais par l'association coopérative
« des travailleurs qui y étaient employés ;

« 3° D'élaborer un projet de constitution de ces
« sociétés coopératives d'ouvriers ;

« 4° De constituer un jury arbitral, qui devra sta-

« tuer, au retour desdits pastrons, sur les conditions
« de la cession définitive des ateliers aux sociétés ou-
« vrières, et sur la quotité de l'indemnité qu'auront
« à payer les sociétés aux patrons.

« Cette commission d'enquête devra adresser son
« rapport à la Commission communale du travail et de
« l'échange, qui sera tenue de présenter à la Commune,
« dans le plus bref délai, le projet de décret donnant
« satisfaction aux intérêts de la Commune et des tra-
« vailleurs. »

Ce décret ne reçut point d'exécution, il passa comme inaperçu et aucune enquête n'eut lieu.

Le 20 avril la Commission exécutive rendait un autre décret, celui-ci destiné à être appliqué, qui devait réaliser une de ces réformes auxquelles les socialistes attribuaient le caractère social :

« Sur les justes demandes de toute la corporation
« des ouvriers boulangers, la commission exécutive
« arrête :

« Art. 1er. — Le travail de nuit est supprimé.

« Art. 2. — Les placeurs institués par l'ex-police
« impériale sont supprimés. Cette fonction est rem-
« placée par un registre placé dans chaque mairie,
« pour l'inscription des ouvriers boulangers. Un re-
« gistre central sera établi au ministère du commerce. »

Le 27 avril la Commission exécutive rendait un nouveau décret ayant pour les socialistes le caractère social, et cette fois sur la proposition de la Commission du travail et de l'échange :

« La Commission exécutive,

« Considérant que certaines administrations ont
« mis en usage le système des amendes ou des retenues
« sur les appointements et sur les salaires ;

« Que ces amendes sont infligées souvent sous les
« plus futils prétextes et constituent une perte réelle
« pour l'employé et l'ouvrier ;

« Qu'en droit, rien n'autorise ces prélèvements arbitraires et vexatoires ;

« Qu'en fait, les amendes déguisent une diminution
« de salaire et profitent aux intérêts de ceux qui les
« imposent ;

« Qu'aucune justice régulière ne préside à ces sortes
« de punitions, aussi immorales au fond que dans les
« formes ;

« Sur la proposition de la Commission du travail, de
l'industrie et de l'échange,

« Arrête :

« Art. 1ᵉʳ. — Aucune administration privée ou pu-
« blique ne pourra imposer des amendes ou des rete-
« nues aux employés, aux ouvriers, dont les appoin-
« tements convenus d'avance doivent être intégrale-
« ment soldés.

« Art. 2. — Toute infraction à ces dispositions sera
« déférée aux tribunaux.

« Art. 3. — Toutes les amendes et retenues infli-
« gées depuis le 18 mars, sous prétexte de punition,
« devront être restituées aux ayant droit, dans un
« délai de quinze jours, à partir de la promulgation du
« présent décret. »

Le décret interdisant les retenues sur les salaires des ouvriers et des employés se rapportait à un objet tellement simple qu'il ne provoquait aucune résistance, au moins apparente, et ne donnait lieu à aucune remarque ; celui sur le travail de nuit des boulangers venait au contraire modifier à l'improviste les conditions d'exercice d'une grande industrie, il lésait une foule d'intérêts, il changeait les habitudes des consommateurs, en les privant de leur pain aux heures accoutumées ; aussi soulevait-il de nombreuses réclamations, et un débat s'engageait-il, à son sujet, au sein de la Commune. Les socialistes, surtout ceux de la Commission du travail et de l'échange, le trouvaient incomplet, ils se plaignaient qu'on l'eût rédigé à la hâte, sans prendre leur avis et sans consulter suffisamment les intéressés, patrons et ouvriers. Theiz en particulier, tout en réprouvant le travail de nuit, pensait que la Commune n'avait point à intervenir dans la réglementation de la boulangerie telle qu'on la proposait. Cependant les socialistes concluaient, malgré leurs réserves, à ce que l'abolition du travail de nuit fût sanctionnée par la Commune. Le président de la Commission du travail et de l'échange Franckel exprimait leurs sentiments, lorsqu'après avoir critiqué le décret de la manière la plus dure, il en réclamait le maintien, parce que, disait-il, il avait le caractère social : « J'ai dit et je répète que le décret
« rendu par la Commission exécutive était incomplet,
« parce qu'il était incompréhensible pour la majorité
« de ceux qui s'occupent depuis longtemps des ques-

« tions sociales. Néanmoins je le défends, parce que
« je trouve que c'est le seul décret véritablement so-
« cialiste qui ait été rendu par la Commune. Tous les
« autres décrets peuvent être plus complets que celui-
« là, mais aucun n'a aussi complètement le caractère
« social. Nous sommes ici non pas seulement pour
« défendre des questions de municipalité, mais pour
« faire des réformes sociales. » Comme résumé de la
discussion, on croyait devoir accorder quelques jours
aux patrons et aux ouvriers boulangers pour prendre
leurs mesures. La Commission exécutive déclarait
donc, par un nouveau décret, que la suppression du
travail de nuit dans les boulangeries ne serait obliga-
toire qu'à partir du 3 mai.

Avrial proposait le 25 avril, à la Commune, de décider que tous les instruments de travail, meubles,
objets de literie, de lingerie, habillements engagés au
Mont-de-piété, pour une valeur ne dépassant pas
cinquante francs, seraient rendus à leurs possesseurs.
Cette proposition avait donné lieu à une longue discussion. Tous les membres qui avaient pris la parole,
la plupart socialistes, l'avaient appuyée au fond, le
débat n'avait porté que sur les moyens d'exécution.
Jourde avait montré que le retrait gratuit, accordé aux
déposants, obligerait à verser au Mont-de-piété une
indemnité de plusieurs millions, que l'état des finances ne permettait pas d'encourir une pareille dépense,
sans s'assurer des délais et sans calculer au juste la
somme qu'exigerait le taux de cinquante francs proposé pour les dégagements. La Commune se rendait

à ces observations et décidait que Jourde, après avoir pris les mesures financières nécessaires, lui soumettrait un projet de décret.

Cependant, au cours de la discussion, les socialistes avaient abordé une question autrement grave et complexe que la faveur qu'on voulait faire aux déposants nécessiteux, c'était l'abolition même du Mont-de-piété. « L'institution du Mont-de-piété doit disparaître, » avait dit Avrial, en défendant son projet de décret. « Il faudra sans doute en venir là, » avait ajouté Arthur Arnould. « Si la Commune triomphe, comme « c'est certain, avait continué Lefrançais, tout ce « qui s'appelle assistance publique, hôpital, maison « de secours, mont-de-piété disparaîtra sûrement ; « mais ceci correspond à une série d'institutions que « vous ne pouvez formuler dans un article de dé- « cret. » Enfin Franckel avait dit : « J'espère que, « dans quelques jours, je vous remettrai un projet éla- « boré par la Commission du travail sur la liquidation « du Mont-de-piété. » Un tel accord montrait bien que les socialistes devaient penser depuis longtemps à supprimer les monts-de-piété, et en effet le 1er mai le *Journal officiel*, en exécution de la promesse de Franckel, publiait-il un rapport de la Commission du travail et de l'échange relatif à leur liquidation. Ce rapport faisait d'abord l'historique des monts-de-piété, depuis leur création en Italie au quinzième siècle, jusqu'à l'organisation à peu près définitive qu'ils reçoivent en France sous le premier empire. Puis il se livrait à une critique détaillée de leur mode de fonctionner ; il s'élevait contre les bénéfices exagérés qu'ils réalisent aux dépens des nécessiteux ; il blâmait le trafic et l'agiotage auxquels donnent lieu leurs reconnaissances. Le rapport contenait enfin un projet de décret, qui prononçait la liquidation et prévoyait les mesures à prendre pour l'effectuer.

Cependant les monts-de-piété remplissent certaines fonctions dans l'économie sociale ; laissera-t-on vide la place qu'ils tenaient ? La Commission du travail et de l'échange était la première à reconnaître qu'ils ne pouvaient disparaître sans être remplacés, aussi, en terminant son rapport, disait-elle : « Il est bien en-
« tendu qu'à la liquidation du Mont-de-piété, doit
« succéder une organisation sociale qui donne au tra-
« vailleur des garanties réelles de secours et d'appui, en
« cas de chômage et de maladie. Certes, la suppression
« de cette institution ne devra causer aucune appréhen-
« sion à qui que ce soit, et, nous devons en être bien
« convaincus, l'établissement de la Commune com-
« mande de nouvelles institutions réparatrices, suscep-
« tibles de mettre le travailleur à l'abri de l'exploita-
« tion par le capital, à l'abri des nécessités d'emprunts
« usuraires et d'installer à son foyer le calme et la
« tranquillité, qui retrempent les courages et mora-
« lisent l'individu. » Le socialiste Lefrançais, lors de la discussion de la proposition Avrial, s'était exprimé dans des termes analogues. Mais en quoi consiste la nouvelle organisation sociale que l'on annonce ? Lefrançais et la Commission du travail et de l'échange ne le disent point, et ni les discussions de la

Commune, ni les documents publiés au dehors, ne révèlent quelles peuvent être les institutions que les socialistes veulent substituer aux établissements de bienfaisance et de secours qu'ils ont condamnés.

Le 6 mai Jourde faisait adopter par la Commune le décret qu'on l'avait chargé de rédiger sur les dégagements gratuits. L'embarras des finances l'avait contraint de réduire à vingt francs la valeur des engagements appelés à profiter de la mesure. Les socialistes ne reparlèrent qu'incidemment de la liquidation du Mont-de-piété, sans chercher à la réaliser. Le dégagement accordé aux nécessiteux était du reste justifié par la misère qui régnait en ville, mais la Commune ne put l'effectuer en entier; lorsqu'elle succomba, une partie des objets à dégager étaient encore retenus; le temps avait manqué pour les rendre.

Pendant que la discussion relative au Mont-de-piété se poursuivait, la Commission du travail et de l'échange avait obtenu de la Commune l'autorisation d'envoyer des délégués examiner les marchés conclus par l'intendance. Les délégués firent surtout porter leurs investigations sur les fournitures d'habillements militaires. Il résultait de leur rapport que les industriels adonnés à la confection, avaient passé des contrats à des prix excessivement réduits. La Commune avait suivi les règles administratives qui prescrivent de donner la préférence aux soumissionnaires qui auront consenti le plus grand rabais. L'interruption de tout travail dans Paris rendait disponible une multitude d'ouvriers, prêts à se contenter du moindre salaire ; les industriels pouvaient donc réaliser une telle économie sur la main-d'œuvre que, mis en concurrence, ils s'étaient engagés, de réduction en réduction, à confectionner des effets d'habillement à des prix jusqu'alors inconnus, 3 francs 50 les vareuses, 2 francs 50 les pantalons. A ces conditions, disaient les délégués, il est impossible que les soumissionnaires qui entendent naturellement opérer un bénéfice, puissent rémunérer les ouvriers tailleurs et les couturières suffisamment pour les faire vivre.

La Commission du travail et de l'échange, en présentant le rapport de ses délégués, demandait à intervenir dans les marchés de l'intendance. Franckel, Malon, Serailler, disaient que la Commune avait été établie pour inaugurer un régime qui changeât la condition des travailleurs. Elle ne pouvait ainsi, sous peine de se déconsidérer et de manquer à ses promesses, laisser se perpétuer l'oppression de la classe qu'elle était appelée à relever. Les socialistes voulaient donc qu'à l'avenir, les soumissionnaires de fournitures fissent connaître le taux des salaires à payer et que l'intendance ne passât de marchés que sur un cahier des charges, où seraient établis des prix, permettant de rémunérer convenablement les ouvriers. En outre, on devrait éviter les intermédiaires, que la Commission du travail et de l'échange qualifiait d'exploiteurs, en concédant les fournitures directement aux associations ouvrières. Les plus impatients avaient proposé de résilier purement et simplement les marchés passés. La Commune ne voulut point revenir de la sorte sur ses engagements; elle se borna à décider qu'à l'avenir la Commission du travail interviendrait dans les marchés pour appliquer, au profit des travailleurs, les mesures qu'elle avait suggérées; quant aux traités déjà conclus, ils seraient seulement révisés. La Commune formula ses décisions dans un décret rendu le 12 mai.

« La Commune de Paris

« Décrète :

« Art. 1er — La Commission du travail et de l'échange
« est autorisée à réviser les marchés conclus jusqu'à
« ce jour par la Commune.

« Art. 2. — La Commission du travail et de l'échange
« demande que les marchés soient directement adju-
« gés aux corporations et que la préférence leur soit
« toujours accordée.

« Art. 3. — Les conditions des cahiers des charges
« et les prix de soumission seront fixés par l'intendance,
« la chambre syndicale de la corporation et une délé-
« gation de la Commission du travail et de l'échange, le
« délégué et la Commission des finances entendus.

« Art. 4. — Les cahiers de charges, pour toutes les
« fournitures à faire à l'administration communale,
« porteront dans les soumissions desdites fournitures
« les prix minimum du travail à la journée ou à la
« façon, à accorder aux ouvriers ou ouvrières chargés
« de ce travail. »

Le décret sur les marchés de l'intendance fut le dernier essai de législation qui, aux yeux de ses promoteurs, eût le caractère social. Les efforts des socialistes de la Commune ont donc eu pour résultat de faire rendre quatre décrets applicables. Ceux qui interdisent le travail de nuit des boulangers et la retenue sur les salaires des employés et ouvriers rentrent dans la catégorie des règlements de police ; la remise gratuite des objets engagés au Mont-de-piété est un genre de secours aux nécessiteux qu'à diverses reprises les gouvernements antérieurs avaient déjà accordé ; l'intervention de la Commission du travail dans les marchés de l'intendance se produit dans le but d'élever les salaires d'une classe intéréssante d'ouvriers. Les deux mesures annoncées qui auraient eu un caractère réellement tranché et nouveau, la saisie des ateliers fermés, pour être confiés à l'exploitation des coopérations d'ouvriers, et la liquidation des monts-de-piété, à remplacer par des institutions jusqu'alors inconnues, non seulement n'ont reçu aucune exécution, mais n'ont pu être ni préparées ni même formulées.

On est frappé, en examinant la législation de la Commune, de la distance qui sépare les théories de l'application, et on n'a probablement jamais vu d'hommes dont les espérances, les prétentions, les illusions aient été aussi complètement réduites à néant, au contact des faits, que celles des socialistes. Car il faut bien penser que les socialistes de la Commune sont les descendants et les disciples de ces révélateurs qui ont proposé des systèmes appelés, non pas seulement à changer telles lois de détail, mais à inaugurer une ère économique nouvelle et à transformer l'humanité ; il faut penser que les plus sérieux d'entre eux, les membres de l'Internationale, ont fondé une grande association pour préparer les réformes qu'ils préconisent, qu'ils ont ensuite tenu plusieurs congrès, prononcé une multitude de discours, rédigé une foule d'études et de rapports. Les voilà enfin sortis des recherches et de la spéculation, une révolution les a portés au pouvoir. Ils sentent parfaitement que l'occasion est venue pour eux. Au moment où la Commune s'établit, puis tout le temps qu'elle dure, les sections de l'Internationale, le Comité central, la minorité de la Commune dans ses manifestes, tous les socialistes individuellement dans leurs discours à la Commune ou au dehors et dans les articles de leurs journaux, ne cessent d'acclamer le nouveau gouvernement comme appelé à résoudre enfin la question sociale, et, quand on regarde l'application, on ne découvre plus qu'un petit nombre de décrets, sur des points absolument secondaires, tels que tous les gouvernements en rendent chaque jour. Il n'est donc pas surprenant qu'à la vue d'une telle disproportion entre les promesses et les résultats, les membres de la majorité de la Commune n'aient fini par tenir leurs collègues les socialistes pour des rêveurs. Aussi, après les avoir exclus du gouvernement, se désintéressent-ils complètement de leurs réformes sociales. Ils les laissent s'en occuper seuls dans leurs commissions, et dédaignent même d'assister aux séances de la Commune où on les discute (1).

(1) Lefrançais, *Étude*, p. 300. Arthur Arnould, *Histoire parlem.*, t. III, p. 34.

En résumé, la Commune n'a point fait de socialisme. C'est qu'en effet on ne saurait en faire. Les formules du socialisme n'ont jamais été que des créations subjectives de l'imagination, mort-nées et inapplicables. Les socialistes n'ont pu établir leurs systèmes et imaginer leurs théories, que parce qu'ils n'étaient point arrivés à concevoir les sociétés comme des organismes vivants, qui portent en eux-mêmes leurs conditions d'existence et leurs règles d'évolution. Les sociétés se modifient lentement selon des lois naturelles ; croire avec les socialistes qu'on pourrait à un moment donné les transformer de fond en comble, découle de cette antique conception qui place l'homme à part dans la nature et le soustrait à l'universel enchaînement des choses.

Versailles, depuis le jour où l'Assemblée nationale et les réfugiés de Paris s'y étaient établis, avait pris un aspect inconnu. D'ordinaire si vide, il regorgeait maintenant d'habitants. Les lieux publics étaient encombrés d'oisifs colportant les nouvelles ou discourant des événements. Une grande activité régnait dans tous les ministères et les administrations, qui avaient à réparer les désastres causés par la guerre et à liquider un long arriéré. C'était M. Thiers qui donnait partout l'impulsion. Il se consacrait particulièrement aux affaires militaires ; après avoir organisé l'armée qui assiégeait Paris, il assistait aux conseils de guerre, décidait des opérations à entreprendre et en surveillait lui-même l'exécution sur le terrain. Sa tâche était immense. Au moment même où l'issue du conflit avec la Commune paraissait encore douteuse, il avait dû poursuivre la négociation du traité de paix avec les Allemands devenus de plus en plus exigeants, puis contenir une insurrection qui éclatait en Algérie. Jamais l'avenir n'avait paru si sombre pour la France, déchirée par la guerre civile, occupée par l'ennemi, endettée d'une énorme rançon et contrainte de se surcharger d'impôts pour combler ses déficits. Dans de telles difficultés, tout le monde avait les yeux sur M. Thiers ; son activité, son expérience, son esprit de ressource, la variété de ses connaissances et de ses aptitudes, en faisaient l'homme indispensable. On attendait donc tout de lui et il était en quelque sorte à lui seul tout le gouvernement.

Les tentatives de paix poursuivies auprès de M. Thiers avaient à peu près cessé du côté de Paris. Une dernière démarche avait été faite par des francs-maçons le 29 avril ; réunis avec leurs insignes et leurs bannières devant l'Hôtel de ville, ils s'étaient dirigés, par la porte Maillot, vers les avant-postes et avaient obtenu une suspension d'armes, pour envoyer leurs délégués à Versailles (1). M. Thiers s'était, comme toujours, refusé à une transaction et, rentrés à Paris, ils avaient solennellement adhéré à la Commune. Les tentatives continuaient cependant par ailleurs ; elles venaient maintenant des départements. Les républicains des villes de province se dé-

---

(1) *Les Francs-maçons et la Commune*, p. 34.

mandaient avec angoisse ce que deviendrait la République, lorsque Paris, la citadelle de la Révolution, serait au pouvoir de l'Assemblée monarchique de Versailles. Des délégués, choisis parmi les conseillers municipaux de plusieurs grandes villes, s'étaient donc rendus auprès de M. Thiers, pour lui exprimer leurs craintes et essayer d'en obtenir des concessions favorables à la République. Désireux d'obtenir une importante manifestation d'opinion, les délégués des villes projetaient de se réunir en congrès à Bordeaux. Ils délibéreraient sur les meilleurs moyens de terminer la guerre civile, de garantir les libertés municipales et de consolider la République. Ce dessein avait jeté l'alarme à Versailles. On y craignait que le congrès ne se posât en rival de l'Assemblée nationale, aussi le ministre de l'intérieur, M. Picard, était-il venu dire, à la tribune de l'Assemblée, que le Gouvernement l'interdisait expressément. Les délégués des villes durent renoncer à s'assembler et quelques-uns, ayant persisté à se rendre à Bordeaux, furent arrêtés en route sur l'ordre du gouvernement.

Malgré l'interdiction qui frappait le congrès de Bordeaux et les réunions projetées dans d'autres villes, les délégués des conseils municipaux de seize départements du sud-est, étaient parvenus à se grouper à Lyon. Ils avaient, dans un manifeste, affirmé la République comme seul gouvernement légitime et possible, demandé la cessation de la guerre civile, la dissolution de la Commune, les élections municipales à Paris et l'élection d'une constituante dans toute la

France. Ils avaient envoyé des commissaires soumettre le résultat de leurs délibérations à M. Thiers à Versailles, à la Commune à Paris. M. Thiers continuait à se refuser à tout accommodement et il déclarait, avec plus de fermeté que jamais, qu'il ne mettrait fin à la lutte armée que quand Paris serait rentré sous le régime légal. Cependant, s'il repoussait toutes les concessions qui auraient pu être favorables à la Commune, il s'efforçait, dans ses entrevues et ses conversations, de ne point indisposer les délégués qui lui étaient envoyés. Les grandes villes commençaient à ressentir une telle aversion pour l'Assemblée de Versailles que, si on ne calmait leurs craintes au sujet de la République, on risquait de les voir s'insurger. M. Thiers cherchait donc à les apaiser, en protestant de ses sympathies personnelles pour la République. Il parlait de sa tristesse à verser le sang de ses concitoyens, il déclarait qu'il n'était point animé de sentiments de vengeance, et qu'il ne voyait à Paris de punition indispensable à exercer que contre les meurtriers des généraux Lecomte et Clément Thomas.

Les tentatives de médiation des délégués des villes inspiraient un grand mécontentement aux députés de la majorité. L'horreur que l'Assemblée tout entière ressentait pour la Commune s'accroissait à mesure que celle-ci s'abandonnait aux violences révolutionnaires. Allant plus loin, les monarchistes de la majorité étendaient indéfiniment leur haine à tous les républicains qui leur paraissaient avoir quelque affinité avec la Commune et, au premier rang de ceux-là, figuraient les promoteurs d'une transaction. Les délégués des villes réclamaient du reste l'établissement définitif de la République. Or les monarchistes, après avoir remporté contre la Commune un triomphe qui leur paraissait maintenant prochain, étaient plus résolus que jamais à profiter de leurs avantages pour s'attaquer à la République elle-même. Aussi, lorsque M. Thiers parlait de clémence, méconnaissait-il leurs intentions, car ils voulaient, par des châtiments généralisés, débarrasser le pays du plus grand nombre de révolutionnaires et de républicains possibles, afin de mieux préparer les voies à la monarchie. Lorsque surtout il affirmait que la République ne courait aucun risque entre ses mains, et manifestait son attachement personnel à cette forme de gouvernement, il leur paraissait se livrer à une véritable trahison, en manquant aux promesses de neutralité qui constituaient le pacte de Bordeaux. L'Assemblée suivait donc M. Thiers d'un œil inquiet et savait lui témoigner le mécontentement qu'elle éprouvait de ses complaisances envers les républicains. Elle avait nommé une commission de quinze membres chargée de se tenir en rapport avec lui, pour tous les événements qui concernaient l'insurrection. Cette commission s'acquittait de son rôle avec un soin jaloux, elle voulait être non seulement informée des faits accomplis, mais encore avertie par avance des décisions à prendre ; elle présentait ensuite des observations et donnait des avis. L'Assemblée tenait elle-même à connaître toutes choses par le détail; elle s'attendait chaque jour à recevoir officiellement communication des nouvelles. Cette sollicitude donnait naissance à des incidents significatifs.

M. Thiers, le 27 avril, avait parlé à la tribune de l'émotion pénible qu'il éprouvait à faire tirer sur des Français, ses paroles avaient soulevé des murmures à droite (1). Puis, ayant avancé que les insurgés à Paris étaient en petit nombre, que la Commune était sans racines, un légitimiste, M. de Kerdrel, était venu contredire expressément cette opinion : selon lui l'insurrection trouvait au contraire dans le pays un criminel écho; de mauvaises passions, à l'état expectant, étaient prêtes à faire cause avec elle. Il avait enfin dépassé la Commune dans ses attaques et laissé entrevoir que la forme républicaine n'avait nul droit au respect de l'Assemblée qui, après avoir organisé l'État et affermi la société, saurait compléter l'édifice. Et tout le monde avait vu là une allusion au rétablissement de la monarchie.

Les froissements répétés qui se produisaient entre M. Thiers et une partie de la majorité donnaient lieu à un éclat le 11 mai. M. Mortimer-Terneaux, un des députés les plus violemment animés contre la Commune, avait essayé, le 10 mai, de lire à la tribune un journal, rendant compte d'une déclaration de M. Thiers aux délégués de la Ligue des droits de Paris. Il n'avait pu se faire écouter ce jour-là; mais le lendemain, re-

(1) Jules Simon, *Le gouvernement de M. Thiers*, t. II, p. 250.

monté à la tribune, il lisait l'extrait d'une lettre de M. Fourcand, maire de Bordeaux, publiée par les journaux et rapportant une conversation de M. Thiers. M. Fourcand, avec les délégués du conseil municipal de Bordeaux, s'était rendu auprès de M. Thiers qui leur avait dit : « Si les insurgés voulaient cesser
« les hostilités, on laisserait ouvertes toutes les portes
« pendant une semaine, excepté pour les assassins des
« généraux Lecomte et Clément-Thomas. » M. Mortimer-Terneaux pensait que c'était là une promesse qui sérieusement n'avait pu être faite, et il provoquait à un démenti. La persistance mise à incriminer ses moindres paroles et à le contraindre de s'expliquer sur les rapports de simples conversations, fut ressentie par M. Thiers comme une telle indignité que, pâle et plein de colère, il monte à la tribune : « Je demande
« pardon à l'Assemblée, dit-il, de l'émotion que j'é-
« prouve. J'espère qu'elle la comprendra quand elle
« saura que, consacrant jour et nuit ma vie au service
« du pays avec un désintéressement que je crois évi-
« dent, je rencontre ici, pardonnez-moi le mot, une
« tracasserie. — M. Mortimer-Terneaux : Je proteste
« contre l'expression dont M. Thiers vient de se ser-
« vir. — M. Thiers : J'ai raison, je l'affirme, j'ai raison.
« Je maintiens le mot. Oui, Messieurs, lorsque, pré-
« voyant les ingratitudes, je dévoue ma vie au service
« du public, il ne faut pas du moins que vous m'affai-
« blissiez. Je demande à l'Assemblée un ordre du jour
« motivé. Ma démission est toute prête. — Une voix à
« droite : Remettez-la ! — M. Thiers : J'entends une

« voix : remettez-la ! Oui, mais ce n'est pas à vous qui
« m'avez interrompu, c'est au pays que je la remettrai.
« Nous sommes dans une situation où il faut une ab-
« solue franchise. Eh bien, je vous le déclare, il m'est
« impossible de me dévouer au service public, lorsque
« je ne recueille que des traitements comme celui dont
« je suis l'objet en ce moment. Si je vous déplais, dites-
« le-moi ! Il faut nous compter ici résolument. Il ne
« faut pas nous cacher derrière une équivoque.
« Je dis qu'il y a parmi vous des imprudents qui sont
« trop pressés. Il leur faut huit jours encore. Au bout
« de ces huit jours, il n'y aura plus de danger, et la
« tâche sera proportionnée à leur courage et à leur ca-
« pacité. »

Les paroles de M. Thiers avaient, à diverses reprises, suscité des protestations à droite, et la dure apostrophe de la fin y était accueillie par des murmures et des exclamations. M. Mortimer-Terneaux, tout en disant qu'il ne voulait point continuer le débat, affirmait de nouveau qu'un document de l'importance de celui qu'il avait signalé, méritait un démenti à la tribune. M. Berthaud lisait alors le décret, rendu la veille même par le Comité de salut public, qui ordonnait la démolition de la maison de M. Thiers. Plusieurs ordres du jour motivés avaient été déposés. M. Thiers déclara qu'il n'acceptait que le premier, ainsi conçu : « L'As-
« semblée, ayant pleine confiance dans le chef du pou-
« voir exécutif de la République française, passe à l'or-
« dre du jour. » — M. Thiers : « Messieurs, il ne faut pas
« d'équivoque. Il faut que ceux qui n'ont pas confiance

« dans ma politique le disent hautement. Non, il ne
« faut pas d'équivoque, je n'en accepte point, et je
« supplie tout le monde d'avoir le courage de son vote
« et de ne pas se réfugier derrière l'abstention. Mes-
« sieurs, il pèse sur ma tête une responsabilité acca-
« blante. Je suis obligé d'ordonner des actes terribles ;
« je les ordonne parce que j'ai la conviction que je re-
« présente le droit contre le crime. Il faut que ceux
« qui veulent que j'aie la force de remplir tous mes
« devoirs, aient le courage de me la donner. S'ils dou-
« tent de moi, qu'ils le disent. Ce n'est pas là un
« crime ; qu'ils viennent le déclarer par leur vote ; je
« veux que tout le monde ait le courage de son opi-
« nion. » M. Thiers obtenait le vote de confiance qu'il
demandait et il retrouvait tout son crédit ; mais le débat, qui avait eu lieu, n'en révélait pas moins un commencement d'incompatibilité entre lui et la majorité.

Les discussions de l'Assemblée de Versailles entretenaient le sentiment de révolte des partisans
de la Commune à Paris ; aussi s'abandonnent-ils
à toute leur fureur à mesure qu'ils s'affaiblissent et
voient approcher l'heure où ils tomberont aux mains
de ces adversaires, qui réclamaient d'avance des châtiments implacables.

La Commune avait ordonné le 27 avril la démolition de l'église, construite avenue d'Italie, comme
monument expiatoire, sur le lieu où le Gal Bréa avait
été assassiné en 1848 par les insurgés de Juin. Le
5 mai le Comité de salut public décrétait la destruc-

tion de la chapelle expiatoire, élevée sur l'emplacement où les restes du roi Louis XVI et de sa famille avaient été inhumés en 1793. Du reste on tarda tellement à entreprendre les travaux de démolition, que les édifices ne subirent aucune atteinte, la grille qui entoure la chapelle expiatoire fut seule détachée. Des gardes nationaux fédérés avaient envahi l'hôtel de M. Thiers, place Saint-Georges, dès le 14 avril ; ils avaient hissé un drapeau rouge à la façade, saisi les papiers et envoyé l'argenterie à la Monnaie. M. Thiers, comme chef du pouvoir exécutif élu par l'Assemblée nationale, était absolument odieux au parti de la Commune, les fédérés ne prononçaient son nom qu'accompagné d'injures et d'imprécations. L'armée de Versailles, en poursuivant l'attaque de Paris, avait été amenée à bombarder non seulement les remparts, mais le terrain en arrière, où la défense pouvait placer ses réserves et ses soutiens; des obus étaient ainsi tombés à Auteuil et dans les quartiers voisins de l'Arc-de-Triomphe, jusque dans les Champs-Élysées. Des habitants avaient été tués. Les partisans de la Commune après cela n'appelaient plus M. Thiers que le bombardeur, le massacreur de femmes et d'enfants. Ne pouvant porter la main sur lui personnellement, ils s'en prenaient à sa maison. Le 11 mai le Comité de salut public en décrétait la démolition, après saisie des objets mobiliers, et cette fois il veilla à l'exécution immédiate de son décret ; en peu de jours les murailles furent rasées, sans qu'il en subsistât une pierre.

Cependant la colonne de la place Vendôme était

le premier monument auquel la Commune se fût attaquée. Elle en avait ordonné la chute le 12 avril, la considérant comme « un monument de barbarie, un sym-
« bole de fausse gloire, une affirmation du militarisme,
« une négation du droit international, une insulte
« permanente des vainqueurs aux vaincus. » Cet acte n'excitait point dans le moment une indignation sans réserve. Le monument, sous sa concise et populaire appellation « la colonne », a servi de piédestal au Napoléon idéalisé qui a tenu une si grande place dans l'imagination. Il a été par excellence l'autel du culte bonapartiste ; en lui le mythe s'est réalisé et la légende coulée en bronze. Pour les républicains qui, acharnés à combattre le second empire, exécraient tout ce qui glorifiait les Napoléons, elle était devenue un objet d'horreur; aussi après le 4 septembre avaient-ils plus ou moins parlé de la faire disparaître : le peintre Courbet, nommé alors président de la commission des Beaux-Arts, avait proposé de la « déboulonner ». Ces velléités de destruction n'avaient eu aucune suite et n'en eussent jamais eue, sous tout autre régime que celui de la Commune ; mais puisque l'idole tombait, nombre de républicains ne pouvaient s'empêcher de jouir de sa chute.

La colonne fut renversée le 16 mai, en présence de membres de la Commune et d'une grande foule massée rue de la Paix et place de l'Opéra. L'ingénieur chargé des travaux avait dégarni, à la base, le fût de maçonnerie de son revêtement de plaques de bronze, puis pratiqué, dans la pierre, une profonde entaille en biseau. Le jour fixé deux grands câbles furent attachés au sommet du monument, l'un enroulé à un cabestan, l'autre remis à des hommes tirant par saccades. Sous cette action combinée, le fût fléchit légèrement du côté de l'entaille en biseau, et, s'inclinant, se brisa en deux ou trois tronçons. Les habitants du quartier s'étaient attendus à une énorme commotion ; ils craignaient de voir les maisons s'ébranler, les vitres voler en éclats. Il n'en fut rien. On avait disposé, sur la place, un lit de sable, recouvert de fumier, qui reçut les débris sans choc, sourdement.

Sauf un décret prononçant la séparation de l'Église et de l'État, la suppression du budget des cultes et déclarant les biens des congrégations propriété nationale, la Commune s'était abstenue de mesures d'ensemble contre la religion catholique. Mais elle laissait sur ce point libre cours à l'initiative de ses membres, dans leurs quartiers respectifs et à celle des administrateurs des mairies d'arrondissement ; aussi la plupart des églises de Paris étaient-elles visitées par des gardes nationaux qui, après avoir fait des perquisitions, sous prétexte de rechercher des armes cachées, avaient enlevé l'argent des troncs, saisi les vases sacrés et les ornements pour les envoyer à la Monnaie ou au garde-meuble. Des églises avaient ensuite (1) été fermées ; d'autres laissées ouvertes servaient à tenir des clubs. La violence et la grossièreté de langage du public qui les fréquentait, indignaient les fidèles, qui ressentaient

---

(1) Fontoulieu, *Les églises de Paris*, p. 178.

la profanation du lieu de prière, comme un outrage plus grand que sa clôture. Les congréganistes, les membres des ordres enseignants avaient été non seulement expulsés des écoles de la ville, mais même chassés des écoles libres et de leurs maisons. En même temps que l'archevêque, des prêtres séculiers, des jésuites, des dominicains, des Frères de la doctrine chrétienne avaient été arrêtés et jetés en prison. Dans les caveaux des églises Saint-Laurent et Notre-Dame des Victoires, au couvent de Picpus, les fédérés avaient trouvé des squelettes qu'ils s'étaient empressés d'étaler aux regards. C'étaient de ces ossements tels qu'en contiennent les souterrains et les alentours des églises, qui servaient autrefois de lieux de sépulture, et la plupart étaient d'une grande ancienneté. Mais les partisans de la Commune avaient prétendu y voir le témoignage de crimes récents, que les prêtres avaient su dissimuler. Les journaux avaient abondé dans ce sens. Des descriptions illustrées de la découverte se vendaient dans les rues. Aucun prêtre après cela n'eût pu sortir en habit ecclésiastique, outre ceux qui avaient été emprisonnés, un grand nombre avaient dû fuir ou se cacher, et le culte catholique, persécuté, ne se pratiquait plus qu'à la dérobée dans les églises laissées ouvertes (1).

La Commune se montrait on ne peut plus sensible aux attaques de la presse. Elle avait dès le début supprimé les journaux conservateurs; puis comme, à mesure qu'elle s'abandonnait à la violence, les jour-

---

(1) Rastoul, *L'Église de Paris*, p. 302.

naux républicains se départaient des ménagements qu'ils avaient d'abord gardés à son égard, elle les frappait eux-mêmes de suppression. La plupart des journaux interdits reparaissaient cependant en changeant de nom. Pour l'empêcher, un décret, le 19 mai, en même temps qu'il supprimait plusieurs feuilles épargnées jusqu'alors et toutes celles qui sous des noms nouveaux continuaient les anciennes, prescrivait « qu'aucun nouveau journal ou écrit périodique ne « pourrait paraître tant que dureraient les hostilités « avec Versailles. » Sauf quelques rares organes républicains qui, par leur réserve et les atténuations de leurs critiques, s'étaient fait tolérer, il n'y eut plus alors à Paris d'autres journaux que ceux des partisans de la Commune.

La ville de Paris, dans le courant de mai, avait pris un aspect de morne tristesse, la plupart de ses rues étaient désertes, presque tous les habitants riches avaient fui, ou, s'ils étaient demeurés, évitaient de se montrer, éprouvant un sentiment de vague terreur. Tout travail avait cessé, la misère était générale et on ne ressentait plus, pour se dérober la vue de ses maux, cette exaltation patriotique qui avait rempli les âmes pendant le premier siège. Les Parisiens se maintenaient dans la répulsion que leur avait d'abord causée l'Assemblée nationale, comme en même temps ils s'éloignaient de plus en plus de la Commune, ils restaient absolument découragés, ne sachant quel parti prendre et ne voyant aucun moyen de s'aider. Personne ne pouvait dire comment la lutte finirait, mais on entrevoyait instinctivement, à son terme, une sanglante mêlée au sein même de la ville, et on gémissait à la pensée des dangers qu'on aurait alors à courir

Cependant la Commune disposait toujours d'une sérieuse force militaire, car nombre d'ardents républicains, voyant plus que jamais la monarchie derrière l'Assemblée de Versailles, persistaient à combattre de son côté. En dehors de ce noyau de soldats surexcités par la bataille, elle était abandonnée. Les passions aveugles et les idées extrêmes qui la possédaient, à l'état de plus en plus aigu, ne lui laissaient pour adhérents qu'une minorité de violents, de sectaires, de rêveurs et de déclassés. Ce n'étaient plus seulement « les ruraux, » l'Assemblée et le gouvernement de Versailles qu'elle avait contre elle, mais cette masse de la population de Paris qui avait été à son égard neutre ou indifférente, puis encore presque toutes ces fractions du parti républicain les plus exaltées, qui s'étaient d'abord laissé aller vers elle. Les membres de la Commune, portés au pouvoir par un flot qui s'était retiré d'eux, ne pouvaient donc plus se maintenir qu'en comprimant violemment la multitude de leurs ennemis. Aussi leur gouvernement est-il devenu une tyrannie dans toute l'acception du mot, et eux-mêmes laissent-ils voir ces traits et ces particularités de caractère que l'histoire trouve aux tyrans dans tous les temps. Ils ne peuvent tolérer la moindre critique et ils étouffent toute voix indépendante; ils ont besoin d'inspirer la crainte, et ils remplissent les prisons de suspects et d'otages; puis, lorsqu'approche l'heure où ils vont succomber, ils s'efforcent d'assurer leur vengeance, par tous les moyens.

Le citoyen Urbain, membre de la Commune et maire du 7ᵉ arrondissement, avait pour chef d'état-major de la garde nationale de son arrondissement M. Barral de Montaut, un des agents que le gouvernement de M. Thiers entretenait secrètement dans Paris. M. Barral de Montaut se faisait fort peu de scrupules de compromettre les hommes de la Commune et de les pousser à des actes de violence. Il avait sur de vagues on-dit (1) rédigé un rapport, où il racontait que des parlementaires, envoyés aux Versaillais du côté d'Issy, avaient été accueillis à coups de fusil, puis qu'une ambulancière des fédérés avait été saisie, soignant des blessés, violée et massacrée. Urbain, sur ce simple écrit, qu'il ne cherche point à contrôler, proposait à la Commune, le 17 mai, qu'en représailles, dix otages fussent fusillés dans les vingt-quatre heures, cinq « solennellement » à l'intérieur de Paris, devant une délégation de tous les bataillons, les cinq autres aux avant-postes, en présence des gardes témoins de l'assassinat de l'ambulancière. Aucun membre ne réprouvait une semblable proposition. Au contraire, le citoyen J.-B. Clément l'appuyait ; le citoyen Amouroux disait savoir de source certaine que les fédérés prisonniers étaient tués sur les grands chemins par les Versaillais ; il fallait donc, selon lui, répondre à l'exécution de chaque garde national par celle d'un nombre triple

---

(1) 3ᵉ *conseil de guerre*, *Affaire de la Commune*, déposition Barral de Montaut.

d'otages, choisis surtout parmi les prêtres. Le principe des exécutions d'otages admis sans conteste, la discussion avait porté sur les moyens d'application. Le citoyen Protot, délégué à la justice, observait que la Commune avait déjà rendu un décret, prescrivant que les accusés de complicité avec Versailles iraient devant un jury, qui examinerait les charges et désignerait les hommes passibles des représailles. Ce décret suffisait, il n'y avait qu'à l'exécuter. La Commune se rangeait à cet avis et votait l'ordre du jour suivant : « La Commune, s'en référant à son décret du « 7 avril 1871, en demande la mise à exécution im- « médiate et passe à l'ordre du jour. » En conséquence, le jury d'accusation se réunit les 19 et 20 mai, dans la salle des assises au Palais de Justice (1). Sur le réquisitoire du procureur de la Commune Raoul Rigault, il condamna à servir d'otages un certain nombre de gendarmes et de sergents de ville prisonniers, qui comparurent devant lui.

D'ailleurs la menace de représailles sanglantes était faite constamment par les plus violents des journaux dévoués à la Commune. Dans l'un d'entre eux, *la Montagne*, Gustave Maroteau avait formellement averti que, si Blanqui n'était rendu à la liberté, l'archevêque Darboy serait mis à mort.

La Commune avait créé une délégation scientifique, sous la présidence d'un de ses membres, le Dr Parisel. Cette commission, chargée d'étudier les moyens de dé-

---

(1) De Pressensé, *Les leçons du 18 mars*, p. 148.

fense que la science pourrait fournir, s'était surtout préoccupée de réaliser des explosions de mines et d'utiliser les matières inflammables ; elle avait expérimenté, dans ce but, diverses substances et était entrée en rapport avec les inventeurs de feu grégeois et de mines électriques (1). La commission annonçait le 14 mai la formation de quatre équipes de fuséens, pour l'emploi des fusées de guerre. En même temps le Dʳ Parisel invitait, dans le *Journal officiel*, les possesseurs de soufre, phosphore et autres matières analogues à les lui déclarer. Quelques jours après, par un nouvel avis, il informait les détenteurs, qui manqueraient de faire la déclaration exigée, qu'ils s'exposeraient à une confiscation. Par un troisième avis à l'*Officiel*, il annonçait que la délégation scientifique accepterait toutes les soumissions de sulfure de carbone qui lui seraient faites. L'insistance mise à se procurer des matières incendiaires révélait à elle seule les sinistres projets que l'on nourrissait, mais, pour plus de clarté, le *Cri du peuple* de Jules Vallès disait : « Les forts peuvent être pris l'un « après l'autre. Les remparts peuvent tomber. Aucun « soldat n'entrera dans Paris. Si M. Thiers est chimiste, « il nous comprendra. Que l'armée de Versailles sa- « che bien que Paris est décidé à tout plutôt que de « se rendre. » La même feuille ajoutait quelques jours après : « Paris vaincra ou, s'il succombe, il engloutira « les vainqueurs dans une catastrophe épouvantable. « Dernier avis aux bombardeurs. » Déjà Delescluze et

---

(1) Louis Fiaux, *Histoire de la guerre civile de* 1871, p. 468.

ses collègues, les membres de la Commune du XI⁰ arrondissement, s'étaient écriés dans une adresse à leurs électeurs : « Après nos barricades, nos maisons ; « après nos maisons, nos mines (1). »

Cependant il est une série d'affections mentales dont souffrent les hommes parvenus, par des moyens violents, à un pouvoir qui demeure précaire et disputé, c'est la crainte de la trahison, l'appréhension des trames et des embûches, le soupçon s'étendant à tout. Or les hommes de la Commune subissent, au plus haut point, tous ces tourments. Ils ne voient autour d'eux que des ennemis ou des traîtres, et dans le jugement qu'ils portent sur les événements dont ils sont témoins ou acteurs, la trahison sert à toutes choses d'explication. Si Paris a capitulé, ils ne doutent point que ce ne soit par suite d'une conjuration du Gal Trochu et des membres du gouvernement de la Défense nationale, qui ont refusé d'utiliser les immenses ressources entre leurs mains, pour ne pas être contraints, après la victoire, d'établir la République telle que le peuple la réclame. Ils jugent feintes les déclarations républicaines que fait M. Thiers ; ils sont persuadés qu'au fond il conspire avec les « chouans » de l'Assemblée en faveur de la monarchie. Quand il s'agit des hommes qui les servent, leurs soupçons ne font que croître. Ils accusent successivement tous leurs généraux de trahison. Après Cluseret et Rossel, Dombrowski. Aussitôt qu'une minorité relativement

---

(1) Louis Fiaux, *Histoire*, p. 470.

modérée s'est formée dans leur sein, le modérantisme devient une cause de défiance. Le soupçon descend des chefs aux soldats; il n'est pas un homme dans la garde nationale qui n'ait l'esprit tendu et l'œil ouvert pour découvrir les embûches et saisir les traîtres dont il se croit entouré; les dénonciations, les perquisitions, les arrestations sont continuelles, tout le monde s'y emploie. Les discours des clubs, les articles des journaux sont consacrés à ce thème éternel de la trahison dont la Commune est victime, jusqu'au *Journal officiel* (1) qui annonce gravement que les bouches d'égout ont vomi, sur divers points, des gendarmes envoyés par M. Thiers, déguisés en gardes nationaux. Avis est en conséquence donné aux fédérés de se garder des « faux frères » qui pourraient tirer sur eux par derrière.

Un certain nombre d'hommes, il est vrai, conspiraient bien réellement dans Paris, d'accord avec le gouvernement de Versailles. M. Thiers entretenait des agents et des espions répandus un peu partout, et il accueillait toutes les propositions, ayant quelque sérieux, qu'on lui faisait de l'aider à reprendre la ville. Le colonel Corbin, à Versailles, était chargé de faire converger vers un but commun les efforts des hommes qui offraient, à des titres divers, leur concours au gouvernement (2). Un ancien officier, Charpentier, avec quelques aides, Derouchoux, Galimard, s'était proposé le premier pour recruter des gardes nationaux hostiles

---

(1) 16 mai 1871.
(2) Dalséme, *Histoire des conspirations sous la Commune*, p. 70 et 266.

à la Commune, qui s'assembleraient à l'entrée des troupes et faciliteraient leur action. Un officier de marine, Domalain, prétendait avoir de son côté plusieurs milliers d'hommes sous la main, prêts à agir (1). Les divers chefs de groupes qui se présentèrent successivement furent adjoints à ces premiers. Cependant un des conjurés, Lasnier, chargé de faire confectionner des brassards tricolores comme signe de ralliement, fut découvert par les agents de la Commune et emprisonné. La conspiration dès lors avorta.

M. Thiers se tenait en communication directe avec un colonel, chef de légion de la garde nationale fédérée, qui, pour 500 mille francs, s'était engagé à livrer une des portes de Passy. A deux reprises (2), M. Thiers, informé que la porte allait être occupée par des affidés, avait averti les généraux, qui avaient mis des corps d'armée entiers en mouvement; mais chaque fois des contre-temps déjouèrent les combinaisons du chef de légion.

Le gouvernement de M. Thiers avait particulièrement cherché à gagner le Gal Dombrowski. Il lui avait d'abord envoyé un de ses compatriotes, Branislas Wolowski, qui l'avait inutilement engagé à abandonner le service de la Commune (3). Puis il s'était servi d'un des agents qu'il entretenait à Paris, Georges Veysset, pour essayer de l'amener à livrer deux des portes de la ville (4). Veysset s'était facilement assuré

(1) Gesner Rafina, *Une mission secrète*, p. 19.
(2) Jules Simon, *Le gouvernement de M. Thiers*, t. I, p. 434.
(3) B. Wolowski, *Dombrowski et Versailles*, p. 74.
(4) Georges Veysset, *Un épisode de la Commune*, p. 11.

la complicité d'un des aides de camp de Dombrowski, Hutsinger, qui avait transmis à son général les propositions de Versailles. On lui donnerait quinze cent mille francs et des sauf-conduits à partager avec son état-major, en échange il dégarnirait de troupes le rempart du Point-du-Jour à la place Wagram. Dombrowski avait fini par recevoir et entretenir Veysset (1), mais il avait en même temps informé le Comité de salut public des offres qui lui étaient faites (2), sans révéler toutefois par qui elles lui venaient. On ne saurait dire si l'opinion que l'on a eue d'une trahison fondée sur cette conduite est justifiée, et il y a tout autant lieu de croire que Dombrowski cherchait à profiter de ses rapports avec Veysset, pour attirer les Versaillais dans quelque embuscade (3). La police de la Commune sut pénétrer la trame de Veysset et d'Hutsinger ; renseignée par une femme qu'ils employaient, elle les arrêta à Saint-Ouen, où ils s'étaient donné rendez-vous.

Le 21 mai la Commune jugeait le Gal Cluseret accusé de trahison et détenu depuis le 30 avril. Les membres de la minorité étaient présents, fidèles à la promesse qu'ils avaient faite de revenir siéger, lorsqu'il s'agirait de statuer sur le sort d'un collègue (4). Le citoyen Miot avait lu le rapport de la commission chargée d'instruire le procès. Aucun des chefs d'accusation n'était sérieux ; l'accusé s'était facilement disculpé. Il est sept heures, lorsque Billioray réclame la parole et

---

(1) Georges Veysset, *Un épisode de la Commune*, p. 18.
(2) Lissagaray, *Histoire*, Appendice, pag. XIII.
(3) Arthur, *Idem, ibid.*
(4) Arthur Arnould, *Histoire*, t. III, p. 89.

lit, pâle et tremblant, une dépêche reçue par le Comité de salut public. Elle émane de Dombrowski qui annonce l'entrée inopinée des Versaillais par la porte de Saint-Cloud. Un silence plein d'angoisse succède à cette lecture. Le G{al} Cluseret est bientôt après acquitté et mis en liberté. Des groupes se forment. On commente la dépêche (1). Puis, sans plus délibérer, les assistants, se reposant sur le Comité de salut public du soin de la défense, lèvent la séance et se séparent. La Commune avait vécu.

(1) Lissagaray, *Histoire*, p. 241.

CHAPITRE IV

La reprise de Paris.

L'armée de Versailles s'était emparée du fort d'Issy le 9 mai et de celui de Vanves le 13. Pendant que l'attaque des forts se poursuivait, une immense batterie avait été construite à Montretout. Munie de 70 pièces du plus gros calibre, servies par les artilleurs de la marine, elle ouvrait le feu le 8 mai. Le saillant de l'enceinte de Paris, au Point-du-Jour et à Auteuil, sur lequel l'armée de Versailles dirigeait sa principale attaque, se trouva de la sorte enveloppé d'un demi-cercle de feu. Le fort d'Issy à droite, les batteries de Breteuil et de Montretout au centre, le Mont-Valérien à gauche le couvrent d'une pluie d'obus. La batterie de Montretout qui tire, à elle seule, 2,800 coups (1) dans les vingt-quatre heures, rend absolument intenable aux fédérés le terrain compris entre la rivière et les remparts. Sous sa protection le 5ᵉ corps, Gᵃˡ Clinchamp et le 4ᵉ, Gᵃˡ Douay franchissent la rivière et ouvrent une parallèle, en arrière des lacs du bois de Boulogne. Le 20 mai, les batteries de brèche sont armées

(1) *Note sur le concours apporté par la marine pour la répression de l'insurrection de Paris.*

et joignent leur feu à celui des ouvrages éloignés. Le rempart de Passy au Point-du-Jour est dès lors absolument criblé. Les pièces des fédérés sont démontées, les portes d'Auteuil et de Saint-Cloud s'écroulent, des brèches s'ouvrent dans le mur d'enceinte. Le 21 mai, les Versaillais approchent la tranchée à quinze mètres du fossé (1), en face de la porte de Saint-Cloud, et ils se préparent à donner l'assaut le surlendemain.

La garde du rempart est devenue tellement périlleuse que les fédérés, à Passy, ont cherché un abri, en arrière, dans les maisons, mais à l'endroit le plus exposé, au Point-du-Jour même, ils ont absolument déserté les lieux et sont partis. Le 21 mai, vers trois heures (2), M. Ducatel, piqueur des ponts-et-chaussées, passe au Point-du-Jour. Il découvre l'abandon de la défense, monte sur le rempart à la porte de Saint-Cloud, agite un mouchoir blanc, crie aux avant-postes versaillais que l'entrée est libre. Le capitaine de frégate, Trève, l'aperçoit et, suivi d'un sergent, court à lui. Une des poutrelles du pont-levis s'est abattue à travers le fossé. Le capitaine Trève y passe, il reconnaît que le rempart est bien réellement délaissé et il revient en donner la nouvelle. Deux compagnies du 37ᵉ de ligne de garde au tranchées, les sapeurs et artilleurs employés aux travaux, pénètrent immédiatement, un par un, dans la ville. Le génie jette une passerelle. La 1ʳᵉ division du 4ᵉ corps peut alors entrer tout entière. Le M^{al} de Mac-Mahon prévenu de la surprise, donne ses ordres

(1) Lefrançais, *Étude sur le mouvement communaliste*, p. 310.
(2) *Note sur le concours apporté, etc. Rapport du capitaine Trève*, p. 15.

à tous les corps. Les soldats déjà entrés, dégagent l'une après l'autre les portes d'Auteuil et de Passy, aussitôt utilisées. Sur la rive gauche, dans la nuit, le corps du Gal de Cissey, aidé par des secours venus de la rive opposée, a forcé la porte de Sèvres, puis ouvert celle de Versailles. Le 22, au matin, les troupes ont pu s'avancer sur la rive droite jusqu'à la Muette et au Trocadéro, sur la rive gauche dans Grenelle, et le gros de l'armée entre sans discontinuer, par cinq portes.

La première nouvelle de la surprise opérée par les Versaillais était parvenue au ministère de la guerre à cinq heures. A sept heures le Comité de salut public recevait cette dépêche de Dombrowski, que Billioray lisait à la Commune. La foi dans la résistance était encore si grande parmi les adhérents de la Commune, et l'ignorance des dispositions d'attaque des Versaillais si générale, que ces premières dépêches ne convainquirent point que les remparts fussent définitivement forcés. On se dit qu'il ne sera entré qu'un petit nombre de soldats, on se flatte de pouvoir les chasser, on doute même de la réalité du fait. Sur des affirmations rassurantes émanées du commandant de la section du Point-du-Jour, à huit heures, Delescluze rédige une dépêche, que publieront le lendemain matin plusieurs journaux, dans laquelle il nie l'entrée des Versaillais et déclare que, d'ailleurs, il envoie des renforts suffisants pour les repousser. Les Parisiens avaient pris depuis le siège l'habitude de se coucher de bonne heure, et, comme la nouvelle de l'entrée des Versaillais ne circula qu'assez tard sur les boulevards, on peut dire que la ville entière s'endormit sans la connaître. La confiance des hommes de la Commune ne se dissipa définitivement que lorsqu'à deux heures du matin (1), Dombrowski vint, en personne, annoncer au Comité de salut public que les fédérés, sous ses ordres, avaient été mis en déroute et que les Versaillais tenaient Auteuil et Passy avec de grandes forces.

Alors le péril apparut dans toute sa grandeur. Les voies qui traversent la place de la Concorde ont été seules barricadées, les autres sont ouvertes et libres. Les fédérés maintenus sous les armes se trouvent aux avant-postes ou dans les forts. On ne conserve point, à l'intérieur de Paris, de bataillons réunis, et les hommes à rassembler dorment dispersés dans les maisons. Si les Versaillais se hâtent, ils vont s'emparer d'une grande partie de la ville, avant qu'on ait pu mettre la garde nationale sur pied et barrer des rues par des barricades. Tout le monde cherche maintenant à l'Hôtel de ville à regagner le temps perdu. Le tocsin donne l'alarme ; les clairons, les tambours, les cris, appellent partout les gardes nationaux fédérés à s'assembler. C'est le Comité de salut public qui prend la direction de la défense, avec le délégué à la guerre Delescluze qui, de son ministère, s'est transporté avec ses employés à l'Hôtel de ville (2). Chacun d'eux rédige un appel aux armes. Le Comité dit : « Que tous les bons citoyens se lèvent. Aux barrica-« des ! l'ennemi est dans nos murs ! Pas d'hésitation.

---

(1) Lissagaray, *Histoire*, p. 345.
(2) IDEM, *Les journées de mai*, p. 25.

« En avant pour la République, pour la Commune et
« pour la liberté. » Delescluze : « Citoyens ! Assez de
« militarisme, plus d'États-majors galonnés et dorés
« sur toutes les coutures ! Place au peuple, aux com-
« battants, aux bras nus ! L'heure de la guerre révo-
« lutionnaire a sonné. Le peuple ne connaît rien aux
« manœuvres savantes, mais quand il a un fusil à la
« main, du pavé sous les pieds, il ne craint pas tous
« les stratégistes de l'école monarchique. Aux armes !
« citoyens ! aux armes ! Il s'agit de vaincre ou de
« tomber dans les mains impitoyables des réaction-
« naires et des cléricaux de Versailles, de ces misé-
« rables qui ont, de parti pris, livré la France aux
« Prussiens et qui nous font payer la rançon de leurs
« trahisons. »

Tout ce que la Commune comptait encore de partisans dans Paris, le 22 au matin, se trouva sur pied. Les gardes nationaux courent aux points de réunion de leurs bataillons ou bien, avec les femmes et les enfants, ils construisent des barricades. Dans les quartiers populaires, où ils se sentent forts, ils obligent tout le monde à travailler avec eux, ailleurs ils se bornent à requérir l'aide momentanée des passants. Sous l'effort opéré, la ville se hérisse rapidement de barricades. Un grand nombre d'entre elles, hautes et solides, avec fossé par devant, deviennent de formidables obstacles. Dans les 8ᵉ, 9ᵉ, 1ᵉʳ et 2ᵉ arrondissements qui confinent précisément à l'endroit où les Versaillais sont entrés, les travaux de défense demeurent cependant très en retard ; les rues ne seront sérieusement barricadées que dans la soirée. Là en effet la population tout entière est hostile à la Commune et la défense ne peut s'organiser que par des hommes venus d'ailleurs. Le 22 au matin les Versaillais n'avaient donc qu'à s'avancer pour occuper, presque sans coup férir, ces quartiers qui étaient ouverts devant eux et où la population les attendait. Ils ne le firent point. Les généraux gardaient un si cruel souvenir de l'imprévoyance avec laquelle ils avaient commencé la guerre contre les Prussiens et pris l'offensive à Paris même le 18 mars, qu'ils ne voulaient plus rien livrer au hasard et rien tenter d'audacieux. Ils ne s'avancèrent donc qu'au fur et à mesure que le nombre des troupes disponibles leur permit d'occuper, en force et méthodiquement, des zones déterminées dans la ville. L'entrée dans Paris, par un petit nombre de portes, de toute l'armée avec ses impedimenta, était une opération tellement longue, qu'en agissant avec la prudence qu'on s'était imposée, on ne put faire dans la journée du 22 de progrès décisif. A la nuit, lorsque l'armée s'arrêta, elle s'était seulement étendue sur la rive droite, le long des remparts, jusqu'à la porte d'Asnières. Puis, en descendant vers la Seine, elle occupait une zone limitée par le parc Monceaux, le collège Chaptal, la gare Saint-Lazare, la caserne de la Pépinière, l'Élysée et le palais de l'Industrie. Sur la rive gauche, elle tenait une ligne qui, partant du rempart à la porte de Vanves, s'avançait en pointe jusqu'à la gare Montparnasse, touchait les Invalides et gagnait la Seine au palais Bourbon.

Les hommes qui dirigeaient la défense à l'Hôtel de ville, s'étaient tellement exagéré les mérites de la garde nationale que, s'ils ne la croyaient plus capable de vaincre en rase campagne, ils se figuraient toujours qu'elle saurait résister avec succès derrière les barricades. Ils revinrent donc de la panique du premier moment, lorsqu'ils virent que l'armée de Versailles n'avait su profiter des avantages de la surprise. Partout leurs partisans construisaient de nouvelles barricades ou perfectionnaient les premières. L'ardeur, l'exaltation, la détermination de combattre, paraissaient générales au milieu d'eux. Aussi ne prête-t-on aucune attention à l'Hôtel de ville aux hommes qui se proposent comme médiateurs, ou met-on à un accord avec Versailles des conditions inacceptables. Les délégués du Congrès des villes rassemblé à Lyon, qui offrent leurs bons offices dans la journée du 21, sont repoussés (1). Le lendemain c'est la *Ligue d'Union républicaine des droits de Paris* qui fait une dernière tentative. Son envoyé M. Bonvalet se présenta au Comité central, siégeant en permanence à l'Hôtel de ville. Il fut d'abord assez mal reçu, néanmoins quelques-uns des membres témoignèrent le désir de traiter avec Versailles (2). Dans la soirée trois délégués envoyés par le Comité central à la Ligue, mirent comme conditions d'un arrangement, la dissolution simultanée de l'Assemblée nationale et de la Commune, et l'avènement d'un pouvoir intéri-

---

(1) Lissagaray, *Histoire*, p. 353.
(2) Lanjalley et Corriez, *Histoire*, p. 530.

maire, formé des délégués des grandes villes, avec mission de faire élire une cônstituante. La Ligue se refusa à transmettre de telles demandes à Versailles, les jugeant insensées. Le Comité central persista néanmoins dans ses prétentions, qu'il fit connaître par une déclaration insérée au *Journal officiel*, le 24.

A Versailles, M. Thiers était venu renseigner l'Assemblée sur les progrès de l'armée ; il avait ajouté que les révoltés dans Paris seraient châtiés avec rigueur, mais « au nom des lois et par les lois ». La facilité avec laquelle les troupes avaient franchi l'enceinte, puis la faible résistance des fédérés sur leurs premières positions, donnaient à croire que la lutte serait très courte. La joie était donc générale. L'Assemblée déclarait par acclamation « que les troupes de terre et « de mer, que le chef du pouvoir exécutif de la Répu- « blique française avaient bien mérité de la patrie ». Des projets de loi étaient en même temps déposés, pour reconstruire la colonne Vendôme et la chapelle expiatoire de Louis XVI.

Lorsque le 23 au matin la bataille recommença dans Paris, les deux partis avaient eu le temps de se préparer, et les Versaillais s'étaient en particulier assuré la disposition de toutes leurs forces. L'armée versaillaise portée, maintenant à 120 mille hommes, sévèrement disciplinée et aguerrie, ne rappelait en rien, au physique et au moral, les troupes qui s'étaient débandées le 18 mars. Non seulement elle ressentait contre les fédérés parisiens cette animosité qui se développe tout naturellement entre les adversaires, au combat, mais elle s'était pénétrée contre eux des haines politiques de Versailles et de la province. Les soldats revenus d'Allemagne, qui, après une dure captivité, soupiraient au repos, étaient particulièrement irrités d'avoir à tenir de nouveau la campagne. Le renversement de la colonne Vendôme, opéré sous les yeux mêmes des Prussiens, avait paru à l'armée entière un crime de lèse-patrie et était ressenti par elle comme un outrage direct. Un certain nombre d'officiers, surtout des hauts grades et des états-majors, catholiques, monarchistes, bonapartistes d'opinion, étaient absolument emportés par les passions et les colères politiques. Les révolutionnaires parisiens, pris en bloc, n'étaient à leurs yeux que des criminels indignes de pitié ; en les châtiant, ils vengeaient le trône et l'autel de toutes les injures qu'ils avaient jamais reçues à Paris. Dans de telles dispositions d'esprit, l'armée toute entière combattait avec ardeur et sans ménagements.

L'attaque fut reprise le 23 au matin simultanément sur les deux rives de la Seine. La terrasse du jardin des Tuileries et la rue Royale à côté, protégées par la Seine et flanquées de solides barricades, sont devenues, aux mains des fédérés, une véritable forteresse. L'armée s'arrête devant cet obstacle. Elle avancera sur ses deux ailes et débordera les positions centrales des fédérés, par les terrains peu bâtis et faciles à occuper situés aux extrémités de la ville, le long des remparts. Puis, par un double mouvement de conversion, elle se rabattra vers le centre de la ville. Cependant, en opérant de la sorte, il lui fallait enlever une position très forte, la butte Montmartre. Des batteries fixes armées de pièces de gros calibre étaient depuis longtemps construites à son sommet, de nombreuses barricades protégeaient ses abords et les rues sur ses pentes. Ainsi préparée et défendue par une population qui depuis le 18 mars passait pour former l'élite des fédérés, la butte Montmartre était considérée comme la vraie citadelle de la Commune. Les Versaillais attachaient un tel prix à son enlèvement qu'ils y consacrèrent presque deux corps d'armée entiers et en firent l'objectif principal de leurs efforts de la journée.

Le 1er corps, Gal de Ladmirault, s'avance le long des remparts jusqu'à la porte de Clignancourt et la gare des marchandises du chemin de fer du Nord, il enserre ainsi la butte au nord et à l'est, et l'attaque par son côté faible. Sur ce versant en effet, des terrains vagues, des maisons basses et frêles, se prêtent mal à la défense. Pour seconder les attaques du 1er corps, le 5me, Gal Clinchamp, s'est fait jour à travers les Batignolles et sur le boulevard extérieur. Après avoir enlevé la mairie du 17e arrondissement et une grande barricade sur la place Clichy, il arrive de son côté, à l'ouest et au sud, au pied de la butte. Les troupes des 1er et 5me corps, d'un mouvement combiné, gravissent à présent toutes les rues qui donnent accès sur la hauteur. Enveloppés par des forces supérieures, les fédérés, qui avaient d'abord vigoureusement défendu les barricades construites aux approches de la butte, perdent courage ; ils se dispersent ou se dérobent dans les maisons. Les pentes et le sommet sont à peine défendus (1), et l'assaut donné à la grande forteresse de la Commune, se termine rapidement, presque sans lutte. A une heure (2), le drapeau tricolore déployé sur le Moulin de la Galette et la tour Solférino, apprend à tout Paris la prise de Montmartre. Maîtres de la position dominante, les Versaillais descendent vers l'intérieur de la ville. Rue Myrrha, Dombrowski tombe mortellement blessé, en cherchant à rallier les défenseurs d'une barricade. Les 1er, 5me et 4me corps, s'avançant en ligne, occupent successivement l'église Notre-Dame de Lorette, la mairie de la rue Drouot, le nouvel Opéra, la Madeleine. La nuit les arrête.

Sur la rive gauche, le 2me corps, Gal de Cissey, soutenu par une partie de l'armée de réserve, Gal Vinoy, s'emparait du boulevard du Maine, du cimetière Montparnasse, de la place d'Enfer et le soir s'avançait, le long du rempart, jusqu'à la porte d'Arcueil. Les progrès avaient été plus difficiles et plus lents, près de la Seine; les fédérés n'étaient délogés que tard, le soir, de la rue du Bac et ils n'abandonnaient le carrefour de la Croix-Rouge qu'au milieu de la nuit.

La perte si rapide de Montmartre avait frappé les partisans de la Commune de stupeur et de colère. Ils avaient d'abord, comme toujours après une défaite, crié à la trahison, mais sur tous les autres points la lutte tournait de même à leur désavantage : partout les fédérés pliaient et perdaient leurs barricades.

---

(1) Lissagaray, *Histoire*, p. 363.
(2) M^{al} de Mac-Mahon, *Rapport sur es opérations de l'armée de Versailles*.

L'insuccès était évidemment dû à un vice général. Ceux qui présidaient à la défense à l'Hôtel de ville, voyaient s'évanouir sans retour leurs dernières illusions sur les mérites de la garde nationale. Même derrière les barricades l'absence d'organisation et de discipline devenait une cause de ruine irrémédiable. La défense s'était improvisée au hasard, dans chaque quartier, sous l'impulsion des chefs de légion, des membres de la Commune ou du Comité central élus de l'arrondissement ; aussi, pendant que des points sans importance avaient été soigneusement barricadés et gardés, d'autres d'une grande valeur stratégique étaient négligés. Comme les bataillons fédérés n'avaient jamais été réellement groupés en corps d'armée, du côté de la Commune on ne pouvait répondre par des concentrations, pour la défense, à celles que les Versaillais effectuaient pour l'attaque. D'ailleurs les gardes nationaux s'obstinaient à ne point sortir de leurs quartiers respectifs, chacun voulait défendre sa rue. C'est qu'ils tenaient à rester sur les lieux qui leur étaient connus, prêts à se dérober au moment critique. Dès qu'ils se voyaient, sur un point, sérieusement menacés, ils jetaient en grand nombre leurs fusils, ils échangeaient leurs uniformes contre des blouses ou des vestes, puis ils rentraient chez eux. Le noyau des partisans dévoués tenait seul ferme. C'était une minorité si faible que souvent il ne restait derrière les barricades les plus importantes que de très petits groupes ou des individus isolés. Ceux-là se battaient, il est vrai, avec bravoure, cependant, s'ils étaient capables de retarder la prise du poste qu'ils défendaient, ils n'étaient nulle part assez forts pour repousser victorieusement l'attaque. L'illusion que les hommes de la Commune avaient entretenue si longtemps de posséder dans Paris une grande armée, en dénombrant les gardes nationaux qui touchaient leur solde, s'évanouissait donc comme toutes les autres et il leur fallait bien reconnaître que le nombre de leurs vrais défenseurs était fort inférieur à celui des soldats versaillais.

Du côté de l'armée de Versailles, tout avait au contraire été prévu avec soin et on suivait fidèlement la tactique arrêtée d'avance. Les généraux, répétant en détail le mouvement qu'ils exécutaient en grand le long des remparts, se gardaient presque partout d'attaquer les fédérés de front. En s'étendant de chaque côté d'un ensemble de barricades, ils découvraient généralement quelque issue mal défendue, sur laquelle ils se jetaient, ou bien ils se frayaient à la sape un chemin par les cours et les jardins; ils réussissaient ainsi à tourner la position défendue et souvent à la faire tomber sans coup férir. Si cependant ils se voyaient obligés de prendre une barricade de front, ils ne l'enlevaient qu'après l'avoir démantelée à coups de canon et qu'après avoir fait monter dans les maisons voisines des soldats qui dirigeant sur les fédérés, un feu plongeant, les tuaient ou les faisaient fuir. En procédant de la sorte, si on n'avançait qu'avec une certaine lenteur, on évitait les grandes pertes d'hommes et les échecs partiels. Ainsi attaqués, les fédérés ne se maintenaient depuis la veille qu'à leur centre, où ils conservaient toujours la terrasse des Tuileries, flanquée des barricades de la rue Royale; mais ce rempart, qui le matin était en ligne avec leurs autres positions, formait maintenant un cap isolé, tellement dépassé par les Versaillais, qu'il n'y avait plus qu'à l'évacuer bientôt, sous peine de perdre les défenseurs qu'on y voudrait laisser. Le jardin des Tuileries et la rue Royale aux mains des Versaillais, c'était l'intérieur de la ville définitivement ouvert, car, quelque soin que les fédérés eussent pris de multiplier en arrière les barricades, nulle part la disposition des lieux n'offrait une autre position semblable.

Après les événements de la journée du 23, les hommes de la Commune à l'Hôtel de ville ne pouvaient plus conserver de doutes sur l'issue de la lutte ; aussi avaient-ils perdu leur confiance de la veille et voyaient-ils clairement que leur défaite se consommait. Ils se sentaient donc perdus sans retour, car ils étaient dans une situation à ne pouvoir ni traiter avec le vainqueur, ni en espérer merci.

Ils avaient d'abord conquis leur popularité en flattant les anciens préjugés chauvins de la population de Paris, en lui répétant sans relâche que les défaites subies n'étaient dues qu'à la trahison et à l'incapacité des chefs. Ils avaient indistinctement traité tous les généraux, ceux de la Défense nationale comme ceux de l'empire, de lâches et de capitulards pour avoir été vaincus. Ils n'avaient cessé de prétendre qu'eux, par leur supériorité de courage, de dévouement, de foi en la patrie, de confiance dans la valeur du peuple, auraient sûrement triomphé et, dans tous les cas, ne se seraient jamais rendus. Et maintenant qu'ils étaient à leur tour absolument vaincus, pouvaient-ils donc se contredire au point de demander merci à ces mêmes généraux qu'ils avaient poursuivis de leurs sarcasmes et de leurs mépris ? D'ailleurs toute tentative de fléchir le parti vainqueur eût été une humiliation encourue en pure perte ; il n'y avait ni transaction, ni pardon à en attendre. Le conflit, en s'envenimant, avait fini par toucher ces points qui excitent les haines les plus implacables entre les hommes. La persécution infligée au culte catholique et à ses ministres avait de part et d'autre déchaîné les fureurs du fanatisme. L'antagonisme des pauvres et des riches, la haine des hommes de différente condition les uns pour les autres, avaient été développés par ceux qui, au sein d'une démocratie où les droits sont égaux et les fortunes mobiles, avaient prétendu faire des ouvriers mis à part, une classe distincte, « le prolétariat », ennemie des capitalistes et des patrons, formant une autre classe tranchée, « la bourgeoisie ». Et aussi bien, en réponse à ces prétentions que les socialistes avaient affichées de remettre la direction de la société reconstruite à nouveau, à ce qu'ils appelaient « le prolétariat », toutes les puissances de la société telle qu'elle est, s'abattaient sur la Commune, avec la cruelle énergie de forces vivantes, résistant à la destruction.

Le langage tenu à l'Assemblée de Versailles ne laissait du reste aucun doute aux partisans de la Commune sur le sort qui les attendait après la défaite. M. Thiers pouvait être plus contenu que les députés monarchistes, il pouvait chercher à restreindre les châtiments qu'ils voulaient étendre, mais ensemble ils s'accordaient pour qu'après la répression par les armes, vinssent les condamnations judiciaires. Ceux de la Commune avaient donc en perspective la prison ou la déportation, si d'ailleurs ils n'étaient tués auparavant. Car les exécutions sans jugement des journées de juin 1848 et celles qui avaient suivi la marche des fédérés sur Versailles en avril, indiquaient assez que, dans une lutte comme celle qui se poursuivait, la chaleur du combat entraîne immédiatement aux vengeances sommaires. En effet, quoique le M^{al} de Mac-Mahon (1) eût prescrit d'épargner les prisonniers, dès le lendemain de l'entrée dans Paris, le 22 mai, on avait commencé à en fusiller; non point seulement au feu, dans toute l'excitation du combat, mais en arrière de la ligne de bataille. Au parc Monceau, on fusillait déjà des hommes qu'on amenait désarmés, et même on leur adjoignait des femmes (2). Dans les rues voisines des Champs-Elysées, à la fin du combat, les fédérés, trouvés cachés dans les maisons, étaient entraînés au dehors et immédiatement passés par les armes (3).

(1) M^{al} de Mac-Mahon, *Enquête parlementaire sur le 18 mars*, p. 183.
(2) Mis de Compiègne, *Chasses et guerres*, p. 213.
(3) Catulle Mendès, *Les soixante-treize journées de la Commune*, p. 304.

Les mêmes faits se répètent le 23 (1), particulièrement à Montmartre. Après le 18 mars l'Assemblée et le gouvernement de Versailles, pour recruter des forces contre l'insurrection triomphante, avaient fait un appel pressant aux gardes nationaux de la province. Ils demandaient des volontaires qui, dans chaque département, devaient être organisés à part et former un bataillon. Une solde de un franc cinquante par jour leur serait allouée. Le nombre des hommes qui s'offrirent fut des plus restreints, si bien qu'après avoir écarté les vagabonds et les indignes qu'attirait l'appât de la solde (2), on ne put former en tout à Versailles que deux petits bataillons, l'un dénommé des volontaires de la Seine et l'autre des volontaires de Seine-et-Oise. Les volontaires étaient naturellement animés contre la Commune de passions ardentes, aussi ceux de la Seine se montrèrent-ils des plus acharnés au combat et à la répression. La rue Marcadet à Montmartre qu'ils contribuèrent à enlever, devint le théâtre d'un véritable carnage (3). On y fusillait non seulement les fédérés pris les armes à la main (4), mais encore des hommes qui, après avoir jeté leurs fusils, étaient rentrés chez eux et qu'on arrachait aux supplications de leurs familles (5).

---

(1) Catulle Mendès, *Les soixante-treize journées de la Commune*, p. 313, 314.
(2) Mʷ de Compiègne, *Chasses et guerres*, p. 172. — Albert Hans, *Souvenirs d'un volontaire*, p. 30.
(3) De Grandeffe, *Mobiles et volontaires de la Seine*, p. 265.
(4) Mʷ de Compiègne, *Chasses et guerres*, p. 220.
(5) Idem, *ibid.*, p. 217.

Le commandant du bataillon, Durieu, tuait les prisonniers de sa propre main à coups de revolver (1).

Les hommes de la Commune, à l'heure de la défaite, éprouvaient donc d'effroyables angoisses et par delà, dans l'avenir, ils n'ont point d'espérance. Leur domination est passée sans retour, car jamais ils ne retrouveront une occasion comme celle qui s'était offerte le 18 mars. Tous ces sectaires qui avaient pensé triompher par la force et l'audace, tous ces rêveurs qui persistaient à croire leurs conceptions sociales réalisables, sentaient avec désespoir que le cours des choses humaines allait reprendre sa marche accoutumée. La rage était surtout sans bornes de tous ceux qui perdaient l'espérance de voir la Commune redresser, en leur faveur, ce qu'ils appelaient la dureté et l'injustice du sort. Il ne s'agissait plus ici d'idées et de principes, mais d'appétits et de besoins. Tous ces hommes avortés, déclassés ou véreux, tous ces envieux, ces ambitieux déçus, toute cette lie et ce déchet humain que renferment les grandes villes, qui montent à la surface dans les temps troublés et qui, sous la Commune, étaient parvenus jusqu'au gouvernement, tous ceux-là, en voyant s'évanouir l'ère de prospérité et de jouissance qu'ils avaient attendue, tombaient en frénésie. Depuis longtemps, dans leurs déclarations, leurs discours, leurs journaux, les hommes de la Commune avaient promis de résister jusqu'à la fin quoiqu'il arrivât et, en cas de défaite, de s'ensevelir sous des ruines. Le 23 mai au soir, ils se

(1) De Grandeffe, *Mobiles et volontaires de la Seine*, p. 265. — Albert Hans, *Souvenirs d'un volontaire versaillais*, p. 104.

sentent définitivement vaincus, et leur rage, leur désespoir, toutes leurs passions déchaînées, vont tenir ces promesses.

Cependant aucun des agents dont on avait vanté d'avance les effets terribles, les mines dans les égouts, les substances chimiques détonantes, ne sont prêts à employer. La commission scientifique n'a pu les faire sortir de l'état de projets à l'étude et les rendre praticables, ou l'entrée imprévue des Versaillais dans Paris a privé du loisir de les utiliser. Comme on a improvisé à la hâte la défense et les barricades, on improvisera la destruction. La Commune a réquisitionné dans Paris les matières inflammables, elle s'est surtout procurée du pétrole, et le moyen d'amonceler des ruines le plus sûr dans ses effets, qui se présente maintenant à l'esprit, est l'incendie.

Le Comité de salut public, par un arrêté inséré au *Journal officiel*, prescrivait le 23 mai à la garde nationale de brûler immédiatement toute maison, d'où partirait contre elle « un seul coup de fusil ou une « agression quelconque ». Du reste aucun incendie n'a dû être la conséquence de cet ordre. Les fédérés restaient partout sur la défensive, nulle part ils ne furent assez forts ou assez hardis pour enlever et incendier les maisons d'où les soldats tiraient sur eux. Car autrement ils ne subirent aucune agression des habitants. Même dans les quartiers les plus hostiles, la population attendit passivement sa délivrance de l'armée. Il n'y eut d'exception que sur un seul point, rue de Grenelle.

Là des gardes nationaux du 17° bataillon (1), parmi eux M. Derouchoux, de la conspiration des brassards, qui fut blessé à mort et M. Vrignauld, rédacteur du *Bien public*, un des journaux supprimés, attaquèrent les fédérés, avant l'apparition, dans le quartier, des troupes versaillaises, et surent se maintenir jusqu'à leur arrivée.

Delescluze avait prescrit de son côté, comme délégué à la guerre, de mettre le feu aux maisons qui flanquaient les barricades, lorsqu'on croirait ainsi pouvoir arrêter les assaillants ou prolonger la défense (2). Un grand nombre des maisons qui seront détruites touchaient, il est vrai, aux barricades et, en les incendiant, les fédérés durent avoir en vue, dans plusieurs cas, les instructions reçues de la guerre et ils pensèrent assurer leur défense. Mais comme aussi, le plus souvent, ils allument le feu au moment même de se retirer, ou, après avoir incendié les maisons contiguës aux barricades, portent la flamme à l'aveugle dans toutes les directions, sans qu'il puisse en résulter d'utilité pour la défense, il est visible que le feu alors était bien mis dans le seul but de causer des ruines. Quelque odieux que fussent des ordres d'incendie donnés d'une manière générale, comme punition « d'un seul coup de fusil » ou pour l'avantage problématique à en retirer dans le combat, ils dissimulaient encore leur caractère sous un prétexte d'utilité militaire, mais en voici venir

(1) Louis Fiaux, *Histoire*, p. 495. — Édouard Moriac, *Paris sous la Commune*, p. 352.
(2) Charles Beslay, *Mes souvenirs*, p. 412. — Charles Beslay, *La vérité sur la Commune*, p. 141.

d'autres où la destruction sera déchaînée sans détour, crûment pour elle-même.

Bergeret s'était établi aux Tuileries le 21 mai, avec un certain nombre de bataillons fédérés et, dans les journées des 22 et 23, gardait l'importante position formée par le jardin et la terrasse. Le 22, il avait fait fusiller, sous ses yeux, trois hommes restés inconnus, et M. Koch, un pharmacien de la rue de Richelieu, qui avait voulu empêcher la construction d'une barricade devant sa boutique (1). Le 23 dans l'après-midi, il se rendit à l'Hôtel de ville et y reçut du Comité de salut public la permission (2) de brûler le palais des Tuileries. A son retour il assembla ses officiers pour leur donner ses instructions. Le colonel fédéré Bénot, de son état garçon boucher, se chargea de les exécuter (3). Des bonbonnes de pétrole et des barils de poudre avaient été amenés dans la cour. Des escouades de fédérés parcoururent les appartements, enduisant de pétrole les tentures, les lambris et les parquets. Des poudres furent montées au premier étage, au centre du palais, dans la salle des Maréchaux. Les préparatifs demandèrent du temps ; lorsqu'ils furent terminés, vers neuf heures du soir, Bergeret et les gardes nationaux évacuèrent les lieux, ne laissant en arrière que Bénot et ses aides (4). Le feu mis par ceux-ci aux deux extrémités, convertit rapidement l'é-

---

(1) Procès Boudin, *Gazette des Tribunaux.*
(2) Lissagaray, *Histoire*, p. 375.
(3) *Déposition Victor-Clément Thomas. Affaire du massacre de la rue Haxo*, Guénin, p. 194.
) *Déposition Victor-Clément Thomas, ut suprà*, p. 194.

difice en un vaste brasier. A minuit les flammes atteignirent le pavillon central, les poudres dans la salle des Maréchaux (1) firent explosion, et une immense gerbe de flammes et d'étincelles jaillit dans les airs.

Pendant que Bergeret gardait le jardin des Tuileries, Brunel s'était établi rue Royale. Au bout de la rue, sur la place de la Concorde, se dressait une des barricades construites par Gaillard; Brunel avait luimême solidement barricadé l'entrée du faubourg Saint-Honoré, et intercepté le passage, en face de la Madeleine, par une troisième barricade. La rue Royale ainsi fortifiée et soutenue par la terrasse des Tuileries à côté, formait une position tellement solide que Brunel s'y maintenait pendant les journées des 22 et 23. Cependant sa position devint des plus critiques le soir du 23. Les Versaillais étaient parvenus en force sur les boulevards, d'où ils menaçaient son flanc et ses derrières. Déjà les troupes, maîtresses de l'église et de la place de la Madeleine, échangeaient une fusillade incessante avec les défenseurs des barricades de la rue Royale. Brunel, ainsi pressé, allume l'incendie (2). Douze maisons des rues Boissy-d'Anglas, Saint-Honoré, faubourg Saint-Honoré et Royale sont successivement envahies par le feu et, entre autres, dans cette dernière rue, la maison même où Brunel avait mis son quartier général, une taverne anglaise. A l'angle de la rue Royale et du faubourg Saint-Honoré, sept personnes que la terreur de la fusillade avait fait réfu-

---

(1) John Mottu, *Les désastres de Paris*, p. 9.
(2 Berthau din, *Cercle de la rue Royale, Rapport*, p. 35.

gier dans les caves périssent sous les ruines (1). Du reste l'embrasement devait être inutile à ses auteurs. Les bataillons commandés par le colonel féderé Spinoy, sur la place Vendôme, menacés par les Versaillais parvenus au nouvel Opéra et à la rue de la Paix, se sont débandés et la rue Royale définitivement tournée est devenue intenable. Brunel, après l'incendie de la maison où il s'était primitivement établi, avait occupé le ministère de la Marine, à l'angle de la rue Royale, sur la place de la Concorde. Vers onze heures du soir, il reçoit du Comité de salut public l'ordre écrit de détruire l'édifice. Des barils de poudre et de pétrole sont prêts dans les cours. Cependant le ministère sert d'ambulance. Le docteur Mahé, qui soigne les blessés fédérés, déclare qu'il est impossible de les évacuer, les moyens de transport manquent. Brunel consent à envoyer un de ses officiers demander au Comité de salut public de nouvelles instructions. L'officier revient, mais avec l'ordre plus péremptoire que jamais de détruire le ministère (2). Sans se troubler, le docteur Mahé qui a déjà gagné du temps, secondé par d'anciens employés du ministère restés à leur poste, retarde par tous les moyens l'enlèvement des blessés. Brunel n'ose attendre, crainte d'être définitivement cerné, et il se retire sans accomplir la destruction.

Au Palais-Royal, le chef de la 1re légion, Boursier, met le feu sur l'ordre du Comité de salut pu-

---

(1) Pellaton, *Les sapeurs-pompiers de l'Eure*, p. 88.
(2) Dauban, *Le fond de la société sous la Commune, Récit du Dr Mahé*, p. 374.

blic (1). Les flammes menacèrent un instant le Théâtre-Français et les galeries qui entourent le jardin. Cependant les fédérés ayant rapidement vidé les lieux, les habitants du quartier, aidés par les soldats, purent organiser des secours et se rendre maîtres du feu. L'aile sud du palais fut seule consumée. Dans la rue de Rivoli, le ministère des finances était livré aux flammes; il devait brûler pendant plusieurs jours et être entièrement détruit. Enfin à trois heures du matin des gardes nationaux fédérés entrés dans le pavillon Richelieu du nouveau Louvre (2), qui a vue sur la place du Palais-Royal, incendiaient, avec du pétrole, la bibliothèque dite de l'Empereur. Les 80 mille volumes, comprenant plusieurs suites de livres rares et des collections uniques, furent perdus (3).

Sur l'autre rive de la Seine, Eudes, à titre de commandant d'une brigade de réserve, occupait le palais de la Légion d'honneur avec son état-major, depuis le 22 avril. Le palais avait subi un véritable pillage, l'argenterie avait été envoyée à la Monnaie, la maîtresse d'Eudes avait emporté une partie du linge et des objets mobiliers (4), des médailles en argent et des croix avaient été soustraites par des officiers de l'état-major (5). Le 22 mai le 135ᵉ bataillon et la légion des

---

(1) Procès Rey et Damarey. Déposition de Fournier, concierge du Palais, *Gazette des Tribunaux*, 3-4 mars 1873.

(2) Procès Bénot. Déposition d'Anglo, portier de la bibliothèque, *Gazette des Tribunaux*, 13 novembre 1872.

(3) Baudrillard, *Rapport sur les pertes éprouvées par les bibliothèques*, etc.

(4) Georges d'Heylli, *La Légion d'honneur et la Commune*, p. 35.

(5) Article Caria du journal *la Fédération*, cité par M. Maxime Du Camp, *Les convulsions de Paris*, t. II, p. 443.

Enfants-perdus se mirent à organiser la défense du faubourg Saint-Germain dans le voisinage; mais le lendemain ils durent reconnaître que les Versaillais avançaient d'une manière irrésistible. Obligés d'abandonner le quartier, ils le brûleront. Eudes était membre du Comité de salut public, de qui émanaient les ordres d'incendie, et sur les lieux où il commandait en propre, il semble avoir voulu se signaler. Les fédérés sous ses ordres placés dans un quartier hostile de palais et d'hôtels, se montrent de leur côté animés d'une fureur de destruction toute particulière. Le 22 ils avaient saccagé plusieurs maisons et fusillé un concierge qui leur témoignait de l'inimitié (1). Le 23, dans l'après-midi, ils enduisent de pétrole le palais de la Légion d'honneur, la caserne d'Orsay, la Caisse des dépôts et consignations et l'immense palais servant de siège au conseil d'État et à la Cour des comptes (2). Dans ce dernier édifice les dépôts de papiers, les bibliothèques, les archives alimenteront à souhait l'incendie. Après avoir ainsi préparé les édifices publics situés le long de la Seine, du côté droit de la rue de Lille, ils se jettent du côté gauche, sur les maisons et les hôtels particuliers, en s'avançant jusque dans la rue du Bac. A cinq heures l'incendie se déchaîne, le premier dans Paris et, indépendamment des monuments publics, s'étend à vingt-deux maisons de la rue de Lille et à sept de la rue du Bac (3).

(1) Procès des pétroleuses. Déposition femme Thomé.
(2) Procès Benoni Decamp, *Gazette des Tribunaux*, 11 août 1872.
(3) John Mottu, *Les désastres de Paris*, etc., p. 8.

Au carrefour de la Croix-Rouge deux maisons sont livrées aux flammes et, dans les rues Vavin et Notre-Dame des Champs, Lisbonne, le chef de la 10e légion, fait sauter et brûler tout un pâté de constructions (1).

Le Comité de salut public a encore envoyé l'ordre de mettre le feu à Notre-Dame et à l'Hôtel-Dieu (2). L'hôpital contenait six cents malades. Les médecins protestent avec indignation contre un pareil ordre. L'officier qui en est porteur consent à retourner à l'Hôtel de ville demander de nouvelles instructions. Sur ses représentations, le Comité de salut public accorde un sursis de vingt-quatre heures, qui permettra d'évacuer les malades. Le lendemain le quartier tomba au pouvoir de l'armée de Versailles et toute destruction devint impossible. Cependant, au reçu de l'ordre d'incendie, les fédérés avaient, sans attendre, entassé les livres, les chaises, les balustrades à l'intérieur de Notre-Dame et enflammé par-dessus du pétrole, lorsque le docteur Brouardel accourt de l'Hôtel-Dieu et, secondé par les internes et des habitants du quartier, réussit à éteindre le feu (3).

Pendant que les incendies s'allumaient, le procureur de la Commune, Raoul Rigault, se rendait à la

---

(1) Dauban, *Le fond de la société sous la Commune*, p. 376. — Procès Lisbonne. Déposition des témoins Dr Billard et M. Biset, boulanger, *Gazette des Tribunaux*, 6 déc. 1871.

(2) Edgard Rodrigues, *Le carnaval rouge*. Récit Victor-Clément Thomas, p. 273.

(3) Fontoulieu, *Les églises de Paris sous la Commune*, p. 23. — Camille Pelletan, *Le Comité central et la Commune*, p. 167. — John Furley, *Épreuves et luttes d'un volontaire neutre*, p. 495.

prison de Sainte-Pélagie. Entré au greffe, à dix heures du soir, il se fit amener Gustave Chaudey.

Chaudey était un ancien républicain proscrit au 2 décembre, un homme courageux et désintéressé, qui en défendant les idées qui lui étaient particulières, n'avait jamais craint de rester isolé ou même de se faire des ennemis au sein de son propre parti. Il s'était trouvé en communauté de vues, le 4 septembre, avec les hommes entrés au gouvernement et les avait soutenus, d'abord comme maire du 9ᵉ arrondissement, puis comme adjoint à l'Hôtel de ville. Cela seul suffirait à exciter l'inimitié du parti de la Commune, dont la haine contre les hommes du 4 septembre était devenue la passion dominante. Chaudey s'était depuis longtemps adonné aux études économiques. Il était fédéraliste et ne concevait une organisation parfaite de la république que sous la forme fédérale. Il avait assisté à plusieurs des congrès tenus en Suisse par l'Internationale à son origine. Il s'était activement mêlé aux débats et, dans les scissions survenues, était resté en butte aux rancunes de ceux qui devaient adhérer plus tard à la Commune. Puis, comme les membres de la Commune se cherchaient des ancêtres et des précurseurs, et que Proudhon était un de ceux dont ils prétendaient relever, Chaudey, ancien ami et exécuteur testamentaire de Proudhon, leur était devenu d'autant plus odieux que son adhésion au gouvernement de la Défense nationale, semblait démentir la prétention qu'ils émettaient que Proudhon vivant eût pris parti pour eux.

Cependant toutes ces raisons d'inimitié étaient inavouables et ne pouvant être invoquées au grand jour, n'eussent fourni de prétexte à une détention prolongée et au procès qu'on annonçait; aussi les ennemis de Chaudey avaient-ils trouvé contre lui un chef d'accusation précis, c'était d'avoir exercé l'autorité à l'Hôtel de ville le 22 janvier en l'absence du préfet, M. Jules Ferry et, à ce titre, d'avoir ordonné le feu contre les gardes-nationaux du parti de la Commune venus sur la place. Cette accusation n'avait rien de fondé, puisque l'Hôtel de ville était pourvu d'un commandant militaire qui, pour repousser l'agression dirigée contre lui, avait eu tout pouvoir de donner des ordres et en était directement responsable. Quoiqu'il en fût, les ennemis de Chaudey ne parlaient de sa conduite au 22 janvier que comme celle d'un meurtrier, passible du dernier châtiment. C'était surtout là le langage des Blanquistes qui, dans la circonstance, poursuivaient une vengeance particulière, car c'étaient eux qui avaient provoqué et conduit l'insurrection du 22 janvier. Ce jour-là un des leurs, Sapia, avait été tué sur la place de l'Hôtel de ville, à la tête des insurgés. Raoul Rigault avait été l'ami de Sapia ou du moins il le prétendait. Toujours est-il que sous prétexte de venger la mort de Sapia, il s'est servi du pouvoir absolu qu'il exerçait dans les prisons pour assassiner Chaudey.

Lorsque Chaudey fut amené au greffe de Sainte-Pélagie, Rigault, l'interpelant brutalement, lui dit qu'il venait faire exécuter les otages de la prison et qu'il

allait être fusillé. Chaudey répondit qu'en le tuant, non seulement il commettrait un assassinat, mais qu'il compromettrait la sainteté de la cause républicaine à laquelle ils étaient également attachés et qu'il ne voudrait pas, en agissant ainsi, courir le risque de perdre la république. Rigault lui dit : « Vous ne vouliez pro-
« bablement pas perdre la république, mais vous vou-
« liez certainement nous anéantir nous autres, lors-
« que le 22 janvier, à l'Hôtel de ville, vous fîtes tirer
« sur le peuple. » Chaudey expliqua qu'il n'avait jamais exercé à l'Hôtel de ville que des fonctions civiles et qu'il n'était point responsable des ordres donnés par l'autorité militaire, agissant en dehors de lui, sous sa propre responsabilité. Rigault coupa court à toute discussion, en disant que cela était possible, mais qu'il n'en allait pas moins être fusillé avec les autres otages de la Commune.

Pendant ce temps, les aides que Raoul Rigault avait trouvés à la prison, un détenu pour faux Préaut de Vedel, Clément et Gentil, deux employés nommés par la Commune, étaient allés quérir le peloton d'exécution. Ils eurent peine à le former, les fédérés de garde à la prison ayant d'abord refusé de se prêter à la besogne qu'on exigeait d'eux. Ils revinrent enfin avec huit hommes. Chaudey rappela à Raoul Rigault qu'il avait une femme et un enfant. Rigault répondit que cela lui était indifférent et que, d'ailleurs, quand les Versaillais le tiendraient lui-même, ils ne lui feraient certes point grâce. Chaudey, emmené dans le chemin de ronde, faisant face intrépidement au peloton d'exécution, dit, la tête haute : « Vous allez voir « comment meurt un républicain ». Puis il cria : Vive la république. Rigault, l'épée à la main, commanda le feu. Chaudey ne fut blessé que légèrement, au bras. Il put encore crier à plusieurs reprises : vive la république, avant de recevoir à bout portant une nouvelle décharge qui le fit tomber. Préaut de Vedel l'acheva d'un coup de revolver dans la tête.

Trois gendarmes étaient en outre détenus à Sainte-Pélagie. Ils furent placés près du cadavre de Chaudey. Rigault commanda de nouveau le feu. Deux de ces malheureux furent tués. Le troisième qui survivait courut se blottir derrière une guérite. Préaut de Vedel l'ayant ramené, il tomba, comme les autres, au commandement de Raoul Rigault.

Lugubre fut la nuit du 23 mai. Les incendies étendaient d'immenses plaques de feu sur les deux rives de la Seine devenue lumineuse. Une sinistre rougeur couvrait le ciel. Le reflet des flammes éclairait les murs et les toits, jusque dans les rues les plus éloignées. A ce spectacle la ville se remplit d'épouvante et d'horreur.

Le lendemain, à mesure que les soldats occupent un quartier, les habitants courent affolés aux incendies. Ils voient autour d'eux des ruines fumantes, des rues dépavées et jonchées de débris, des cadavres et des flaques de sang sur le sol, des maisons déchiquetées par les balles et les obus. Ceux qui ont eu leurs maisons ou leurs appartements incendiés, tout en pleurs au milieu de la foule, poussent des imprécations contre « les communards », demandant leur sang, leur extermination. Une colère aveugle, un besoin de châtiment immense s'emparent tout à coup de la population, qui jusqu'alors s'était maintenue dans une grande réserve. La bataille recommençant le 24 au matin se livre dans les rues les plus populeuses. Les barricades ont été tellement multipliées, qu'il n'est pas un point qui, à son heure, ne soit soumis aux horreurs du combat. Les habitants sont depuis deux jours sans nouvelles, emprisonnés dans les maisons au milieu des barricades, souvent affamés, n'ayant pu faire de provisions (1). Depuis les incendies chaque habitant voisin d'une barricade a vu dans les fédérés sous ses fenêtres, des incendiaires en expectative et s'est attendu à être brûlé. Lorsque le combat s'engage, le bruit aigre et strident du canon tiré sur le pavé, dont les murailles répercutent et prolongent l'écho, l'explosion des obus, le sifflement des balles, puis la fusillade rapprochée et incessante, sèment partout l'effroi et produisent une surexcitation maladive. Les éclats d'obus et les balles qui percent les devantures des boutiques et les contrevents, brisent les carreaux, frappent les plafonds, rendent les femmes absolument folles de terreur. Les locataires d'une maison se réfugient tous ensemble dans les caves, ou se blottissent dans les réduits les plus à l'écart. Délivrés, ils se précipitent au dehors, pleins d'une exaspération indicible contre les fédérés qui s'éloignent.

(1) Edgard Rodrigues, *Le carnaval rouge*, p. 293.

L'armée se bat maintenant dans une atmosphère imprégnée de l'odeur des incendies et remplie de fumée, entre les hautes murailles de rues étroites, où le combat, par les embûches possibles, a quelque chose de plus irritant que partout ailleurs. A l'emportement de la lutte, s'ajoute la fièvre que lui communique la population qui l'entoure. La répression prend un caractère implacable, toute pitié s'évanouit. Les exécutions de prisonniers n'avaient encore été que des exceptions et le fait d'une petite minorité, maintenant les ordres sont donnés, à tous les chefs de corps et aux officiers, de fusiller les hommes saisis les armes à la main, et les exécutions sommaires seront permanentes jusqu'à la fin de la lutte. On ne fusillera cependant point tous les hommes pris au combat, car leur nombre sera trop considérable et il est encore des officiers qui se gardent des exécutions. La proportion des fusillés, parmi les prisonniers faits, dépendra dans chaque cas du degré de colère ou de mansuétude des combattants. Tout est laissé, dans le premier moment, à la discrétion, non seulement des officiers de tout grade, mais même à celle des soldats qui décident, à leur gré, du sort des hommes qui leur tombent entre les mains (1).

Du côté des partisans de la Commune, on sait qu'il n'y a plus aucune merci à attendre, qu'en poursuivant la lutte, il n'y a plus qu'à se faire tuer pour retarder la défaite, sans espoir de vaincre. Aussi les rangs s'éclaircissent-ils de plus en plus. Mais alors le petit

---

(1) Albert Hans, *Souvenirs d'un volontaire*, p. 165.

nombre qui se maintient au combat, formé d'hommes animés de convictions ardentes ou parvenus au paroxysme de la surexcitation, déploie-t-il une énergie extraordinaire. Derrière chaque barricade, des hommes restent fixés au pavé, sous les balles ou les obus, et, dédaigneux de la vie, combattent jusqu'à ce qu'ils soient tués. Ceux qui sont pris et passés sommairement par les armes meurent, pour la plupart, la tête haute, en défiant les soldats.

La même désertion qui s'était opérée au milieu des fédérés s'était produite parmi leurs élus. Le 22 au matin, il ne se présenta à l'Hôtel de ville qu'une vingtaine des membres de la Commune(1); sauf un certain nombre qui prenaient part à la lutte sur le terrain, les autres s'étaient déjà dérobés. Les membres venus à l'Hôtel de ville s'étaient réunis, mais se voyant si peu nombreux avaient renoncé à tenir séance. Félix Pyat, après un dernier discours, disparaissait pour ne plus revenir (2); Cluseret, bientôt après, se réfugiait lui-même en lieu sûr (3). L'Assemblée qui s'était appelée *la Commune* et qui, depuis le 26 mars, avait été le gouvernement, était donc définitivement morte. Pendant la lutte, un groupe flottant de membres de la Commune, qui ne dépasse jamais la vingtaine (4), s'agite et discute en permanence. Il comprend les courageux qui vont, où il en est besoin, soutenir les combattants

---

(1) Lissagaray, *Histoire*, p. 351.
(2) IDEM, *ibid*, p. 352.
(3) Lefrançais, *Étude sur le mouvement communaliste*, p. 313.
(4) IDEM, *ibid.* p. 333. — Beslay, *Mes souvenirs*, p. 412. — Lissagaray, *Histoire*, p. 397.

de leur présence. Parmi les plus énergiques, sont certains membres de la minorité, Vermorel, Varlin, Lefrançais, que les violents avaient accusé de trahison et de lâcheté. Persévérant du reste dans une ligne de conduite relativement modérée, ils déploreront les cruautés de la dernière heure, dont ils seront les spectateurs impuissants. Les membres du Comité central étaient, au contraire, pour la plupart demeurés à leur poste. Ils cherchèrent une dernière fois à négocier avec Versailles par l'intermédiaire de la Ligue des droits de Paris, mais sans qu'aucune suite pût être donnée au projet. La dissension les rendait impuissants; ils se querellaient et menaçaient de se fusiller les uns les autres (1).

Toute l'autorité qui trouve encore à s'exercer émane du Comité de salut public réduit, par la disparition de Billioray (2), à quatre membres : Ranvier, Eudes, Arnaud, Gambon, du délégué à la guerre Delescluze qui montre une inébranlable fermeté, enfin de Raoul Rigault et de Ferré, qui disposent de la vie des détenus dans les prisons. D'ailleurs le champ qui reste au commandement central est des plus restreints. La défense qui, dès la première heure, a dépendu des chefs de quartier et de légion, échappe de plus en plus à toute direction supérieure et à toute action d'ensemble. Les derniers liens de la hiérarchie et de la discipline sont brisés. Dans cette agonie, les maladies dont souffraient les fédérés éclatent en accès

---

(1) Lanjalley et Corriez, *Histoire*, p. 537.
(2) Lefrançais, *Étude*, p. 333. — Lissagaray, *Histoire*, p. 313.

violents, surtout cette terreur perpétuelle qu'ils avaient d'être trahis. Sur divers points de la ville, ils passent sommairement par les armes (1) des hommes obscurs, quelques-uns restés inconnus, considérés, on ne sait pourquoi, comme des espions ou des traîtres. A mesure que ceux qui tiennent ferme diminuent, le soupçon de désertion s'étend même aux membres les plus connus de la Commune, et personne ne sera plus à l'abri des menaces de vengeance. Ranvier, voyant à l'Hôtel de ville des membres de la Commune qui ont changé de costume et coupé leur barbe, les accuse de vouloir fuir, et il les menace de les faire immédiatement fusiller (2).

La Commune avait possédé un nombreux état-major d'officiers chamarrés de galons et d'aiguillettes. A l'entrée des Versaillais, ils s'étaient en partie dérobés, comme tant d'autres, ou tout au moins dépouillés de leurs insignes (3). Leur costume d'apparat et leurs façons dédaigneuses avaient depuis longtemps indisposé contre eux la garde nationale, et maintenant qu'à l'heure du danger, on s'aperçoit de leur absence ou de leur changement de tenue, c'est de la colère qu'ils inspirent. L'un d'entre eux, le comte de Beaufort, ayant rang de capitaine, est rencontré le 24 au matin par des

---

(1) Lissagaray, *Les huit journées de mai*, p. 74. — Lissagaray, *Histoire*, p. 374. — *Procès des membres de la Commune*, Affaire Trinquet, déposition des témoins Morosoli et Bohain. — Procès divers, *Gazette des Tribunaux* des 9 mars 1872, 1er mai 1872, 7-8 octobre 1872.

(2) Lissagaray, *Histoire*, p. 374.

(3) Idem, *ibid.*, p. 379. — Louis Fiaux, *Histoire*, p. 510.

hommes du 66ᵉ bataillon, qu'il avait précédemment menacé de punition. Il est saisi, conduit boulevard Voltaire, au bureau d'un commandant. On l'accuse de trahir ; on demande sa mort. Il se défend et prouve qu'il a loyalement servi la Commune. Les hommes entrés dans la salle, le reconnaissent innocent, ils consentent à le laisser libre, mais les autres, au dehors, ne veulent entendre à rien. Delescluze venu sur les lieux essaye en vain de les calmer. Ils menacent tous ceux qui s'opposent à l'exécution immédiate de leur vengeance, entraînent le comte de Beaufort dans un terrain vague et le passent par les armes.

Aux édifices livrés aux flammes dans la nuit du 23, les fédérés en ajoutaient de nouveaux dans la journée du 24. Ils devaient poursuivre ainsi, jusqu'au dernier jour, leur œuvre de destruction. Ferré, avant d'abandonner la Préfecture de police qu'il occupait comme délégué à la sûreté, y fit préparer l'incendie, ainsi qu'au Palais de justice à côté. Le pétrole fut répandu sur divers points, pour mieux assurer la ruine de l'ensemble des constructions. Des circonstances fortuites et la promptitude avec laquelle les secours purent être organisés au départ des fédérés, limitèrent cependant les ravages du feu. L'ancienne Préfecture de police, les cours d'assises, la salle des Pas-Perdus, une partie de la bibliothèque des avocats, les chambres correctionnelles, le bureau de l'État civil, furent seuls détruits. Le matin, pendant que les préparatifs d'incendie se poursuivaient, Ferré se rendait au Dépôt de la Préfecture de police. Il y prit Georges Veysset, détenu comme agent versaillais, le conduisit sur le terre-plein du Pont-Neuf et le fit fusiller par un peloton des Vengeurs de Flourens (1). Le corps fut ensuite jeté à la Seine. Ferré demanda au Dépôt de nouveaux prisonniers. Les gardiens trouvèrent des prétextes pour ne pas les livrer et surent gagner du temps (2). L'incendie s'étendait à des bâtiments où on avait placé de la poudre et qui pouvaient sauter, les soldats versaillais apparaissaient sur les quais, près du Pont-Neuf; aussi Ferré, laissant à eux-mêmes les otages, se retira-t-il précipitamment avec les fédérés. Dès l'avant-veille, il avait envoyé l'ordre au directeur de la prison de la Santé de fusiller les otages qu'il détenait, si les Versaillais cherchaient à s'emparer du quartier (3). Le directeur et ses employés désobéirent, le moment venu, et sauvèrent leurs prisonniers.

Cependant le 24, dans l'après-midi, l'Hôtel de ville se trouva menacé. Quoiqu'il fût encore entouré de barricades, les larges voies qui y conduisent, par lesquelles les Versaillais avançaient graduellement, rendaient une plus longue défense incertaine. Après délibération des membres de la Commune présents sur le lieu, on décida, malgré l'avis de Delescluze (4), qui jugeait la retraite prématurée, de se transporter,

---

(1) Mme de Forsans-Veysset, *Georges Veysset*, etc.
(2) *Procès des membres de la Commune*, Affaire Ferré, déposition du témoin Bracon.
(3) *Procès des membres de la Commune*. Affaire Ferré, déposition du capitaine Delaserre. — Procès Caullet, directeur de la Santé. Déposition de Caullet, *Gazette des Tribunaux*, 9-10 octobre 1871.
(4) Lissagaray, *Histoire*, p. 379.

dans les quartiers dévoués, voisins de Belleville, à la mairie du XI° arrondissement, boulevard Voltaire. Le Comité de salut public, le délégué à la guerre, le délégué à la sûreté, allèrent en effet s'y installer, pendant que le Comité central retournait siéger rue Basfroy, derrière la Bastille. Les hommes qui abandonnaient l'Hôtel de ville avaient résolu d'en faire un monceau de ruines. En effet, le soin et l'abondance avec lesquels le pétrole fut répandu et le temps que l'incendie eut de s'étendre, avant la retraite des fédérés, amenèrent son entière destruction. Cette perte devait être particulièrement sensible aux Parisiens, qui associaient le monument aux événements les plus mémorables de leur histoire. Avec lui, périrent quelques-unes des plus belles œuvres des peintres contemporains et une riche bibliothèque. Le feu était mis en même temps, aux alentours de l'Hôtel de ville, à la mairie du IV° arrondissement, qui fut en partie consumée, au théâtre Lyrique, qui le fut en entier, et à plus de trente maisons de la place de Grève, de l'avenue Victoria, de la rue de Rivoli, du boulevard Sébastopol et des rues adjacentes. Ce quartier devint dans Paris un nouveau centre d'où se répandirent l'horreur et l'épouvante.

Sur les boulevards, l'incendie dévorait le théâtre de la Porte Saint-Martin et trois maisons dans le voisinage.

Le recul opéré par les hommes de la Commune, en se retirant à la mairie du XI° arrondissement, marquait un nouveau pas vers l'abîme. L'abandon de l'Hôtel de ville augmentait le découragement parmi les gardes nationaux fédérés et portait à son comble la désorganisation, en déplaçant le centre où l'on avait accoutumé d'aller prendre les ordres. A la mairie du XIe arrondissement, on se trouvait en camp-volant, tout sentait la déroute. A deux heures, on y apprend la perte du Panthéon (1). C'était une des positions sur lesquelles les insurgés de juin 1848 s'étaient le plus longtemps défendus, qui passait, en conséquence, pour devoir défier de longues attaques. Elle vient d'être au contraire rapidement enlevée par les Versaillais. Sa chute est ressentie comme un désastre. On crie de nouveau à la trahison (2). Delescluze cherche à ranimer les courages. Il dit que tout n'est pas perdu. Il propose aux membres de la Commune, du Comité central, aux officiers présents à la mairie, de passer en revue, sur le boulevard Voltaire, les bataillons qu'on pourra réunir, puis de reconquérir les positions perdues. Cette proposition est acclamée, on s'exalte. Mais il faut bientôt revenir au sentiment de la réalité. Comment attaquer quand on manque déjà d'hommes pour se maintenir sur la défensive et qu'à chaque instant on constate de nouvelles désertions (3)? Cette conscience qu'ils ont de l'épuisement de leurs forces ramène les éclats de désespoir et la soif des destructions. On propose de couper les ponts, de faire sauter les égouts (4). Mais rien

(1) Lissagaray, *Histoire*, p. 383.
(2) IDEM, *ibid*.
(3) IDEM, *ibid.*, p. 384.
(4) IDEM, *ibid*.

n'a été disposé et le temps manque absolument pour les préparatifs. D'ailleurs le moment des grandes destructions, des incendies solennels est aussi passé. On est maintenant refoulé dans les quartiers populaires et industriels, loin des palais et des monuments somptueux. Cependant il est une autre œuvre de vengeance dont on a souvent menacé et qui a fait deux fois l'objet des délibérations de la Commune, c'est l'exercice de représailles sanglantes, par l'exécution de personnes considérées comme otages. Déjà Raoul Rigault et Ferré ont fusillé des otages et, si l'œuvre de sang doit être reprise, l'heure fatale en est venue.

Les personnes, désignées comme otages, les plus illustres que la Commune se fût assurées, étaient l'archevêque Darboy et le président de la Cour de cassation Bonjean. Du reste les partisans de Blanqui avaient depuis longtemps cherché à se prévaloir du prix qu'ils pensaient que le gouvernement de Versailles attacherait à leur liberté et à leur vie, pour obtenir la remise de Blanqui. Flotte, ancien compagnon de captivité et ami de Blanqui, resté sans rôle au 18 mars et depuis, leur servit de négociateur. Il alla offrir à l'archevêque, de la part de la Commune, d'envoyer à Versailles un de ses ecclésiastiques, pour proposer son échange et celle de M. Bonjean contre Blanqui. Le pauvre archevêque, qui sentait la mort suspendue sur sa tête, s'empressa d'accepter. Il remit une lettre à M. Lagarde, son grand vicaire, détenu avec lui, qui partit pour Versailles. Flotte lui avait donné un laissez-passer de

Raoul Rigault et en avait obtenu une promesse de retour, sans rectriction.

Déjà, le 8 avril (1), l'archevêque avait écrit à M. Thiers, pour s'élever contre les exécutions sommaires, dont les généraux de l'armée de Versailles avaient fait suivre les premiers engagements avec les fédérés, représentant que, si elles devaient se renouveler, les personnes détenues par la Commune en seraient les victimes. M. Thiers avait répondu, par une lettre publique, dans laquelle il traitait d'absolument faux le fait d'exécutions sommaires qui était absolument vrai. Quant à la lettre que lui remettait M. Lagarde, il fit attendre la réponse, pour soumettre la question d'échange au conseil des ministres et à la Commission des quinze membres de l'Assemblée, chargée de se tenir en communication avec lui. Le conseil des ministres et la Commission repoussaient également l'échange (2), et le 20 avril M. Thiers remettait à M. Lagarde un pli, à l'adresse de l'archevêque, qui faisait connaître le refus de son gouvernement. Le grand vicaire, sans tenir compte de sa promesse de retour et des lettres de l'archevêque le rappelant à Paris, s'abstenait de porter la réponse de M. Thiers, et demeurait à Versailles (3).

Cependant la négociation d'échange avait fait du bruit. Le *Journal officiel* de la Commune et diverses autres feuilles en racontaient les incidents. Ils pro-

---

(1) Abbé Vidieu, *Histoire de la Commune*, p. 285.
(2) Jules Simon, *Le Gouvernement de M. Thiers*, t. I, p. 455.
(3) Wickham Hoffmann, *Camp, court and siege*, p. 263.

féraient des menaces contre l'archevêque, qu'ils rendaient responsable de la fuite du grand vicaire. La position de l'archevêque s'était ainsi aggravée. Le nonce Mgr Chigi, sur les ordres du pape Pie IX, cherchant à intéresser à son sort des personnes qui pussent agir utilement, pria M. Washburne, ministre des États-Unis, d'intervenir auprès de la Commune (1). M. Washburne s'empressa de faire la démarche qu'on lui demandait. Il ne put obtenir de Raoul Rigault qu'un permis de visite, dont il se servit pour aller voir le prisonnier et apporter quelque adoucissement à l'amertume de sa captivité. Malgré cela la Commune consentait toujours à l'échange avec Blanqui et le nonce et M. Washburne essayèrent, mais sans succès, d'y amener le gouvernement de M. Thiers. Un Anglais, M. Norcott, chargé par les comités de secours de Londres de distribuer les vivres, envoyés d'Angleterre à Paris à la fin du siège, s'employa également. Sa mission l'avait mis en rapport avec Viard, délégué de la Commune aux subsistances, et il en avait reçu un écrit pour soutenir la proposition d'échange (2). Il ne réussit point à voir M. Thiers à Versailles et fut éconduit.

Lorsque les amis de Blanqui virent que leurs démarches échouaient, en s'appuyant sur l'archevêque, ils prirent pour but de leurs efforts Chaudey, qu'ils savaient personnellement lié avec M. Thiers et les

---

(1) Wickham Hoffmann, *Camp, court et siege*, p. 262. — L. Armagnac, *M Washburne et Mgr Darboy*.

(2) John Furley, *Épreuves et luttes d'un volontaire neutre*, p. 483.

membres républicains du ministère. Flotte alla trou-
un ami de Chaudey, M. Cernuschi ; il lui demanda de
se rendre à Versailles et d'y proposer l'échange d'a-
bord de Chaudey, puis de l'archevêque, de M. Bonjean et encore d'un nombre supplémentaire d'otages,
si on l'exigeait. Les blanquistes, au milieu de mai,
désiraient plus que jamais faire libérer Blanqui. Ils en
avaient besoin pour l'opposer à Delescluze, qui les
éclipsait au sein de la Commune et qui, nommé
délégué à la guerre, devenait absolument prépondé-
rant. M. Cernuschi se rendit à Versailles. Il vit
M. Thiers, qui déclara que l'opposition décidée du
conseil des ministres et de la Commission de
l'Assemblée ne lui permettait pas d'accorder l'é-
change. Les amis de Blanqui à Paris ignoraient
même le lieu de sa détention. M. Cernuschi leur
apporta une permission donnée par M. Thiers de le
laisser communiquer avec sa sœur, au château du
Taureau, où il était enfermé. M. Cernuschi obtint en
retour que Chaudey fût mis à part des autres otages,
à Sainte-Pélagie. Il espérait ainsi qu'en cas d'un
massacre des détenus, qu'on ne supposait possible
qu'à la suite d'un accès de fureur populaire, il pourrait être oublié et épargné. En dernier lieu Flotte,
muni de lettres pressantes de l'archevêque et du curé
de la Madeleine M. Deguerry (1), se rendit lui-même à
Versailles et y fit inutilement les instances les plus
vives pour obtenir l'échange.

(1) Abbé Vidieu, *Histoire*, p. 295.

Le conseil des ministres et la Commission de l'Assemblée avaient donné, comme motifs de leur refus, qu'ils ne pouvaient consentir à entrer en rapports, même indirects, avec la Commune, qu'ils n'avaient pas le droit de rendre à la liberté un coupable frappé par les lois du pays. A toutes les craintes qu'on leur exprimait sur le sort des otages, ils avaient répondu qu'ils ne pensaient point que leur vie fût réellement en danger. Ils eussent certes tenu un tout autre langage, si les prisonniers de la Commune eussent été de véritables otages, tels que les princes et les gouvernements, dans l'antiquité, avaient soin de s'en assurer, c'est-à-dire des personnes attachées par les liens du sang, à ceux dont on veut se garantir la fidélité ou la soumission. Si les ministres, si les membres de la Commission de l'Assemblée eussent vu dans les prisons de la Commune leurs femmes et leurs enfants, il est évident que, sans tenir compte d'aucun point de droit abstrait ou d'étiquette diplomatique, ils se fussent empressés d'accepter l'échange. Mais un archevêque et un président de cour, il est si facile, lorsqu'ils sont morts, d'en trouver d'autres! Quant aux catholiques de l'Assemblée nationale qui, en toute circonstance intéressant leur église, montraient un si grand zèle, le sort de l'archevêque les laissait parfaitement froids et indifférents. Ils soutenaient contre la Commune une lutte sans merci, à leurs yeux l'archevêque était un général au combat, il devait au besoin sacrifier sa vie. D'ailleurs il était mal vu des ultramontains et tenu en suspicion pour avoir montré des tendances libérales et combattu l'infaillibilité du pape ; s'il périssait, on le remplacerait par un successeur mieux pensant (1).

Le 24, dans l'après-midi, ceux des membres de la Commune qui tiennent encore ferme, sont retirés à la mairie du XIe arrondissement. Ils viennent d'apprendre la chute du Panthéon, qui leur présage la perte imminente de toute la rive gauche. Leur situation est absolument désespérée. C'est à ce moment qu'ils résolvent la mort d'un certain nombre d'otages, parmi les plus illustres. Il est probable qu'on ne saura jamais exactement par qui ce forfait fut décidé. Une partie des témoins sont morts sans rien révéler, ceux qui survivent gardent le silence et ils y persévéreront sans doute, pour faire autant que possible l'ombre et le mystère, sur l'acte le plus déshonorant de leur histoire. Qu'il y ait eu plus ou moins délibération ou

---

(1) C'est, entre autres, le jugement porté par le colonel Wickham Hoffmann, secrétaire de la légation des États-Unis qui, avec M. Washburne, est intervenu activement dans la négociation d'échange : « The archbishop was a gallican, a liberal catholic, nota-
« bly so. Had he been an ultramontane, I think that the extreme
« right of the Assembly — the legitimists — would have so exer-
« ted themselves that his life would have been saved. . . . . .
« I once expressed these views to a lady in Paris, herself a liberal
« catholic. She would not admit them to be true. Some weeks
« later, I met her again, and she told me that she believed I was
« right; that she had heard such sentiments expressed by legitimist
« ladies, that she was satisfied that there was an influential if not a
« large class of ultramontanes, to whom the death of the Archbishop
« was not unwelcome. » — Wickham Hoffmann, *Camp, court and siege*, p. 264.

débat des membres de la Commune présents à la mairie du XIe, le fait est attesté (1). Par qui fut prise en dernier ressort la détermination ? Il est naturel de croire que c'est par les hommes qui conservaient quelque autorité après l'écroulement de la Commune, c'est-à-dire les membres du Comité de salut public, et vraisemblablement aussi Delescluze. Quant à Ferré, il y a certitude. Il faut supposer que ceux qui aprouvèrent le massacre furent encore relativement nombreux, puisqu'on sait que quatre membres de la Commune, Vermorel, Mortier, Longuet et Vallès (2), cherchèrent en vain à l'empêcher ou à le retarder. Le motif donné fut l'exécution sommaire des prisonniers que les Versaillais faisaient par toute la ville. C'était donc sous prétexte de représailles que les otages allaient être sacrifiés et, en particulier, pour venger un capitaine et cinq gardes fédérés exécutés rue de Caumartin. Il était vrai que les Versaillais fusillaient les prisonniers en grand nombre et, si ceux de la Commune eussent passé par les armes des soldats pris au combat, ils eussent simplement appliqué la peine du talion, et rendu dent pour dent, œil pour œil. Mais en quoi le sacrifice de personnes inoffensives, depuis deux mois en prison, pouvait-il être une représaille de la dureté des soldats qui les combattaient ? Que des hommes qui avaient cherché à établir un gouvernement, qui avaient prétendu représenter les aspirations d'une

---

(1) Voir la note D.
(2) Guénin, sténographe, *Assassinat des otages*. Déposition Genton, p. 293.

grande ville, dans leur liberté, aient mis à mort des captifs restés à l'écart de la lutte engagée, sans qu'aucun avantage pût en résulter pour le combat désespéré qu'ils poursuivaient, sachant du reste que le sort de leurs victimes était au fond indifférent au parti qui les combattait, est certes un des actes les plus odieux dont l'histoire fasse mention.

Quels que soient les hommes qui décidèrent la mort des otages, l'ordre écrit d'exécution fut donné par Ferré. Vers cinq heures de l'après-midi, Genton, un sculpteur sur bois que le Comité de salut public avait nommé juge d'instruction (1), sort de la mairie du XIe arrondissement, un papier à la main. Il dit autour de lui que, sur l'ordre des membres de la Commune, il va faire exécuter les otages (2). Il demande des hommes, pour former le peloton d'exécution. Il en recrute en chemin et, à six heures (3), arrive à la Roquette. Les abords de la prison étaient vides, et sans les décisions prises à la mairie du XIe il n'y aurait point eu de sang versé. Genton entre au greffe. Il remet au directeur de la prison, nommé par la Commune, François, le papier dont il est porteur. Six otages doivent être exécutés, mais l'archevêque Darboy et le président Bonjean sont seuls nominativement désignés (4). Le directeur et le greffier déclarent que, pour mettre leur responsabilité à couvert, ils ne

---

(1) *Journal officiel de la Commune*, 16 mai.
(2) Guénin, *ut suprà*. Déposition Girardot, p. 71.
(3) Idem, *ut suprà*, Déposition Jarraud, p. 351.
(4) Id., *ut suprà*. Déposition François, p. 34.

livreront que des otages, dont le nom sera donné. Genton, sur cette observation, retourne à la mairie du XIe arrondissement. On n'y avait point les listes d'otages, et il revient à la Roquette avec son même papier, disant qu'il a reçu l'ordre de prendre les noms supplémentaires sur le registre d'écrou. Le directeur, sans plus de résistance, remet les listes nominatives à Genton (1) qui, à la suite des noms de l'archevêque et de M. Bonjean, inscrit ceux de Jecker, du missionnaire Allard, des pères jésuites Clerc et Ducoudray. Puis, se ravisant, il remplace le nom de Jecker (2) par celui de M. Deguerry, curé de la Madeleine.

Le peloton d'exécution se met en marche dans la cour ; en tête Genton (3), Sicard (4), chef de bataillon d'état-major qui commande le sabre en main, Vérig, capitaine, chef du poste de garde à la prison, Mégy (5) qui, pour participer effectivement à l'exécution, s'est muni d'un chassepot. Depuis la première apparition de Genton, près de deux heures s'étaient écoulées. La cour de la prison avait été envahie par une foule mêlée de gardes nationaux et d'habitants du quartier, mais, au moment de l'exécution, l'horreur chez les uns, la crainte de se compromettre chez les autres, tint les assistants sur la réserve. Un certain nombre de gardes du 66e bataillon, venus d'abord avec Genton,

---

(1) Guénin, *ut suprà*. Déposition François, p. 34.
(2) Lissagaray, *Les huit journées de mai*, p. 101.
(3) Guénin, *ut suprà*. Déposition Sicard, p. 361.
(4) IDEM, *ut suprà*. Déposition Jarraud, p. 357-370.
(5) ID., *ut suprà*. Déposition Sicard, p. 369.

s'en allèrent même, sur les remontrances de leur cantinière (1). Le peloton se trouva donc définitivement formé de ces fédérés amenés par Genton. Ils appartenaient à divers bataillons, portaient des uniformes variés, beaucoup étaient ivres (2) ; parmi eux se voyaient des vengeurs de Flourens, quelques-uns de tout jeunes gens, presque des enfants (3).

On est allé chercher les victimes dans les cellules. Les plus marquants des otages avaient d'abord été enfermés à Mazas ; le 22 mai, Raoul Rigault les avait fait transférer à la Roquette au nombre de quarante. La Roquette est le dépôt des condamnés à mort, aussi, en y entrant, avaient-ils été pris de sinistres pressentiments. Lorsque les six otages voués à la mort parurent devant leurs exécuteurs, ils étaient donc, en quelque sorte préparés au sort qu'on leur réservait. Ces hommes n'avaient à se reprocher aucun de ces actes de tyrannie ou d'arbitraire, qui eussent pu justement les rendre odieux. Loin de là, l'archevêque Darboy, le président Bonjean, étaient des esprits distingués et libéraux, ils avaient eu le courage de combattre les prétentions à l'autorité absolue, l'un de son église au concile, l'autre du gouvernement impérial au Sénat. M. Deguerry, vieillard de soixante-quatorze ans, respirait la bienveillance et la cordialité ; les trois autres étaient absolument inconnus du public. N'ayant

---

(1) Guénin, *ut suprà*. Déposition femme Prévost, p. 73. — Déposition Jarraud, p. 360.

(2) Guénin, *ut suprà*. Déposition Jannard, p. 211.

(3) IDEM, *ut suprà*. Déposition Muller, p. 223.

rien à leur charge, ils avaient subi les angoisses de la prison avec sérénité, le plus éprouvé avait été l'archevêque dont la santé s'était sensiblement altérée.

Devant le peloton d'exécution, le président Bonjean demande, en légiste : « Qui nous condamne ? — La « justice du peuple, lui répond-on. — Oh ! ce n'est pas là la bonne (1). » L'archevêque, à l'accusation d'avoir trahi le peuple et desservi la Commune, répond qu'il a toujours aimé la liberté, qu'il s'est au contraire entremis pour recommander l'apaisement, qu'il a écrit dans ce but au gouvernement de Versailles (2). Mais ces paroles n'ont d'autre résultat que de déchaîner un flot de basses injures, si bien qu'un lieutenant, dans le peloton (3), réclame le silence, en disant qu'il était honteux d'insulter au malheur, et qu'ils ne pouvaient savoir si, bientôt, ils ne se trouveraient point eux-mêmes dans une situation analogue. Le peloton entraîne les otages dans le chemin de ronde. Arrivé à une petite grille qui le divise, l'archevêque, qui croit que c'est là le lieu choisi, s'agenouille et se met en prière. On le fait relever. Il donne l'absolution à ses compagnons (4). Plus avant, les victimes sont mises au mur. Une décharge prolongée et irrégulière les fait tomber, sauf l'archevêque resté debout, sur lequel les hommes tirent à nouveau (5). Le peloton et ses chefs s'abstin-

---

(1) Lissagaray, *Les huit journées de mai*, p. 101.
(2) Guénin, *ut suprà*. Déposition Jannard, p. 213. — Lissagaray, *Les huit journées de mai*, p. 101.
(3) Guénin, *ut suprà*. Déposition Jannard, p. 210.
(4) IDEM, *ut suprà. ibid.*, p. 210.
(5) Lissagaray, *Les huit journées de mai*, p. 102.

rent de toucher aux cadavres. Vers dix heures seulement Vérig, accompagné du greffier et de quelques fédérés, revint les fouiller et les dépouiller de leurs bijoux. Ils furent dans la nuit inhumés à la hâte au cimetière du Père-Lachaise.

Le 24, au soir, lorsque l'obscurité arrêta le combat, les Versaillais avaient définitivement conquis plus de la moitié de Paris. Leur front de bataille formait une ligne à peu près droite. Partant des gares de l'Est et du Nord, il suivait les boulevards de Strasbourg, de Sébastopol, Saint-Michel et aboutissait au parc de Montsouris. L'armée occupait ainsi la Bourse, la Banque, la place de l'Hôtel de ville, le palais du Luxembourg, le Panthéon. Dans l'après-midi, le commandant de Sigoyer, en se portant hardiment en avant avec ses chasseurs à pied, avait pu arrêter l'incendie qui, du palais des Tuileries, menaçait de s'étendre aux galeries du Louvre. Raoul Rigault s'était tenu pendant la journée sur la rive gauche. Vers cinq heures il est aperçu, habillé en officier fédéré, comme il se réfugiait dans un hôtel de la rue Gay-Lussac. Il est saisi par les soldats qui l'entraînent dans la rue et veulent l'obliger à crier : Vive l'armée. Il crie, au contraire : Vive la Commune, à bas les assassins ! Il est immédiatement tué.

Lorsque, le 25, le jour se fit, il rappela les combattants au carnage et les habitants à la contemplation d'horribles scènes. L'apparition continuelle de nouveaux incendies ajoutait sans cesse à l'indignation et à la colère que les premiers avaient fait naître. En voyant s'élever de nouvelles colonnes de fumée et un océan de flammes couvrir l'horizon, l'imagination épouvantée se persuadait que c'était la ville entière qu'on avait bien réellement voulu détruire et que le temps et les moyens avaient seuls manqué à la complète exécution du dessein. Le 24, les fédérés avaient fait sauter une poudrière établie dans le jardin du Luxembourg. L'explosion avait ébranlé tout le quartier (1). Le bruit s'était immédiatement accrédité que les fédérés allaient en outre faire sauter le Panthéon (2), où se trouvait, disait-on, un tout autre amas de poudre. L'appréhension de cette catastrophe avait plongé une partie des quartiers de la rive gauche dans une affreuse angoisse. Les habitants se croyaient absolument perdus, tremblant à chaque instant de sauter en l'air. Les Versaillais canonnaient, de la butte Montmartre, les batteries établies sur les hauteurs de Belleville et du Père-Lachaise. Au lieu de leur répondre, les fédérés avaient dirigé leur tir sur la ville au-dessous d'eux, qu'ils bombardaient à toute volée. Les habitants de la rive droite, spécialement des quartiers de la place Vendôme et des boulevards, qui, à la retraite des fédérés, s'étaient cru délivrés de tout danger, en voyant les obus s'abattre sur leur tête, sans qu'aucune raison d'ordre militaire pût expliquer le fait, sentaient grandir leur soif de vengeance. Les partisans de la Commune se transformaient définitivement à leurs yeux en véritables dé-

---

(1) Mme A. Blanchecotte, *Tablettes d'une femme*, p. 274.
(2) Idem, *ibid.*, p. 276.

mons, capables de tout, dont la rage de destruction ne connaissait aucun frein.

Sous le coup de toutes ces causes de terreur, une panique passe sur la ville. Pendant la Commune, on avait vu des femmes suivre les bataillons fédérés comme cantinières, et même quelques-unes porter le fusil; elles s'étaient, au dernier moment, mêlées aux combattants et avaient participé aux incendies de la rue de Lille et de la rue Royale. Dans l'état maladif des esprits, l'action attribuable à quelques mégères, change de caractère et s'agrandit. Elle devient une œuvre de destruction générale, poursuivie systématiquement, même dans les quartiers abandonnés par les fédérés. On dit, on affirme que des femmes, des pétroleuses, parcourent les rues, en rasant les murs; par les soupiraux des caves, par les portes entr'ouvertes, jettent du pétrole dans les maisons et allument l'incendie. De toutes parts on bouche à la hâte les soupiraux des caves. Des boutiquiers écartent de leurs devantures les passants suspects. On voit du pétrole partout, une bouteille, une boîte au lait à la main d'une ménagère allant aux provisions, suffisent pour causer une arrestation, accompagnée de menaces et de mauvais traitements.

La foule dans les rues devient dès lors absolument féroce. Elle se fait un spectacle des exécutions. Devant le Théâtre-Français on fusille, dans un fossé de barricade (1), les fédérés découverts dans le voisinage; les passants, les gens du quartier font le cercle, montés

---

(1) Max. du Camp, *Convulsions de Paris,* t. II, p. 401.

sur des chaises, des pavés, des tonneaux et, selon l'attitude plus ou moins courageuse des hommes qui vont mourir, battent des mains ou poussent des huées (1).

Les opérations reprises par les Versaillais dans la journée du 25, devaient surtout leur donner des résultats décisifs sur la rive gauche. De ce côté, les fédérés, depuis la perte du Panthéon, étaient acculés dans un angle, entre la rivière et les remparts. Ils conservaient cependant une position très forte, la Butte-aux-Cailles protégée par la Bièvre, sur laquelle Wrobleski s'était maintenu avec avantage. Mais, le 25, au matin les garnisons placées dans les forts de Montrouge, de Bicêtre et d'Ivry, craignant d'y être cernées, sont rentrées en ville. L'abandon des forts découvrait les remparts, le long desquels les Versaillais s'étaient immédiatement avancés. Ils prenaient de la sorte à revers toutes les positions des fédérés. Ceux-ci attaqués en même temps sur leur front, perdaient la Butte-aux-Cailles et étaient refoulés en désordre sur les Gobelins et l'avenue d'Italie.

Le 101ᵉ bataillon, appartenant au quartier des Gobelins, s'était depuis longtemps signalé par l'exaltation de ses opinions révolutionnaires et son dévouement à la Commune. Avec son ancien chef Serizier, promu chef de légion, on le trouvait partout où il y avait des violences à commettre. Le 19 mai, Serizier et le 101ᵉ étaient allés, sous la conduite de Léon Meillet, membre de la Commune et maire du XIIIᵉ arrondis-

---

(1) Lauser, *Unter der pariser Commune*, p. 354.

sement, faire une perquisition à Arcueil, à l'école des Dominicains. Les pères étaient accusés d'entretenir des intelligences avec les avant-postes versaillais voisins de leur maison. Ils avaient, pendant le premier siège, établi une ambulance, restée ouverte, où ils soignaient en ce moment même un certain nombre de blessés. La perquisition n'avait rien fait découvrir qui pût donner appui aux soupçons. Léon Meillet n'en avait pas moins emmené au fort de Bicêtre toutes les personnes, religieux ou autres, appartenant à l'École (1). Lorsque le fort fut évacué le 25 mai au matin, les prisonniers furent transférés dans une maison, servant à recevoir les réfractaires et les suspects de l'arrondissement, au numéro 45 de l'avenue d'Italie. Serizier et les siens, le 25 dans l'après-midi, pressés d'une manière irrésistible par les Versaillais, incendient d'abord la manufacture des Gobelins, puis, repliés en arrière près de la mairie, ils assouvissent, sur les inoffensifs dominicains, la rage que leur cause la défaite et la soif de représailles qu'ils ressentent des exécutions sommaires faites par les soldats, dans le quartier du Panthéon. Après s'être échelonnés devant la maison qui sert de prison, ils ouvrent la porte et crient aux détenus de sortir ; à leur apparition, ils les accueillent par une fusillade prolongée, qui poursuit ceux qui cherchent à s'enfuir le long de l'avenue. Le père Captier, supérieur de l'École, est tué de la sorte avec quatre religieux et sept professeurs ou domestiques. Quel-

(1) Lécuyer, *Les martyrs d'Arcueil*, p. 44.

ques-uns, assez heureux pour survivre à la fusillade, parviennent à rentrer précipitamment dans la prison ou à se dérober dans les maisons. Presque aussitôt l'arrivée soudaine des Versaillais qui tournaient les barricades de l'avenue d'Italie, mettait en fuite Serizier et les hommes du 101ᵉ. Les fédérés, débordés de toutes parts, perdaient leurs dernières barricades, sans pouvoir sérieusement les défendre (1). Vers cinq heures Wrobleski passait la Seine, suivi seulement d'un millier d'hommes (2), débris de tous les bataillons, et la rive gauche en entier demeurait à l'armée de Versailles.

Sur la rive droite, les places de la Bastille et du Château-d'Eau solidement barricadées, étaient devenues les principaux points d'appui des fédérés. Sur la place du Château-d'Eau, les défenseurs des barricades avaient incendié les maisons d'angle du boulevard Voltaire, qui donne directement accès à la mairie du XIᵐᵉ arrondissement. Dans la journée, les fédérés brûlaient encore le Grenier d'Abondance (3), près de la place de la Bastille, et Philippe, membre de la Commune et maire du XIIᵐᵉ arrondissement, mettait le feu à l'église de Bercy (4). Les Versaillais, obligés de se frayer leur route à travers l'enchevêtrement des rues détournées et des voies latérales, n'avançaient qu'avec lenteur, aussi ceux de la Commune devaient-

---

(1) Abbé Lesmayoux, *Le 25 mai à l'avenue d'Italie*, p. 34.
(2) Lissagaray, *Histoire*, p. 397.
(3) Lefrançais, *Étude*, p. 327.
(4) Fontoulieu, *Les églises de Paris*, p. 138.

ils conserver, encore toute la journée, les positions qui couvraient la mairie du XIIme arrondissement.

Le 25 au matin, Genton avait reçu de Ferré l'ordre écrit de prendre à la Roquette le prisonnier Jecker. Au moment où Jecker lui fut amené, il lui dit, d'un ton à ôter tout espoir, qu'il allait être fusillé. Jecker avait participé, comme banquier, aux opérations financières qui avaient conduit à la désastreuse expédition du Mexique. Il était ainsi devenu, aux yeux de certaines gens, passible de tous les châtiments. Raoul Rigault l'avait fait arrêter à la Préfecture de police, au moment où, sans défiance, il demandait un passe-port. Dans le peuple, on se figurait surtout qu'il avait retiré d'immenses bénéfices de son entreprise. La veille, Genton, après l'avoir d'abord compris parmi les otages à exécuter avec l'archevêque, avait rayé son nom à la réflexion. Maintenant il revient le prendre isolément et, au lieu de le fusiller dans le chemin de ronde de la prison, comme les précédentes victimes, il l'emmène au loin à travers les rues, avec seulement quatre hommes choisis, quatre amis. Ces circonstances ont fait supposer, non sans vraisemblance, que le croyant fort riche Genton et ses amis lui auraient offert la vie, en échange d'une énorme rançon qu'il n'aurait pu payer, car en réalité il était presque ruiné. Quoi qu'il en soit, arrivés derrière le cimetière du Père Lachaise, ils le fusillèrent contre le mur d'une villa abandonnée (1).

(1) *Les Droits de l'homme,* 19 janvier 1877.

Cependant les derniers des membres de la Commune ne jouissaient, à la mairie du XIme arrondissement, que d'un court répit. Arnold prétend tout à coup leur offrir un moyen de salut. Il leur dit qu'un américain, secrétaire du ministre des États-Unis, M. Washburne, est venu lui proposer la médiation des Allemands et qu'ils n'ont qu'à envoyer des commissaires à Vincennes, pour régler les conditions d'un armistice avec le gouvernement de Versailles (1). Quelque étrange que dût paraître cette ouverture, les membres de la Commune présents à la mairie, au nombre d'une vingtaine (2), comme le noyé qui s'attache à une dernière branche, se laissent convaincre. Ils décident que trois d'entre eux se rendront avec Arnold à Vincennes (3). Delescluze, qui s'était d'abord vivement opposé à cette démarche, cède aux instances dont il est l'objet et consent à se joindre à la députation. Elle part accompagnée du soi-disant Américain, qui n'était en aucune façon secrétaire de M. Washburne et dont le nom et la qualité sont restés inconnus. Mais, à la porte de Vincennes, les envoyés sont arrêtés par les hommes de garde, qui refusent absolument de les laisser sortir. Les fédérés s'imaginent que les membres de la Commune trahissent et, pour fuir le danger, veulent passer dans les lignes prussiennes. Les explications que Delescluze donne sur leur mis-

---

(1) Lissagaray, *Histoire*, p. 397.
(2) Idem, *ibid.*
(3) *Procès des membres de la Commune*, Déposition Champy. — Lissagaray, *Histoire*, p. 398.

sion d'où, dit-il, peut dépendre le salut commun, sont fort mal reçues. Accusé de vouloir déserter, il est lui-même insulté et menacé (1). Un ordre de laisser passer envoyé par Ferré est méconnu. Toute insistance est vaine, et Delescluze et ses collègues reviennent à la mairie du XIme arrondissement, sans avoir pu accomplir leur mission.

A mesure que la journée s'avançait, les Versaillais enserraient la place du Château-d'Eau. Le soir, ils parvinrent à diriger sur la barricade, qui fermait l'entrée du boulevard Voltaire, un feu terrible d'artillerie et de mousqueterie. La mairie du XIme commençait à être sérieusement menacée. Tout y prenait de plus en plus l'aspect d'une débandade. Vermorel y avait été apporté blessé à mort. Jourde avait remis à chacun des membres de la Commune qui s'étaient présentés dans la journée, une somme de mille francs, pour les aider à se tirer d'affaire (2), comme supplément à l'indemnité de quinze francs par jour, qu'ils avaient touchée depuis leur élection. Wrobleski arrive, revenant de la rive gauche. Il avait montré du talent dans la défense de la Butte-aux-Cailles : aussi Delescluze lui offre-t-il de prendre le commandement en chef. Il refuse ; la situation est à ses yeux sans espoir, et un général en chef n'a point de rôle à jouer dans la lutte désordonnée qui se poursuit.

(1) Déposition Reculet, *Enquête parlementaire sur le 18 mars*, p. 522.
(2) *Procès des membres de la Commune*. Dépositions Jourde et Champy.

Delescluze, en voyant l'épuisement qui se manifestait autour de lui, dut penser qu'il n'y avait non plus besoin d'un délégué à la guerre et que son rôle était fini. Delescluze était un parfait sectaire, un de ces hommes qui attendent, d'un événement heureux et d'un coup réussi, le moyen d'imposer leurs principes et leurs dogmes. Esprit étroit, mais en même temps ferme de caractère, il avait passé sa vie à sacrifier sa liberté, pour défendre ses idées. De longues années de transportation et de prison l'avaient profondément ulcéré. Il haïssait violemment les hommes qui avaient fait de tout temps obstacle à ses desseins, mais surtout ces républicains politiques et modérés qui, chaque fois que la république était apparue, avaient obtenu le pouvoir, pendant que lui, acharné à continuer l'œuvre révolutionnaire, était, au contraire, honni et persécuté. Il poursuivait, en particulier, d'un ressentiment sans bornes, les hommes parvenus au gouvernement le 4 septembre, qui, à la fin du siège de Paris, l'avaient emprisonné. Il avait soixante-deux ans, sa santé était ruinée; plutôt que de retomber aux mains de ses ennemis définitivement vainqueurs, il préféra en finir avec la vie. Vers sept heures du soir, on apprend à la mairie du XIme arrondissement que la barricade fermant le boulevard Voltaire, était presqu'abandonnée et qu'il y fallait des renforts. Delescluze part à la tête d'une centaine de fédérés. Le feu que les Versaillais dirigent sur la barricade est tellement intense qu'à cinquante mètres, les hommes s'arrêtent et cherchent un abri le long des maisons. Delescluze continue seul à s'avancer la canne à la main. Il joint la barricade et tombe frappé à mort (1). Le danger était tel que les fédérés ne purent relever son corps. Il fut retrouvé le surlendemain, portant l'empreinte de brûlures que lui avaient faites les débris, tombés des maisons incendiées à l'angle du boulevard (2). Les Versaillais continuèrent toute la nuit à diriger sur la barricade un feu qui la rendait intenable. La mairie du XIme arrondissement allait ainsi se trouver découverte; les derniers des membres de la Commune l'abandonnèrent donc dans la nuit pour se transporter à la mairie de Belleville.

Les Versaillais s'emparèrent, le 26 au matin, des places de la Bastille et du Château-d'Eau. Les fédérés se virent après cela définitivement refoulés dans les quartiers excentriques de la Villette, de Belleville et de Charonne. Mais quoiqu'en nombre absolument réduit, ils montraient plus de ténacité que jamais. Ceux qui persistaient à combattre étaient en effet les courageux, qui avaient lutté en reculant de position en position ; ils appartenaient à toutes les parties de la ville et, enveloppés dans un étroit espace, ils ne pouvaient plus rentrer chez eux et se dérober. Autant valait donc se faire tuer, que de se laisser prendre, pour être fusillé ou envoyé aux pontons. Le quartier qui leur restait comprend les hauteurs de Belleville et du Père-Lachaise, naturellement très fortes; la population, en grande partie dévouée à la Commune, les

---

(1) Jourde, *Souvenirs d'un membre de la Commune*, p. 82. — Lissagaray, *Histoire*, p. 402.

(2) Max. Du Camp, *Convulsions*, t. I, p. 408.

soutenait et leur avait d'avance multiplié les barricades; aussi devaient-ils disputer, deux jours encore, leur dernier réduit. Tout gouvernement constitué n'en n'avait pas moins disparu. A la mairie de Belleville, il ne venait plus que de très rares membres de la Commune. Le Comité de salut public s'était évanoui, de ses membres Ranvier restait seul (1). Le Comité central chassé de la rue Basfroy s'était cependant transporté à Belleville et, dans l'effondrement général, un instant ressaisissait nominalement tous les pouvoirs. Quelques-uns de ses membres, de concert avec le colonel Hippolyte Parent, s'efforçaient encore de maintenir une certaine direction au combat.

Les fédérés, dans la journée du 26, incendièrent les docks de la Villette et Ferré fit une nouvelle coupe parmi les otages. Le colonel Gois, président de la cour martiale, se rendit dans l'après-midi, à la prison de la Roquette, muni d'un ordre de Ferré, qui lui permettait de se faire livrer un nombre indéterminé d'otages. Parmi les hommes incarcérés à la prison, se trouvaient deux ouvriers accusés d'avoir servi, sous l'empire, d'espions à la police, les nommés Greffe et Largillière, et Gois les réclama d'une manière spéciale. Il prit, en outre, un ancien officier de paix, trente-trois gendarmes ou gardes de Paris, les pères jésuites Olivaint, Caubert, de Bengy, et huit autres prêtres ou séminaristes, qu'on fit descendre à la hâte des cellules, sans même leur donner le temps, à tous, de se coiffer et de chausser leurs

---

(1) Lissagaray, *Histoire*, p. 413.

souliers. Gois et son peloton emmènent les otages à Belleville. Dans les rues voisines de la Roquette, les habitants leur témoignèrent de la pitié. Mais en route, à la chaussée de Ménilmontant, le cortège s'est grossi d'un certain nombre de fédérés recrutés à une barricade, puis il est rencontré par une bande de chasseurs et d'artilleurs battus, qui s'enfuyaient du combat. Ceux-ci prétendent se venger en fusillant les otages sur place. Le bruit se répand que ce sont des gendarmes et des prêtres qu'on vient de prendre combattant contre les fédérés. La foule, dans les rues traversées, devient dès lors absolument hostile, et ils arrivent à la mairie de Belleville, poursuivis de gens furieux qui veulent les massacrer. Ranvier, après avoir décidé qu'on les fusillera au secteur, près des remparts, donne lui-même (1), dans la cour de la mairie, l'ordre de les y mener. Les otages parcourent, pour se rendre au secteur, les rues de Paris et Haxo, entourés d'un ramassis d'hommes armés et d'une foule déchaînée qui les injurie, les menace, les bouscule, manifestant par avance l'horrible satisfaction qu'elle se promet de leur mort.

Ce qu'on appelait le secteur, rue Haxo, était la réunion de plusieurs maisons, bâties au milieu d'un terrain vague, entouré de clôtures. C'était là qu'était établi depuis longtemps l'état-major des légions fédérées de Ménilmontant et de Belleville et, en ce moment même, c'était là que se tenaient le colonel Hip-

(1) Guénin, *Massacre de la rue Haxo*. Déposition des témoins Dalivous, Amary, Barthélemy, Thomas, p. 60, 65, 68, 100.

polyte Parent et les quelques hommes qui exerçaient encore un certain commandement. Lorsque le cortège tumultueux qui entraîne les otages, arrive au secteur, Parent s'interpose inutilement pour empêcher le massacre (1). Il demande alors à Varlin et à Fortuné Piat, du Comité central, qui se trouvaient avec lui, d'employer l'influence qu'ils pourraient avoir à calmer les furieux (2). Varlin et Piat, montés sur un petit mur, agitent leurs écharpes rouges, et cherchent à parler. Mais ils n'obtiennent point le silence, leur voix est couverte par les clameurs et ils doivent se retirer devant les menaces de mort qu'on finit par leur adresser, en les accusant d'être eux-mêmes amis des Versaillais. Les malheureux otages avaient subi, en route, les injures et les mauvais traitements avec un courage et une résignation, qu'ils conservèrent devant la mort, au dernier moment. Dans le secteur, on les poussa contre le mur de derrière d'une maison, et, presqu'à bout portant, on dirigea sur eux une fusillade interrompue et reprise, pendant plus d'un quart d'heure, jusqu'à ce que la dernière des quarante-sept victimes fût tombée. Pour s'assurer de la mort, on tira sur les cadavres, on les larda de coups de baïonnettes, on les foula aux pieds. Après quoi la tourbe immonde qui s'était fait une fête d'une pareille œuvre, se répandit chez les marchands

---

(1) Guénin, *Massacre de la rue Haxo*. déposition Victor-Clément Thomas, p. 195.

(2) Guénin, *Massacre de la rue Haxo*, déposition Fortuné Piat, p. 214.

de vin, chacun racontant avec orgueil sa part personnelle d'exploits.

Pendant ce temps, l'armée poursuivait l'œuvre de châtiment avec une impitoyable cruauté. Lorsque l'insurrection eût été refoulée, on ne fit plus seulement de prisonniers au combat. Les recherches à domicile et les perquisitions amenèrent l'arrestation de milliers d'hommes, soupçonnés ou accusés à des titres divers. Une part des prisonniers, soit faits au combat, soit arrêtés dans la ville, était, selon le hasard des ordres donnés, formée tout de suite en bande et envoyée à Versailles ; mais une autre, moins chanceuse, passait auparavant devant des cours martiales et subissait un triage. Ces cours martiales avaient été improvisées dans divers lieux, au fur et à mesure de la prise des quartiers, et selon que le nombre des captifs le suggérait. Deux ou trois officiers les composaient, généralement, parmi eux, un officier de gendarmerie ; dans certains cas, des officiers de la garde nationale. A la fin deux des cours martiales, devenues permanentes, furent les points de convergence, où, de toute part, on envoyait les hommes arrêtés. L'une, sur la rive gauche, siégeait au Luxembourg, l'autre, sur la rive droite, au théâtre du Châtelet.

Le seul crime spécifié, dont on eût à répondre devant les cours martiales, était d'avoir pris part au combat ou simplement d'avoir servi la Commune. Le temps manquait pour entrer dans les détails, pour établir des catégories d'hommes plus ou moins coupables, pour chercher à préciser un acte particulier à la charge de chaque prévenu. Prenant donc les prisonniers en bloc, on faisait reposer sur leur tête, d'une manière collective, la criminalité de l'insurrection, des incendies et des massacres, et on triait rapidement ceux, qu'à vue d'œil, on jugeait les plus coupables, pour leur faire subir le châtiment. La qualité de membre de la Commune, du Comité central, la possession d'un grade élevé dans la garde nationale ou l'exercice d'une fonction importante sous la Commune, entraînaient de soi un arrêt de mort. Parmi les hommes sans grades et sans titres honorifiques, on choisissait ceux qui avaient la plus mauvaise mine ou que le caractère des personnes qui les avaient pris et envoyés, faisait d'avance juger coupables (1). Les mains noires de poudre, le fait d'être revêtu de l'uniforme de la garde nationale ou simplement d'être chaussé des souliers « godillot » que portaient les fédérés, étaient souvent tenus comme preuves suffisantes de culpabilité. L'interrogatoire était sommaire. Parfois un coup d'œil jeté sur l'homme suffisait. On faisait deux parts. Les condamnés étaient prononcés *classés*, ceux réservés pour Versailles *ordinaires*. La seule peine était la mort, et les exécutions suivaient sans retard les jugements. Au Luxembourg, elles avaient lieu dans le jardin; pour les hommes condamnés au Châtelet, à la caserne Lobau. On fusillait par groupes (2) dans une cour intérieure de la caserne.

---

(1) *La préfecture de police, par un vieux petit employé*, Procès de la Lanterne, p. 158, 159.

(2) Abbé Vidieu, *Histoire de la Commune*, p. 463.

La boucherie s'accomplissait au milieu des nuages d'une fumée aveuglante et au bruit assourdissant des feux de peloton, répercutés par les hautes murailles. Ceux des hommes tombés qui vivaient encore, étaient achevés à coups de baïonnettes (1).

Dans la hâte avec laquelle on procédait, il y eut naturellement des erreurs et des hommes furent fusillés parfaitement innocents d'avoir adhéré à la Commune. Un certain nombre de généraux et d'officiers fédérés, étaient Polonais ; de ce fait, tous les Polonais étaient devenus suspects ; aussi fusille-t-on, par la seule raison qu'ils portent des noms polonais, des gens absolument inoffensifs, même des vieillards (2). Le D*r* Fanneau, médecin d'une ambulance établie au séminaire Saint-Sulpice, déclare à l'officier de l'armée qui se présente, que l'édifice ne contient point de fédérés en armes, mais seulement des blessés. Au même moment, un coup de feu part d'une fenêtre, l'officier et ses hommes croient que le D*r* Fanneau les trahit et, sans faire de recherches, le passent par les armes, avec une partie des blessés de l'ambulance (3). Il y eut

(1) Een ooggetuige, de kolonel Duperrier, verhaalde, aan mijn vriend Henry Havard, dat hij eene terechtstelling in de kazerne Lobau heeft bijgewoond, waarvan de herinnering hem vijf dagen ongesteld maakte. . . . .
De kolonel Duperrier was verblind van den rook en den bloedrooden walm, die boven de gevallenen opsteeg. Wat nog bewoog werd rustig met bajonetsteken vernietigd. D*r* Jan Ten Brink. *De opstand der proletariërs. Geschiedenis der omwenteling van* 18 *maart* 1871, p. 221.

(2) *Mémoire sur la participation d'un certain nombre de Polonais*, etc., p. 17, 18.

(3) *Le Siècle*, 28 mai 1871. — Camille Pelletan, *La semaine de mai*, p. 81.

ainsi un assez grand nombre d'exécutions par erreur ou sur de fausses dénonciations ; le chiffre n'en sera jamais connu.

M. Ulysse Parent, élu membre de la Commune par le parti de conciliation, démissionnaire dès le 6 avril, est arrêté chez lui le 27 mai (1). Confondu avec son homonyme le colonel Parent sur qui pesaient des charges d'incendie, il passe devant la cour martiale du Luxembourg et n'échappe à la mort que parce que l'ordre de suspendre les exécutions étant arrivé, on l'envoie prisonnier à Versailles. MM. Cernuschi et Théodore Duret, étaient allés le 25 mai à la prison de Sainte-Pélagie chercher des nouvelles de Chaudey, leur ami. Le Gal de Lacretelle informé de la présence de M. Cernuschi à la prison, s'assure que c'est bien l'homme qui a donné cent mille francs pour combattre le plébiscite, puis il commande de le fusiller immédiatement (2). L'ordre avait déjà été donné, par ailleurs, comme mesure générale, d'arrêter toutes les personnes trouvées à la prison et MM. Cernuschi et Duret avaient été emmenés. Ils furent ainsi conduits au colonel Pereira qui, précisément, les connaissait et qui les remit en liberté.

Cependant on ne peut nier, qu'eu égard aux circonstances, l'armée ne se maintint dans les limites d'une modération relative. La répression conservait entre ses mains une certaine retenue qui eût absolument

---

(1) Ulysse Parent, *Une arrestation en mai* 1871.
(2) M. Hervé de Saisy, député à l'Assemblée nationale, depuis sénateur, a entendu donner l'ordre.

manqué, si elle eût été remise à cette partie de la population ennemie de la Commune. Les émotions terribles, et les chocs répétés qu'on avait subis avaient dérangé les têtes et fait perdre la possession de soi. La foule agitée de mouvements convulsifs, passait par dessus toutes les barrières respectées en temps ordinaire. Tout ce qui s'appelle humanité, crainte de frapper l'innocent au lieu du coupable, soin de proportionner les châtiments au degré du crime, s'était évanoui des esprits. Un besoin d'extermination en bloc, de vengeance sans choix, sans délai, sans appel s'était emparé de la population. Les prisonniers qu'on emmène par grandes bandes à Versailles, subissent en route toutes sortes de mauvais traitements ; les passants se précipitent, demandant à l'escorte, qui les conduit, de les fusiller sur place, les hommes les menacent du poing, les femmes cherchent à les frapper de leurs ombrelles. La vue au milieu d'eux de femmes qui portent leurs petits enfants dans les bras (1), ou de blessés dont le sang coule (2), n'inspire aucune commisération. Les pelotons de soldats qui font des arrestations, sont suivis d'une foule déchaînée, qui les excite à exécuter les captifs, sans explication et sans délai. Près de l'École-Militaire, un malheureux négociant nommé Constant est désigné aux soldats, par des passants, comme étant Billioray (3). Il proteste, se débat ; la foule affirme, de plus en plus, que c'est bien Billioray,

---

(1) Dauban, *Le fond de la société*, p. 388.
(2) Lauser, *Unter der Pariser Commune*, p. 365.
(3) *Journal des Débats*, 13 juin 1871.

et les soldats le fusillent sur place, persuadés par le témoignage des assistants, qu'ils exécutent un membre de la Commune. Les quelques personnes restées de sang-froid, qu'un tel déchaînement de cruauté remplit d'horreur, sont obligées de dissimuler avec soin leurs sentiments. L'expression de la plus légère pitié, un appel quelconque à la mansuétude, seraient tenus à crime et mettraient en péril immédiat la vie de celui qui s'y serait abandonné.

Aussitôt que l'armée avait été maîtresse d'une partie de Paris, un grand nombre de gardes nationaux du parti hostile à la Commune, s'étaient présentés pour reprendre le service. Les soldats, qui ne les voyaient venir qu'après le danger passé, leur avaient fait le plus mauvais accueil. Comme l'ordre était donné de désarmer toute la population, on leur avait interdit de porter les armes. On n'avait fait d'exception que pour le seul bataillon formé par les employés de la Banque de France, qui, pendant la Commune, avaient conservé le drapeau tricolore et préservé la Banque de l'occupation des fédérés. On ne sait à quelles extrémités se seraient portés les gardes nationaux qu'on eût laissé reprendre les armes. Tout désarmés qu'ils étaient, on les voyait en uniforme, avec des brassards tricolores, faire le guet dans les rues, arrêter et fouiller les passants, aider aux recherches et aux perquisitions. Le nombre des dénonciations, sous toutes les formes, fut énorme et des gens surent, par ce moyen, atteindre des créanciers et se défaire d'ennemis personnels.

Dès que le progrès des Versaillais dans Paris l'avait permis, les journaux supprimés par la Commune avaient reparu. La plupart des rédacteurs revenaient de Versailles, où ils avaient vécu dans un milieu animé de passions violentes, non seulement contre la Commune, mais contre la république et contre Paris. Aussi étendent-ils immédiatement les dénonciations et les invectives, au delà des vrais coupables, à tous les hommes qu'il leur plaît de ranger parmi les partisans de la Commune. Ils ne se contentent point de retracer, dans leur réalité suffisamment horrible, les incidents de la lutte engagée, ils amplifient encore et ajoutent à la noirceur du tableau. Ils donnent corps, en en faisant l'objet de récits imprimés, à ces cauchemars et à ces visions qui s'agitaient indistinctement devant les imaginations affolées : aux pétroleuses, aux mines disposées pour faire sauter des quartiers entiers, aux empoisonnements de soldats par des boissons vénéneuses. Ils attisent ainsi les haines et accroissent la soif de vengeance (1).

Millière, arrêté le 26 au matin, dans une maison de la rue d'Ulm, est amené au Luxembourg, suivi d'une foule furieuse qui veut le mettre en pièces. Le soldat qui l'a saisi le considère comme sa chose et réclame le privilège de le tuer de sa propre main. Le Gal de Cissey déjeûnait à un restaurant en face du Luxembourg, il donne l'ordre à un de ses officiers, le capitaine Garcin, d'aller fusiller le prisonnier au Panthéon. Millière qui s'était abstenu d'envoyer sa dé-

---

(1) Voir la note E.

mission de député à l'Assemblée nationale, chercha à se prévaloir de l'immunité parlementaire. On lui répondit que la qualité de député ne pouvait plus le couvrir, que sa conduite la lui avait certainement fait perdre. Il était devenu chef de la 18ᵉ légion de la garde nationale fédérée, et son nom avait paru, avec ce titre, au journal officiel de la Commune. Il n'en fallait pas davantage alors pour qu'on prononçât contre un homme une condamnation à mort immédiate, sans s'inquiéter d'établir de charges particulières. Millière, conduit au Panthéon, est placé entre deux colonnes, sous le péristyle. Le capitaine Garcin veut le faire retourner, pour le fusiller par derrière ; il s'indigne et fait face à la troupe. Un soldat l'obligea à plier le genou, en exécution de l'ordre du général qui avait commandé de le fusiller à genoux. Il leva la main droite, et, d'une voix ferme, cria avant de tomber : « Vive le peuple ! vive l'humanité ! (1) » Treilhard, le directeur nommé par la Commune à l'assistance publique, fut exécuté, d'un manière également sommaire, dans la cour de l'École polytechnique ; Tony Moilin, délégué à la mairie du VIᵐᵉ arrondissement, passa devant la cour martiale du Luxembourg et fut fusillé sur ses ordres ; Édouard Moreau, un des membres prépondérants du Comité central, condamné par la cour martiale du Châtelet, périt à la caserne Lobau.

Le 27, dans la journée, les troupes versaillaises se rapprochaient de plus en plus de la Roquette. Ferré se

---

(1) *Enquête parlementaire*, Déposition du capitaine Garcin, p. 279. — Louis Mie, *La mort de Millière*.

rendit cette fois en personne à la prison, suivi d'un bataillon fédéré, pour y prendre tous les otages qui s'y trouvaient encore. Depuis que les otages, à trois reprises différentes, avaient vu une partie des leurs conduits à la mort, ils vivaient dans une affreuse angoisse, s'attendant, à chaque instant, à subir le même sort. La venue de Ferré produisit un mouvement de désespoir au milieu d'eux et d'indignation, chez ces gardiens qui étaient d'anciens employés conservés par la Commune. Avant qu'on ait pu faire descendre les otages, un de ceux de la 3ᵉ section, libre à ce moment dans le corridor, tire les verroux qui ferment les portes des cellules. Les otages, prêtres et soldats, au nombre de quatre-vingt-onze (1), une fois hors des cellules, s'excitent à résister. Aidés par le gardien Pinet, qui fait cause commune avec eux, ils organisent la défense. Le corridor où ils se trouvaient était fermé à ses extrémités par de solides grilles en fer, contre lesquelles ils dressent des barricades de matelas. Ils se préparent des projectiles, en enlevant les briques du parquet. Ils fendent le bois des lits pour avoir des épieux. Ils pratiquent une ouverture à travers le parquet, et se mettent en communication, à l'étage au-dessous, avec cinquante sergents de ville et soldats détenus à la 2ᵉ section, qui s'étaient à leur tour révoltés (2). Les fédérés cherchèrent inutilement à forcer les barricades de matelas, puis à y mettre le feu. Ils étaient occupés à ces tentatives, lorsque le cri : Voici les Versaillais !

(1) Abbé Amodru, *La place Vendôme et la Roquette*, p. 23.
(2) Idem, *ibid.*, p. 294.

poussé à l'improviste dans la cour, on ne sait par qui, jette au milieu d'eux la panique. Ferré, le directeur et les gardes nationaux s'enfuient à la hâte.

Cependant, dans une autre partie de la prison, une vingtaine d'otages se trouvaient encore enfermés en cellule. Lorsque la prison cessa d'être gardée, deux jeunes condamnés qui faisaient le service d'auxiliaires, vinrent leur ouvrir, en leur disant de profiter de l'absence des fédérés, qui pouvaient revenir, pour s'enfuir au plus vite (1). Les otages ainsi délivrés sortent précipitamment de la Roquette. Mais on se battait maintenant tout autour dans le voisinage, et ils se heurtèrent aux barricades, à des hommes surexcités par le combat. Quatre des fugitifs sont massacrés, parmi eux, l'évêque Surat, archidiacre de Paris, frappé d'une balle près de la prison (2). Les autres furent recueillis dans des maisons ou purent rentrer à la Roquette. Les otages de la 2º et de la 3ᵉ section étaient restés barricadés. Quoique en proie à la soif et à la faim, ils gardaient une telle épouvante des fédérés, qu'ils refusèrent de reconnaître pour des libérateurs les marins de l'armée de Versailles, qui se présentèrent les premiers à la prison, le 28 au matin. Ce ne fut qu'une heure après, à la vue des pantalons rouges de la ligne, qu'ils se décidèrent à quitter leur réduit (3).

Pendant ce temps, le champ de bataille s'était con-

---

(1) Ferdinand Evrard, *Souvenirs d'un otage*, p. 87. — Paul Perny, *Deux mois de prison*, etc., p. 193.
(2) Eugène Crépin, *La nuit d'un otage*, p. 27.
(3) Abbé Delmas, *Un prêtre et la Commune*, p. 216.

stamment rétréci. Le 27 au soir, les Versaillais tenaient les hauteurs dominantes des Buttes Chaumont et du Père Lachaise, dernières positions sur lesquelles les fédérés pussent sérieusement se défendre, et le 28, après midi, ils achevaient d'enlever les barricades de Belleville et du faubourg du Temple. Les membres de la Commune et du Comité central, retirés à Belleville, après l'abandon de la mairie du XIme arrondissement, s'étaient, sans attendre, enfuis et dispersés. Fortuné Piat, du Comité central, le dernier à payer de sa personne, fut cerné et pris rue Fontaine-au-Roi, avec une soixantaine d'hommes. Il fut conduit au colonel du 39ᵉ de ligne, qui répugnait à exécuter les prisonniers et qui lui sauva la vie, en l'envoyant à Versailles (1). Une proclamation du M^al de Mac-Mahon, le 28 au soir, apprit à la population la fin de la lutte :

« Habitants de Paris,

« L'armée de la France est venue vous sauver. Paris « est délivré. Nos soldats ont enlevé, à quatre heures, « les dernières positions occupées par les insurgés.

« Aujourd'hui la lutte est terminée, l'ordre est ré-« tabli, le travail et la sécurité vont renaître. »

Les otages avaient été détenus dans cette partie de la ville que l'armée avait conquise la dernière. Le massacre de l'archevêque et de ses compagnons ne fut ainsi connu au quartier du M^al de Mac-Mahon que le 27 dans la soirée (2) ; la population ne l'apprit géné-

---

(1) Guénin, *Massacre de la rue Haxo*, Déposition Piat, p. 49, 50.
(2) Charles Guasco, *Le président Bonjean*, p. 172, 176.

ralement qu'à partir du 28 au matin. La nouvelle des massacres de La Roquette vint raviver l'indignation et produire un nouveau débordement de vengeance. On avait précisément, au terme du combat, fait un grand nombre de prisonniers, qu'on fusille en partie dans la journée du 28. Cent quarante-huit extraits de Mazas, où on les avait enfermés, sont exécutés au Père-Lachaise. Trois de ces malheureux qui avaient survécu aux premières décharges et qui s'étaient enfuis, furent repris et tués (1). A l'intérieur de La Roquette, on fusille deux cent vingt-sept (2) hommes et les corps, mis en tas, étaient encore sur place (3) le lendemain. La cour martiale du Châtelet envoie, toute la journée, fusiller des hommes, à la caserne Lobau (4). Dans la soirée, l'ordre vint de cesser les exécutions et d'envoyer tous les prisonniers à Versailles (5). Nonobstant, le lendemain et les jours suivants (6), on tue encore des prisonniers çà et là, et, dans la nuit du 29 au 30, on passe par les armes, dans les fossés de Vincennes, neuf officiers (7) de la garnison du fort qui s'était rendue le 29.

Le 28, dans l'après-midi, Varlin, assis devant un café, place Cadet, est reconnu et arrêté. L'officier qui

---

(1) Maxime Du Camp, *Convulsions*, t. II, p. 421.
(2) IDEM, *ibid.*
(3) *Illustrated London News*, 17 juin 1871. Récit et dessin du correspondant Simpson.
(4) Lauser, *Unter der Pariser Commune*, p. 369.
(5) Ulysse Parent, *Une arrestation en mai 1871*, p. 48.
(6) Albert Hans, *Souvenirs d'un volontaire*, p. 205. — H. d'Ideville, *Les prisonniers de la Commune*, p. 27. — Count Orsi, *My life in Paris during and following the Commune. Fraser's magazine*, december 1879, p. 794.
(7) Abbé Crozes, *Épisode communal*, p. 78.

commande le peloton d'escorte le conduit au général de qui il dépend, à Montmartre. Varlin était un de ces ouvriers socialistes qui avaient voulu donner au gouvernement de la Commune une allure relativement modérée; pendant la bataille dans Paris, il avait combattu avec courage, en s'efforçant d'éviter les dernières cruautés. Mais on ne s'inquiétait d'aucune particularité de caractère et on ne cherchait point à ce moment à faire la part des responsabilités. Avoir été membre de la Commune entraînait une condamnation à mort immédiate. Le Gal Laveaucoupet, lorsque Varlin lui est amené, désigne un mur, le long duquel l'exécution peut avoir lieu. Le prisonnier avait ramassé autour de lui une foule de plus de mille personnes. Toute cette canaille le poursuivait de huées et d'injures, lui jetait des immondices, cherchait à le frapper. Elle demande à ce qu'il soit fusillé rue des Rosiers, à l'endroit même où étaient tombés les généraux Clément Thomas et Lecomte. Les soldats chargés de l'exécution l'y entraînent. Mais la maison était occupée par les officiers d'un état-major, qui s'opposèrent à ce que l'exécution eût lieu sous leurs yeux. Varlin est alors conduit au sommet de la butte, toujours poursuivi de la même foule hurlante. Il était resté impassible pendant ce long supplice et il reçut la mort avec intrépidité. Quatre hommes étaient chargés de le fusiller. Deux des fusils ratèrent. Il fut tué par les deux autres à bout portant (1).

(1) Maxime Du Camp, *Convulsions*, t. III, p. 396. — *Le Figaro*, 2 juin 1871.

Le nombre des fédérés auxquels la lutte avec l'armée de Versailles a coûté la vie, ne saurait être établi exactement. L'esprit de parti et l'imagination terrifiée par l'horreur du spectacle ont exagéré les pertes subies. Autant que les documents et les renseignements dont on dispose permettent de s'éclairer, il semble qu'on puisse évaluer les pertes des fédérés à onze ou douze mille hommes, tant tués au combat, ou morts de leurs blessures et de maladies, que fusillés pendant et après la bataille (1). L'armée de Versailles, dirigée avec prudence et habileté, avait perdu un nombre d'hommes relativement minime, 878 tués et 6,474 blessés seulement, pour toute la durée de la lutte.

Le nombre des prisonniers emmenés à Versailles devait s'élever à 38 mille, dont 850 femmes (2). On manquait naturellement de locaux appropriés pour recevoir une pareille multitude. Les captifs furent enfermés à l'Orangerie du château, dans les docks de Satory, où, entassés à l'étroit et couchés sur la paille, ils eurent à subir le plus dur traitement (3). Au bout de quelques jours, on les déversa sur les ports de l'Océan. Des officiers furent commis pour les interroger; ils en retinrent définitivement 11,070 à déférer aux conseils de guerre (4).

La plupart des membres de la Commune, du Comité

---

(1) Voir la note F.
(2) Gal Appert, *Rapport d'ensemble*, p. 180.
(3) Mme C. Hardouin, *La détenue de Versailles*.
(4) Gal Appert, *Rapport d'ensemble*, p. 213.

central et des chefs marquants, parvinrent à se soustraire aux recherches et à passer la frontière. Il est vraisemblable que beaucoup s'étaient d'avance assuré des cachettes et des papiers qui servirent à leur fuite. Assi, pris à Passy dans la soirée du 21, fut le premier des membres de la Commune qui tomba aux mains des Versaillais. Jourde, Paschal Grousset, Ferré, Urbain, Billioray, Courbet, Trinquet, Régère et quelques autres parmi les obscurs, ainsi que Rossel, furent, après la fin de la lutte, successivement découverts et arrêtés.

CHAPITRE V

Le traité de Francfort.

Les négociateurs chargés de régler les questions réservées par les préliminaires de Versailles et de préparer le traité de paix définitif entre la France et l'Allemagne, s'étaient réunis à Bruxelles le 24 mars; pour la France M. de Goulard, député, et le baron Baude, ministre à Bruxelles, assistés de commissaires spéciaux; pour l'Allemagne le comte d'Arnim et le baron de Balan, ministre à Bruxelles.

Les plénipotentiaires allemands avaient élevé des prétentions qui révélaient, de la part de leur gouvernement, le dessein d'aggraver, s'il était possible, les conditions de paix imposées par les préliminaires. Ils demandaient que les cinq milliards fussent en totalité versés en numéraire; que la partie des chemins de fer français comprise sur les territoires cédés, accrût à l'Allemagne, à la seule charge de désintéresser les porteurs d'obligations; qu'une indemnité fût payée aux Allemands expulsés de France; qu'une clause fût introduite dans le traité, garantissant, en temps de guerre, la propriété privée sur mer. Les plénipotentiaires français repoussaient naturellement ces exigences, ou ils ne voulaient s'y soumettre qu'en les accompagnant de restrictions qui leur ôtaient toute importance; puis ils cherchèrent eux-mêmes à faire alléger le fardeau que la France avait à supporter. Ils soutinrent que l'Alsace-Lorraine, séparée de la France, devait prendre une part proportionnelle à sa population de la dette française, à déduire de la rançon de cinq milliards. Les négociateurs allemands écartèrent péremptoirement cette prétention, mais ils renoncèrent en revanche, sans trop de difficulté, à l'indemnité qu'ils avaient réclamée pour leurs nationaux expulsés, ainsi qu'à la clause garantissant la propriété privée sur mer. Ils maintenaient entières leurs exigences sur les autres points, sans que les Français voulussent céder. Les lenteurs de la négociation et l'impossibilité de se mettre d'accord avaient causé à M. de Bismarck, revenu à Berlin, une irritation, dont il transmettait, à diverses reprises, le témoignage au gouvernement de M. Thiers. Enfin il donna l'ordre à M. de Balan de déclarer, à la conférence, que les demandes de la Prusse ne devaient donner lieu à aucune discussion, et qu'il fallait les tenir pour un ultimatum.

Pendant que les clauses du traité de paix se discutaient à Bruxelles, d'autres négociations se poursuivaient par ailleurs. L'exécution de cette partie des préliminaires, qui concernait l'évacuation d'un nombre déterminé de départements par les troupes allemandes et l'occupation prolongée de certains autres, devait donner lieu à une foule de mesures à prendre en commun par le gouvernement français et les chefs militaires allemands. M. de Bismarck avait délégué au commandant de l'armée d'occupation laissée en France, le G{al} de Fabrice, le soin de régler les questions de ce genre et lui avait conféré le pouvoir d'arrêter des conventions. Le G{al} de Fabrice et M. Jules Favre entretenaient donc des rapports suivis. C'est ainsi qu'ils signèrent une série de conventions ayant pour objet le rétablissement du service des chemins de fer, la remise aux autorités françaises de l'administration des départements qui restaient occupés, le rapatriement des prisonniers, les conditions du séjour des troupes allemandes en France et la quantité de vivres et de fourrages à leur fournir. Ce n'étaient là, quelle que pût être leur complexité, que des questions de détail sur lesquelles M. Jules Favre et le G{al} de Fabrice, animés d'une mutuelle bienveillance, se mettaient facilement d'accord. Mais, après l'insurrection du 18 mars, les points à régler entre eux s'étendirent tout à coup à des questions de fond. Les préliminaires de paix accordaient seulement au gouvernement français le droit de mettre dans Paris une garnison de 40 mille hommes, aucun autre corps de troupe ne pouvait être maintenu au nord de la Loire, jusqu'à la signature du traité définitif. Le gouvernement chassé de Paris n'y tenait plus, il est vrai, de garnison, mais il lui fallait former à Versailles, c'est-à-dire au nord de la Loire, une grande armée pour reprendre Paris. Et en effet M. Jules Favre demandait au G{al} de Fabrice l'autorisation de déroger aux préliminaires, en portant immédiatement à 80 mille hommes l'armée à réunir à Versailles. De telle sorte que les négociateurs des conventions militaires étaient amenés à discuter le texte même des préliminaires, qu'on avait cru entièrement réservé à l'examen des plénipotentiaires de Bruxelles.

Du reste le 18 mars avait jeté de tels doutes sur les destins de la France que, jusqu'à ce que l'avenir fût éclairci, la conclusion d'un traité perdait beaucoup de son importance. Au premier moment, en voyant M. Thiers et l'armée abandonner Paris dans un désarroi complet, on s'était en effet demandé à l'étranger qui allait être vainqueur de la Commune ou de l'Assemblée. Or, si M. Thiers et son gouvernement devaient succomber, il serait fort inutile d'avoir laborieusement arrêté avec eux des conditions de paix. Avant que M. de Bismarck crût le moment venu d'imposer à la France la signature du traité définitif, il fallait donc que le gouvernement de M. Thiers eût reconquis assez de forces, pour apparaître de nouveau capable de remplir dans l'avenir les engagements qu'il pourrait contracter dans le présent.

En attendant, l'Allemagne avait le plus grand intérêt à découvrir comment la Commune se comporterait à son égard, puisqu'après tout celle-ci réussirait peut-être à étendre sa domination à toute la France. D'autant plus que ses partisans avaient témoigné d'une haine implacable contre les Allemands, appelé à poursuivre la guerre contre eux par tous les moyens et attaqué sans relâche les hommes du gouvernement de la Défense nationale, comme dépourvus d'audace et de patriotisme. Mais la croyance qu'on eût pu avoir, tirée du langage et des déclarations passées, que la Commune triomphante se montrerait hostile à la Prusse, apparut tout de suite on ne peut plus mal fondée. Dès le premier jour le Comité central, en altérant le texte de la déclaration de neutralité que lui avait transmis le Gal de Schlotheim, pour y mettre que l'armée d'occupation tiendrait à son égard une attitude non point seulement pacifique, mais encore *amicale* (1), avait révélé le prix qu'il attachait à la moindre faveur qu'il pourrait s'attribuer des Allemands. Le Comité central, puis la Commune leur témoignaient donc en toute occasion une absolue condescendance. M. Washburne, chargé des intérêts de l'empire d'Allemagne, n'avait qu'à réclamer des détenus, à titre de sujets allemands, pour obtenir leur liberté immédiate (2), et les Alsaciens-Lorrains, en arguant du traité qui les enlevait à la France, se faisaient exempter en masse du service de la garde nationale, sans qu'on cherchât à excepter ceux qui, optant pour la nationalité française, avaient perdu le droit de se dire étrangers.

Il est vrai que la Commune se trouvait, absolument, dans Paris, à la merci de l'armée allemande d'occupation. Elle en était entourée de Saint-Denis à Charenton, et c'est seulement de son consentement que, bloquée partout ailleurs par l'armée de Versailles, elle pouvait communiquer avec le dehors et recevoir des

---

(1) Valfrey, *Histoire du Traité de Francfort*, Ire partie, p. 24, 25.
(2) Wickham Hoffmann, *Camp, court and siege*, p. 274.

vivres. En outre, comme les troupes d'occupation tenaient les forts, si elles eussent voulu attaquer la ville ou seulement céder la place aux Versaillais, la résistance derrière les seuls remparts ne pourrait qu'être de courte durée. Aussi le Comité central et après lui la Commune redoutaient-ils fort un accord de l'Allemagne et du gouvernement de Versailles. Les préliminaires de Versailles stipulaient qu'après la signature du traité de paix définitif et le paiement d'un acompte de 500 millions, les troupes allemandes évacueraient une certaine zone, dont le département de la Seine faisait partie. Le délégué aux relations extérieures, Paschal Grousset, écrivait au Gal de Fabrice, pour savoir si le gouvernement de Versailles avait versé les premiers 500 millions et si, alors, il allait entrer en possession de la zone neutre, sur la rive droite de la Seine. La Commune se préoccupa, en puisant à la Banque de France, de faire elle-même le paiement. Le Gal Cluseret se ménagea une entrevue à Aubervilliers avec un haut fonctionnaire allemand. Il offrit, de la part de la Commune, de donner les 500 millions (1), à condition que la neutralité de la rive droite fût maintenue et que l'armée de Versailles ne pût s'y établir, pour affamer la ville ou l'attaquer de vive force. Cette proposition ne fut point acceptée et le projet de paiement n'eut pas de suite.

La condescendance que la Commune témoignait aux Allemands ne venait pas seulement de la crainte

---

(1) Cluseret, *L'entrevue d'Aubervilliers. Revue politique et littéraire*, 25 mai 1872.

qu'ils inspiraient, et si les sentiments de haine que le parti de la Commune avait ressentis contre l'ennemi, pendant le siège, ne se manifestaient plus nulle part, c'est surtout qu'ils avaient été étouffés par d'autres beaucoup plus sincères et plus violents, qui débordaient maintenant tout entiers, par ceux dont l'Assemblée et le gouvernement de Versailles étaient l'objet. Parmi les hommes de la Commune, on ne borne point ses efforts à s'assurer la neutralité de l'étranger sous Paris, on cherche encore à en obtenir du secours contre les Versaillais. Les fusils Chassepot manquaient aux fédérés et le Gal Cluseret, dans son entrevue à Aubervilliers, offrit d'acheter (1) une partie de ceux que la Prusse avait obtenus par les capitulations. Son offre fut repoussée, on lui dit que l'accueillir serait violer la neutralité. Rossel réussit mieux ; pendant sa délégation à la guerre, il parvint à se procurer un millier de chevaux (2). La proposition fut ensuite faite à la Commune de lui livrer des fusils Chassepot provenant des Prussiens; elle ne fut point repoussée, Jourde la fit seulement ajourner (3).

Pendant ce temps, l'incertitude qui avait d'abord régné sur l'issue de la lutte engagée entre Paris et Versailles s'était dissipée. La Commune avait été étouffée en province et les gardes nationaux fédérés, battus en rase campagne, étaient définitivement rejetés dans l'enceinte de Paris. Alors M. de Bismarck

---

(1) Cluseret, *L'entrevue d'Aubervilliers*. *Revue politique et littéraire*, 25 mai 1872.

(2) Dauban, *Le fond de la société*, p. 204.

(3) *Procès des membres de la Commune*. Déposition Jourde.

témoigne au gouvernement de M. Thiers, de plus en plus d'aigreur. Il n'avait cessé de se plaindre à chaque retard ou contre-temps survenu depuis l'ouverture de la conférence de Bruxelles. Il menace maintenant de rompre absolument le traité des préliminaires. Il prétendait que la France était incapable de tenir ses engagements, qu'il en résultait pour l'Allemagne des délais et un surcroît de charges, que loin de compenser, par quelque concession, les dommages causés, le gouvernement français mettait un tel entêtement à discuter les moindres clauses, qu'il paraissait vouloir se soustraire aux obligations contractées. L'insurrection de Paris avait en effet empêché la France de signer, aussi promptement qu'on l'avait supposé, le traité définitif, qui devait être accompagné d'un premier versement de 500 millions et de l'évacuation simultanée d'une zone du territoire. Ce retard causait un réel dommage aux Allemands, qui étaient privés de leur argent et qui, pour se maintenir leur gage et parer aux accidents, devaient conserver leur armée d'occupation à un effectif très élevé.

Il y avait une autre cause que l'accroissement de charges, pour décider M. de Bismarck à conclure enfin la paix sans plus tarder et qui, bien qu'il ne la mentionnât qu'incidemment, était au fond le principal mobile de sa détermination. C'était la position fort différente dans laquelle le gouvernement de M. Thiers, appelé à négocier, devait se trouver, vainqueur de la Commune ou encore tenu en échec par elle. M. de Bismarck, en consentant que l'armée française sous Paris fût portée d'abord à 80 mille hommes, puis à 120, avait, à deux reprises, accordé à M. Thiers une dérogation aux préliminaires de Versailles. Il lui avait en outre remis une partie des officiers et des soldats aguerris prisonniers en Allemagne, qui devaient rendre l'armée où ils entreraient non seulement redoutable par le nombre, mais encore par la valeur. M. de Bismarck avait bien pu faire ces concessions au gouvernement de M. Thiers, pour lui permettre de dompter la Commune et, par là, le mettre à même de remplir ses engagements. Mais il ne pouvait cependant le laisser pousser ses avantages jusqu'à s'emparer de Paris, car alors, s'il ne l'avait contraint auparavant à conclure la paix, il le verrait délivré à l'intérieur de tout ennemi, à la tête d'une grande armée victorieuse, dans une situation imprévue de force et de prestige recouvré, pour discuter, avec plus d'acharnement que jamais, les conditions du traité définitif. La faveur faite à la France de créer une grande armée, tournerait de la sorte à l'absolu désavantage de celui qui l'avait, sans y être obligé, consentie. Aussi, au commencement de mai, M. de Bismarck prend-il tout à coup un ton absolument comminatoire. Par une dépêche au Gal de Fabrice, du 2 mai (1), il élève la prétention de se faire attribuer gratuitement toute cette partie du chemin de fer de l'Est comprise sur le territoire cédé à l'Allemagne, comme compensation au surcroît de charges, que lui

---

(1) Jules Favre, *Gouvernement de la Défense nationale*, t. III, p. 332.

imposaient les délais mis à signer le traité définitif. Il parle en outre de s'emparer de Paris, comme gage, et menace de faire retirer l'armée française derrière la Loire, en exécution stricte des préliminaires de Versailles (1).

La France, déchirée par la guerre civile, était complètement à la merci de la Prusse, aussi M. Thiers et son ministre des affaires étrangères M. Jules Favre, pensèrent-ils qu'ils ne pouvaient, en laissant les rapports s'envenimer, courir le risque d'une rupture. M. Jules Favre avait déjà offert à M. de Bismarck de s'expliquer personnellement avec lui, pour mettre fin aux lenteurs et aux malentendus qui naissaient des négociations poursuivies en double à Bruxelles et avec le Gal de Fabrice. Il renouvelle cette offre et M. de Bismarck, l'acceptant, lui donne rendez-vous à Francfort. La conférence de Bruxelles, dès lors sans objet, prenait naturellement fin. Le principal plénipotentiaire que la France y avait eu, M. de Goulard allait rejoindre son ministre à Francfort.

Le 6 mai, M. Jules Favre, accompagné de M. Pouyer-Quertier, ministre des finances, rendit une première visite à M. de Bismarck, à l'hôtel du Cygne, à Francfort. Il lui dit, de prime abord, qu'il venait provoquer un échange d'explications, désireux de faire cesser les malentendus et les récriminations auxquels on s'était abandonné de part et d'autre. M. de Bismarck lui répondit d'un ton désobligeant, par l'énumération de ses

---

(1) Jules Favre, *Gouvernement de la Défense nationale*, t. III, p. 344.

griefs : — L'Allemagne serait en droit de considérer le traité du 26 février sans valeur, puisque les événements survenus en France le rendaient inexécutable. Tant que la Commune subsisterait, des circonstances pouvaient se présenter qui empêcheraient de plus en plus le gouvernement français de remplir ses engagements. Dans cette incertitude, les Allemands étaient obligés de maintenir leur armée d'occupation à un effectif fort élevé, d'où une lourde charge. Ils s'étaient trompés dans le calcul des troupes auxquelles la France devait des vivres; ils étaient obligés de pourvoir eux-mêmes à la subsistance de 150 mille hommes; cette erreur leur coûtait plusieurs millions. Ils avaient rendus 80 mille prisonniers, ils avaient consenti à ce que l'armée sous Paris dépassât le chiffre de 100 mille hommes; et le gouvernement français ne s'en montrait que plus exigeant, il paraissait vouloir éterniser le siège de Paris, ses plénipotentiaires à la conférence de Bruxelles ajournaient systématiquement les discussions d'où pouvait sortir la paix définitive. Tout se trouvait ainsi remis en question, et l'Allemage voyait s'évanouir ses garanties. L'empereur l'avait donc chargé d'en stipuler de nouvelles, par une convention additionnelle. Si la France refusait d'y adhérer, ils exigeraient la stricte exécution des préliminaires, notamment le retrait derrière la Loire des troupes au delà de 40 mille hommes, et ils se réserveraient de réprimer eux-mêmes l'insurrection de Paris.

M. Jules Favre répondit de son mieux à ces plaintes. Il repoussa particulièrement l'accusation de vouloir se soustraire aux obligations contractées, en prolongeant les négociations, et dit que, pour prouver sa sincérité, il s'offrait à conclure la paix définitive sur-le-champ. M. de Bismarck déclara que, loin d'être hostile à cette solution, il inclinait à la préférer à toute autre. Cependant, comme première condition d'un accord, il exigerait des garanties supplémentaires. D'après les préliminaires, l'étendue du territoire occupé par les troupes allemandes devait être obligatoirement réduite au fur et à mesure du paiement de l'indemnité des cinq milliards. M. de Bismarck prétendait revenir sur cette stipulation. Il voulait que l'Allemagne restât libre de déterminer elle-même le moment où la France lui paraîtrait suffisamment rentrée dans l'ordre et capable de remplir ses engagements, pour qu'elle jugeât opportun de l'évacuer. D'ailleurs elle ne chercherait point à prolonger indûment l'occupation, le maintien de ses troupes en France lui imposait de telles charges, qu'elle s'empresserait d'y mettre fin, aussitôt qu'elle le pourrait sans risques.

M. Jules Favre laissa voir qu'il céderait sur ce point. Il proposa seulement de renvoyer à une discussion ultérieure les mesures d'application ; mais d'abord il désirait qu'il fût convenu qu'on conclucrait la paix sans délai ; son collègue le ministre des finances et lui, munis des pouvoirs les plus étendus, étaient prêts à trancher toutes les questions pendantes. M. de Bismarck se déclara alors satisfait, et il félicita M. Jules Favre de la franchise de son langage. Il ajouta qu'ils venaient, en se mettant d'accord, d'éviter de graves complications, car il était porteur d'un ultimatum qui aurait pu être suivi d'exécution. L'empereur lui avait commandé de le lire, et, malgré les explications satisfaisantes qu'ils venaient d'échanger, il lui fallait remplir cette formalité. Le lendemain M. de Bismarck, en grand uniforme et avec apparat, rendait aux ministres français leur visite de la veille, à l'hôtel où ils étaient descendus. Il leur lisait donc l'ultimatum, tout en déclarant le dépouiller de son sens comminatoire. C'était une récapitulation des griefs que la Prusse avait successivement élevés, depuis la signature des préliminaires, et que M. de Bismarck avait déjà fait connaître de vive voix, dans sa première entrevue. Comme conclusion, venait la menace, si la France ne consentait aux concessions exigées, d'intervenir par les armes, pour prendre Paris, et renvoyer l'armée française derrière la Loire. M. Jules Favre, en recevant copie de l'ultimatum, observa qu'il ne le considérait plus comme valable et qu'il ne l'acceptait qu'avec le commentaire qui lui avait été donné. M. de Bismarck lui répondit par des paroles courtoises, et se retira.

Le jour même, MM. de Bismarck et Jules Favre commençaient à discuter les clauses du traité définitif. Le débat porta d'abord sur les garanties supplémentaires. M. Jules Favre essaya en vain de faire maintenir, pour l'évacuation du territoire, les conditions stipulées par les préliminaires de Versailles. Il ne put arracher à M. de Bismarck qu'une clause qui restreignait, au moins dans une certaine limite, la liberté d'action que voulaient se réserver les Allemands. Il fut convenu, qu'après le paiement du troisième demi-milliard, l'évacuation des quinze premiers départements spécifiés dans le traité des préliminaires, s'effectuerait immédiatement, de plein droit. M. de Bismarck demandait encore, comme garantie supplémentaire, que les portes de Paris lui fussent livrées, sur la zone occupée par ses armées. M. Jules Favre s'y refusa absolument. Il fit voir que le contact des soldats allemands et de la population, dans l'état troublé de la ville, serait une source certaine d'agressions et de conflits. M. de Bismarck se laissa convaincre. Il exigea simplement que ses troupes eussent le droit de faire des patrouilles dans la zone neutre.

Les préliminaires de Versailles, en laissant Belfort à la France, mentionnaient que le rayon afférent à la forteresse, serait déterminé ultérieurement. Cependant son étendue avait été dès lors fixée à la portée du canon autour des remparts et M. de Bismarck l'avait, de vive voix, évaluée à sept kilomètres. Mais lorsqu'on voulut délimiter le tracé définitif, le rayon géométrique de sept kilomètres se trouva couper des agglomérations d'habitants et ne correspondit en aucune façon aux accidents du sol. Il fallait donc établir une meilleure frontière. La forteresse de Belfort, laissée à la France, deviendrait d'autant plus précieuse qu'elle serait environnée d'un territoire, permettant d'étendre au loin son système de défense. Aussi M. Jules Favre fit-il tous ses efforts pour faire élargir le plus possible le rayon à tracer alentour. Il mit la plus vive insistance à obtenir la vallée et le bourg de Giromagny, sièges de nombreuses industries et qui, en donnant possession de la route de Belfort au ballon d'Alsace, assuraient la communication de la forteresse avec le point culminant des Vosges. M. de Bismarck, après avoir longuement combattu cette demande, promit cependant de l'étudier, pour rechercher ce qu'il pourrait en accorder. A une nouvelle entrevue, le 8 mai, il se déclara prêt à agrandir le rayon de Belfort, à condition qu'on lui donnât une bande de terrain de dix kilomètres, sur la frontière du Luxembourg. Le territoire à céder avait une superficie de 10 mille hectares avec 7 mille habitants et celui à acquérir une superficie de 6 mille hectares avec 27 mille habitants. On regagnait donc un certain nombre de Français, mais surtout l'avantage des positions autour de Belfort était tel, que M. Jules Favre pensa qu'il n'y avait point à hésiter et que la proposition devait être acceptée. Cependant c'était là une question qui touchait à la souveraineté et qu'il ne se croyait pas le droit de trancher lui-même. On convint donc que le traité définitif à soumettre à la ratification de l'Assemblée nationale, serait rédigé de façon à permettre de choisir, entre le maintien de la frontière spécifiée par les préliminaires du côté du Luxembourg et sept kilomètres seulement autour de Belfort, ou bien l'abandon de la bande de territoire demandée par l'Allemagne et, en compensation, la vallée de Giromagny et ses dépendances, rétrocédées à la France.

M. de Bismarck concéda ensuite assez facilement le rapatriement immédiat de 20 mille prisonniers, dont la France avait un pressant besoin pour comprimer l'insurrection survenue en Algérie.

La discussion reprit obstinément au sujet des traités de commerce et de l'estimation à donner à cette partie du chemin de fer de l'Est qui passait à l'Allemagne. La guerre avait naturellement mis un terme à toutes les conventions entre la France et l'Allemagne, y compris les traités de commerce. MM. Thiers et Pouyer-Quertier n'avaient cessé sous l'empire, en qualité de protectionnistes, de combattre les traités qui avaient inauguré en France la liberté commerciale. Ils désiraient donc vivement éviter le retour au régime antérieur à la guerre. Mais M. de Bismarck, qui était alors partisan lui-même de la liberté commerciale, exigeait, au contraire, que la France s'engageât à reprendre avec l'Allemagne les relations commerciales comme auparavant, disant qu'il aimait mieux recommencer la guerre à coups de canon que de s'exposer à la guerre à coups de tarifs. M. Pouyer-Quertier, après la plus vive résistance, fut obligé de céder, crainte d'une rupture. On convint que les deux gouvernements prendraient, pour base de leurs relations commerciales, l'égalité de traitement, sur le pied de la nation la plus favorisée. M. de Bismarck offrait cent millions de cette portion des chemins de fer de l'Est acquise à l'Allemagne, et les négociateurs français en réclamaient quatre cents.

M. Pouyer-Quertier, en discutant avec habileté, finit par obtenir 325 millions, à défalquer sur le deuxième acompte de l'indemnité de guerre.

Toutes les questions restées en litige ou en suspens se trouvaient ainsi tranchées. Le 10 mai, le traité de la paix définitive était signé à Francfort par MM. Jules Favre, Pouyer-Quertier et de Goulard pour la France et MM. de Bismarck, d'Arnim et de Hatzfeld pour l'Allemagne. Un délai de dix jours fut fixé, pour échanger les ratifications de l'Assemblée nationale et de l'empereur.

M. Jules Favre rentra à Versailles le 12 mai. Le lendemain, en présentant le traité, il faisait à la tribune de l'Assemblée nationale un exposé des circonstances qui en avaient précédé et accompagné la discussion. Ce traité définitif, qui aggravait, sur quelques points, les conditions déjà si désastreuses des préliminaires de Versailles, produisit une sorte de révolte dans l'Assemblée. Au moment d'accepter sans retour possible les horribles sacrifices à subir, il semblait que le vote des préliminaires ne fût même pas intervenu et on éprouvait la même difficulté à se résigner, que si aucun engagement antérieur n'eût été pris. Il fallut que MM. Thiers et Jules Favre entrassent avec insistance dans le détail des exigences de M. de Bismarck, qu'ils fissent connaître l'ultimatum menaçant qu'ils avaient reçu, pour que la commission chargée d'examiner le traité consentît à l'approuver et à en recommander l'adoption. Une assez forte résistance, dont le Gal Chanzy se faisait l'interprète, s'était produite contre le projet d'agrandir le rayon autour de Belfort, au prix d'une cession de territoire, le long de la frontière de Luxembourg. M. Thiers vint défendre lui-même cette transaction. Il entra dans des détails techniques sur l'importance de Belfort et produisit, à l'appui de son opinion, une lettre du défenseur de la ville, le colonel Denfert-Rochereau. L'Assemblée, convaincue, approuva la clause relative à Belfort, puis ratifia le traité en entier, par 433 voix contre 98.

M. Jules Favre retourna immédiatement à Francfort et, le 21 mai, il échangea les ratifications avec M. de Bismarck. La paix entre la France et l'Allemagne était définitivement conclue.

Le traité de Francfort peut être considéré comme le dernier legs fait par l'Empire à la France. L'invasion, le démembrement et la ruine, tels étaient les résultats de cette soif de gloire militaire, de ce besoin de prépondérance guerrière à l'extérieur qui, à deux reprises, s'étaient emparés de la nation et avaient trouvé leur expression dans une forme de gouvernement appropriée, l'empire des Bonaparte. L'Allemagne retirait de ses victoires la consécration de son unité nationale et une autorité et un respect à l'extérieur qui lui avaient toujours manqué. Certes, c'étaient là des biens précieux; mais, la prépondérance militaire et la gloire des armes qu'elle dérobait à la France, renfermaient en elles leur venin et leur poison, car elles devaient, pour une part, engendrer sur son sol les mêmes vices et les mêmes maladies que sur le sol français. Ce n'étaient là cependant que des développements réservés à l'avenir; dans le moment, l'Allemagne, tout entière à l'ivresse de sa grandeur nouvelle, ne s'occupait que d'organiser ses conquêtes et de célébrer ses triomphes.

L'incorporation de l'Alsace-Lorraine à l'empire avait donné lieu au Reichstag à un travail laborieux. On avait perdu depuis longtemps l'espérance de voir les Alsaciens-Lorrains accepter facilement leur nouvelle condition. Tous leurs actes témoignaient du plus vif désir de demeurer Français et il était certain qu'il faudrait, pendant de longues années, sinon toujours, les maintenir en bride. M. de Bismarck fit donc adopter par le Reichstag une constitution spéciale, qui déclarait leur pays terre de l'Empire et le mettait en tutelle, pour le gouverner à part.

FIN DU LIVRE TROISIÈME.

NOTES

NOTE A.

Loin d'exagérer en évaluant à 900,000 les hommes perdus par la France au cours de la guerre de 1870-71, on ne fait qu'atténuer. Le chiffre de 420,000 prisonniers en Allemagne au moment de la signature des préliminaires de paix, est donné par M. Jules Favre (*Gouvernement de la Défense nationale*, IIIe partie, page 115). M. Jules Favre chargé des négociations qui avaient le rapatriement pour objet, a naturellement eu les chiffres exacts et officiels. Le chiffre de 240,000 hommes, effectif de l'armée retenue désarmée dans Paris par les Allemands, est fourni par le recensement du plébiscite parisien du 3 novembre 1870 : les nombres exacts ont été, 236,000 oui, 9,000 non. Le chiffre de 90,000 hommes internés en Suisse, est donné par les documents officiels suisses (*E. Davall. Les troupes françaises internées en Suisse. Rapport rédigé par ordre du gouvernement fédéral*, page 306). Le nombre des tués, blessés et malades évalué à 150,000 n'a certes rien d'exagéré. Cela fait donc bien 900,000 hommes, mais cela n'est pas tout. Pour avoir le chiffre absolument exact des pertes subies par la France, il faudrait ajouter l'effectif des 59 régiments de garde nationale mobilisée, maintenus dans Paris par les Allemands en même temps que l'armée, et perdus également, en cas de reprise de la guerre. Il faudrait en outre tenir compte des quelques mille fuyards de Sedan internés en Belgique, et enfin d'un certain nombre de gardes mobiles, appartenant aux départements occupés, que les Allemands avaient pris dans les forteresses et renvoyés dans leurs foyers, après les avoir désarmés. On voit qu'on arriverait ainsi à porter à bien près d'un million les hommes réellement perdus pour la défense.

NOTE B.

Il semble qu'on peut établir avec certitude les incidents principaux de la manifestation faite le 22 mars 1871, rue de la Paix.

Je me suis trouvé ce jour-là sur la place de l'Opéra et, pour ma part, puis dire ce que j'ai vu. Lorsque j'arrivai sur la place, une séparation s'était déjà opérée dans la foule. Ceux qui formaient réellement la manifestation, ou du moins sa tête, s'étaient déjà engagés dans la rue de la Paix, et marchaient vers les fédérés, sur la place Vendôme. Je ne les ai point vu partir et ne saurais les décrire. Les autres, de beaucoup les plus nombreux, sans dessein arrêté, stationnaient sur le boulevard des Capucines, sur la place de l'Opéra, à l'entrée de la rue de la Paix, ne sachant que faire et n'ayant personne à qui se rallier. Cependant l'amiral Saisset était présent, place de l'Opéra, mais en bourgeois, et personne ne le connaissait. Tout à coup un homme avec un drapeau se place près de lui, quelques autres, pour le désigner à la foule, se mettent à crier, vive l'amiral ! On commence à se grouper autour de lui.

A ce moment les manifestants proprement dits étaient arrivés à l'autre bout de la rue de la Paix. Je me rappelle parfaitement avoir entendu de grands cris et des clameurs, puis une décharge irrégulière et des balles qui, place de l'Opéra, nous sifflent sur la tête. Une panique se produit. On s'enfuit à la hâte, des deux côtés sur le boulevard pour se préserver. J'allai moi-même me placer à l'angle de la rue de la Paix, au coin de la maison occupée par le magasin le *Bazar du voyage* et, je pus regarder vers la place Vendôme, et voir ce qui s'y passait.

Les fédérés continuèrent quelques instants une fusillade irrégulière sur les manifestants proprement dits, qui eux fuyaient latéralement dans les rues Neuve-des-Petits-Champs et Neuve-des-Capucines. Il est pour moi certain qu'une partie des fédérés a dû tirer en l'air, car, jugeant par le nombre des coups de fusil tirés, si tous les coups eussent été dirigés en plein sur les manifestants massés comme ils l'étaient, les morts eussent dû se compter par centaines. D'un autre côté, je me rappelle également qu'alors que la rue était déjà presque vide, et qu'il ne restait guère plus que des blessés, des coups de fusil isolés continuèrent à se faire entendre. Particulièrement sur la droite, deux ou trois coups furent tirés le long du mur, probablement sur des hommes réfugiés dans l'embrasure des portes ou qui, tombés sur le trottoir, cherchaient à se relever. Voilà ce que j'ai personnellement vu.

Prenons maintenant le récit des témoins qui ont fait partie de la bande des manifestants proprement dits. MM. Édouard Moriac et John Furley nous apprennent comment la manifestation s'est mise en marche dans la rue de la Paix, et comment elle s'est d'abord trouvée en contact avec les fédérés : « Les premiers avant-postes que l'on ren-
« contre rue de la Paix, se replient assez cordialement.
« Mais on bat le rappel place Vendôme, des gardes natio-
« naux se mettent en ligne. Devant cette attitude, la plu-
« part des manifestants s'arrêtent. Cinq ou six cents per-
« sonnes continuent leur marche ; l'hésitation de la foule
« enhardit les gens du Comité. — Vous ne passerez pas,
« disent-ils à la manifestation. — Vive l'Ordre ! Vive la
« République, répondent les manifestants. — Vous ne
« passerez pas. — Nous sommes sans armes, nous passe-
« rons, c'est alors, etc. » (*Édouard Moriac, Paris sous la Commune*, page 29).

« Nous suivîmes la foule qui, pas à pas, faisait reculer
« les insurgés et les renforts appelés à la hâte pour aider
« ceux-ci. Quand nous atteignîmes la place Vendôme, la lutte
« devint si violente que nous cherchâmes à trouver une
« porte amie pour nous réfugier, et, comme je vis les défen-
« seurs de la place tâcher d'abaisser leurs fusils tandis
« que leurs adversaires s'efforçaient de les repousser, je
« sonnai à la banque Blount, avec une force que je n'avais
« jamais déployée à l'égard d'une sonnette. » (*John Furley.
Epreuves et luttes d'un volontaire neutre*, page 310.)

Les fédérés ont déclaré qu'ils avaient fait aux manifestants des sommations réitérées de se disperser, accompagnées de roulements de tambour et l'abbé Vidieu confirme ce détail : « Le tambour exécutait des roulements qui ressem-
« blaient à des sommations. » (*Abbé Vidieu, Histoire de la Commune*, page 96.)

Les manifestants étaient-ils absolument sans armes, comme l'ont soutenu ceux du parti hostile à la Commune, ou étaient-ils au contraire munis de cannes, de poignards, de revolvers dont ils se seraient servis, comme l'ont affirmé ceux du parti de la Commune ? Il est bien certain que cette masse qui s'était abstenue d'avancer rue de la Paix et était demeurée sur le boulevard et place de l'Opéra, était composée de gens paisibles, venus en simples curieux ou pour une manifestation réellement pacifique. Je n'ai vu aucun d'eux muni d'armes apparentes et tout, dans leur manière d'être, indiquait qu'ils n'en portaient point de cachées.

Mais devait-il en être ainsi, parmi les plus passionnés, les plus courageux, engagés dans la rue de la Paix et marchant sur les fédérés ? On conviendra qu'il est au moins vraisemblable qu'un certain nombre d'hommes aient eu la précaution de se munir d'armes cachées, pour prendre part à une manifestation annoncée dès la veille et faite, en temps de révolution, contre un parti armé maître de la ville. Ici encore attachons-nous aux témoignages. MM. P. Lanjalley et P. Corriez nous disent : « Venant de la rue

« de Castiglione nous arrivions, après pas mal de pourpar-
« lers, à la porte d'une maison de la place Vendôme où
« nous avions affaire, naturellement escortés d'un garde
« national qui ne nous quittait pas d'une semelle, lorsque
« la fusillade éclata. D'où partirent les premiers coups ? Nous
« ne saurions le dire, car, surpris et saisis de l'événement,
« notre attention n'était pas au début suffisante ; mais il est
« certain pour nous que des coups de pistolet ou de révolver
» ont été tirés de la manifestation pacifique. Nous avons vu
« transporter un des morts, la tête percée d'une oreille à
« l'autre, qui avait sur lui deux revolvers et un énorme
« poignard. Notre pensée est que la majorité des citoyens
« composant la manifestation était venue sans armes et
« avec l'intention de ne faire rien autre qu'une manifesta-
« tion pacifique ; mais des meneurs, appartenant à certains
« partis intéressés au trouble, s'y étaient assurément
« mêlés, comme il ne saurait manquer d'arriver en pareil
« cas, et des coups de pistolet ont été tirés sans doute par
« ceux-là. » (*Paul Lanjalley et Paul Corriez, Histoire de la*
« *Révolution du* 18 *mars*, page 100.)

M. Johannes Scherr, dans le n° 4 de 1876 du *Garten
Laube*, écrivant sous le titre *Das rothe Quartal*, un récit des
événements qui ont suivi le 18 mars, tient pour prouvé que,
du sein de la manifestation place Vendôme, des coups de
révolver ont été tirés sur les fédérés et, se fondant sur le
dire du général américain Sheridan, spectateur de l'événement d'une fenêtre de la rue de la Paix, il est porté à croire
que ce seraient les manifestants qui auraient tiré les premiers.
Il nous a été impossible de découvrir de qui M. Johannes
Scherr tenait la déclaration attribuée au général Sheridan.
Toujours est-il qu'elle a paru assez plausible pour que des
historiens étrangers impartiaux l'aient reproduite : M. Konrad Eggenschwyler, *Geschichte der Pariser revolution vom
Jahre* 1871, et le Dr Jan ten Brink, *Geschiedenis der omwenteling, van* 18 *Maart* 1871.

Il résulte donc pour nous de ce que nous avons vu et des

documents cités, qui émanent d'hommes hostiles au parti de la Commune, que si la manifestation du 22 mars devait être d'abord absolument pacifique, un certain nombre d'hommes s'y sont mêlés qui en ont en partie changé le caractère.

NOTE C.

Nous donnons ici un relevé des cas bien constatés d'exécutions de prisonniers faites par les Versaillais, avant le commencement des incendies dans Paris, le 23 mai au soir. Nous avons eu soin de limiter nos emprunts aux récits de personnes hostiles à la Commune, qu'on ne saurait soupçonner de condescendance pour les fédérés.

Le 3 avril. — Vers huit heures du matin les insurgés se dirigèrent sur Chatou ; mais, le pont ayant été coupé, leur mouvement dut nécessairement s'interrompre. Quelques hommes seulement passèrent la Seine en bateau, annonçant que le reste de la troupe allait suivre... On ne sut pas au juste le but qu'ils poursuivaient car, surpris par les escadrons de chasseurs qui descendaient de Saint-Germain, ils furent sur-le-champ passés par les armes. — *Guerre des communeux de Paris* par un officier supérieur de l'armée de Versailles, page 127.

Les fuyards se replièrent en désordre sur la redoute de Châtillon, laissant entre nos mains des bouches à feu, des caissons, des fusils, des prisonniers, parmi lesquels bon nombre de repris de justice et de condamnés militaires. Ceux-ci furent immédiatement passés par les armes, ainsi que tous les déserteurs. — *Guerre des Communeux de Paris* etc., page 130.

Le 4 avril. — Quand la troupe de Duval a été prise, le Gal Vinoy a demandé : « Y a-t-il un chef ? » Il est sorti des rangs un homme qui a dit : « C'est moi, je suis Duval. » Le général a dit : « Faites-le fusiller. » Il est mort bravement, il a dit : « Fusillez-moi. » Un autre homme est venu en disant : « Je suis le chef d'état-major de Duval. » Il a été fusillé. Trois en tout à cette place. — Colonel Lambert, *Enquête parlementaire sur le 18 mars*, page 283.

Vers deux heures du matin, une patrouille avait rencontré cinq fédérés, qui cherchaient à franchir les lignes, en se traînant sur le sol; ces malheureux faisaient peine à voir. Ils craignaient d'être fusillés, et en longeant une haie, près de laquelle étaient étendus les cadavres de deux soldats du 109e, pris dans les rangs des gardes nationaux et exécutés sur place, ils crurent leur dernière heure arrivée. — Auguste Lepage, *Voyage aux pays révolutionnaires*, page 142.

Le 22 mai. — Nous fîmes une longue halte au haut du parc Monceaux. Dans le parc on fusillait les prisonniers pris les armes à la main. J'en vis tomber ainsi quinze, puis une femme. — Marquis de Compiègne, *Voyages, chasses et guerres*, page 213.

Devant le Gymnase, je rencontre un ami. Nous nous serrons la main tristement, je le croyais à Versailles. — Quand donc êtes-vous revenu, lui dis-je ? — Aujourd'hui derrière les troupes; et, marchant à côté de moi, il me raconte ce qu'il a vu. Il avait un laissez-passer. Il est entré à Paris derrière l'artillerie et la ligne... Il traversa les Champs-Élysées. Toutes les rues à gauche étaient pleines de soldats. On s'était battu, mais on ne se battait plus... Les concierges étaient assis devant leurs portes, racontant les périls auxquels ils avaient échappé, les balles perçant les matelas, les fédérés s'introduisant dans les maisons pour se cacher. L'un disait : « J'en ai trouvé trois qui s'étaient réfugiés dans ma « cour. J'ai prévenu un lieutenant, il les a fait fusiller. » Un autre causait avec des soldats et leur désignait une maison. Quatre hommes et un caporal se dirigèrent vers l'immeuble indiqué. Un instant après mon ami entendit des détonations. Le concierge se frottait les mains et clignait de l'œil d'un air sournois... Mon ami qui loge non loin de là, entra chez lui. On lui raconta que, pendant la matinée, on avait canonné le collège Chaptal. Là s'étaient embusqués les zouaves de la Commune, la lutte ne fut pas longue. On fit quelques prisonniers, on fusilla le reste. — Catulle Mendès, *Les 73 journées de la Commune*, page 304 et suivantes.

Le 23 mai. — Tous les hommes pris les armes à la main étaient immédiatement fusillés. M. de Grandpré (le capitaine de la compagnie) avait fait sous les drapeaux du Sud la guerre de la sécession de l'Amérique, et, dans cette guerre, on ne faisait pas de prisonniers. Du reste les ordres étaient formels. — Mis de Compiègne, *Voyages, chasses et guerres*, page 220.

Dans cette maison (à Montmartre) nous ne trouvâmes qu'un homme, il y avait dans sa chambre un fusil fraîchement déchargé. Lui, sa femme et ses enfants se traînaient à nos genoux, jurant qu'il n'était pas coupable, que le meurtrier s'était enfui après avoir tiré. Je m'efforçai en vain de le sauver ; les présomptions étaient trop fortes et mon intercession ne fut pas écoutée. Il fut passé par les armes au pied même de sa maison. — Mis de Compiègne, *Voyages, chasses et guerres*, page 217.

Il y eut là quelques exécutions sommaires nécessitées par notre sécurité personnelle. Durieu (le commandant du bataillon) n'en laissait le soin à personne. Il abattit de sa main une quinzaine d'insurgés pris en flagrant délit, les plus jeunes seuls étaient épargnés et emmenés prisonniers. La rue Marcadet offrait un spectacle affreux à voir. — De Grandeffe, *Mobiles et volontaires de la Seine*, page 265.

On fouille les maisons et tout homme vêtu en garde national ayant un fusil ou le creux de la main noir de poudre, est passé par les armes. Le commandant Durieu, avec sa sauvage animation, se chargeait lui-même de l'exécution et en tua ainsi une dizaine. Les jeunes seuls étaient faits prisonniers. — Albert Hans, *Souvenirs d'un volontaire versaillais*, page 104.

M. le Vte de Meaux. — Comment des exécutions si promptes ont-elles eu lieu dans les premiers moments ?

M. le capitaine Garcin. — Tous ceux qui étaient arrêtés les armes à la main étaient fusillés dans le premier moment, c'est-à-dire pendant le combat. Mais quand nous avons été maîtres de la rive gauche, il n'y a plus eu d'exécutions. — *Enquête parlementaire sur le 18 mars*, page 284.

NOTE D.

On a cru pouvoir attribuer à une cour martiale la sentence de mort prononcée contre l'archevêque Darboy, le président Bonjean et les quatre autres otages. Cette allégation se produit pour la première fois dans l'acte d'accusation, lu le 8 janvier 1872 devant le 6º conseil de guerre à Versailles, chargé de juger les hommes accusés de participation à l'assassinat des otages. Il est dit en effet, dans ce document : « les membres de la Commune, ceux du comité de Salut « public et du Comité central s'étaient réfugiés dès le ma- « tin dans la salle des mariages de la mairie..... Ce fut « ainsi qu'ils formèrent une cour martiale dans l'intérieur « de la mairie, Genton en fut le président. Un sergent qui « ne le quittait pas et un vieillard sordide, dit-on, tous deux « restés inconnus, en furent les juges. Les membres de la « Commune et ceux des deux Comités formaient le public. « Et ce fut ce tribunal, à la fois sinistre et grotesque, qui « rendit la sentence de mort des illustres victimes. »

Cependant au cours des débats judiciaires devant le conseil de guerre, aucun témoignage, déposition ou rapport n'est venu donner appui et confirmation à cette manière de raconter les faits.

M. Maxime Du Camp, dans son récit de la mort des otages, (*Convulsions de Paris*, tome I, page 956) parle également du jugement de la Cour martiale et dans des termes presque identiques à ceux de l'acte d'accusation. « Là, dans cette « mairie... on établit une cour martiale. Un vieillard « inconnu et qui, dit-on, était sordide, un officier fédéré

« qui, dit-on, était ivre, s'assirent gravement et composè-
« rent un tribunal sous la présidence de Gustave-Ernest
« Genton. » M. Maxime Du Camp ne cite point l'autorité qui
lui a servi à établir son récit.

On ne possède donc point de déposition d'un témoin oculaire quelconque, qui permette d'accepter comme réel le fait de la réunion de cette cour martiale.

D'autre part M. Lissagaray dans son *Histoire de la Commune*, dit page 487 : « L'accusation avait bâti un échafau-
« dage ridicule de cour martiale discutant, ordonnant la
« mort des prisonniers, » et Genton, dans sa déposition devant le conseil de guerre : « Il n'y avait pas de cour mar-
« tiale à la mairie du 11e arrondissement ; c'était le comité
« de Salut public. » MM. Lissagaray et Genton étaient tous deux à la mairie du 11e, à même de savoir ce qui se passait. On peut, il est vrai, les accuser de cacher la vérité, par intérêt et comme dévoués à la Commune, cependant s'ils nient que la décision ait été prise par une cour martiale, ils chargent d'autant le comité de Salut public et les membres de la Commune qui auront forcément donné eux-mêmes l'ordre d'exécution. On peut donc les croire et, en l'absence de tout témoignage direct mentionnant l'existence d'une cour martiale, tenir pour vraie leur dénégation.

Du reste, comment penser qu'une résolution aussi majeure que la mort des otages, ait pu être laissée par les membres de la Commune à des subalternes et non prise, après délibération, par eux-mêmes? Quelle aurait pu être d'ailleurs la raison de réunir une cour martiale, devant laquelle les victimes ne comparaissent pas, qui n'aurait pas même eu leurs noms, puisqu'on sait que, quand Genton arrive à la prison, chargé d'exécuter les décisions de cette prétendue cour martiale qu'il aurait présidée, il n'avait sur le papier d'écrit que le nom de deux des otages à fusiller et qu'il ignorait tellement les noms des personnes parmi lesquelles les choix supplémentaires pourraient se faire, qu'il revint à la mairie du 11e les demander à Ferré.

S'il n'y a pas eu de cour martiale, par qui alors la décision de mettre à mort les otages aurait-elle été prise ? Par ceux des membres de la Commune qui, à la mairie du 11ᵉ, conservaient assez de prépondérance pour imposer leur volonté. Ici nous avons un témoignage absolument décisif, pour asseoir notre jugement, celui de Genton lui-même. Quatre témoins, devant le 6ᵉ conseil de guerre, nous révèlent quels étaient les hommes de qui, le 24 mai, Genton disait tenir le mandat qu'il allait exécuter.

Le capitaine Girardot rencontre Genton, sortant de la mairie du 11ᵉ arrondissement ; voici comment il rapporte les paroles qu'ils échangent.... «Je suis allé trouver Genton... « Il tenait à la main l'ordre d'exécuter les otages. En me « montrant le papier, il m'a dit *que les membres de la Commune* « *venaient de délibérer* et d'ordonner la mort des personnes arrêtées. (Guénin, sténographe, *Assassinat des otages*. 6ᵉ con- « *seil de guerre. Compte rendu in-extenso des débats*, pag. 71.) Un peu plus loin, Genton trouve la femme Lachaise, cantinière du 66ᵉ bataillon, qui dit, devant le conseil de guerre : « Nous avons rencontré Genton ; mon mari lui a dit : Où donc « que tu vas ? — Je viens du bureau du commandant, pour « chercher un peloton de bataillon, pour faire exécuter les « otages. — Mon mari lui dit : Tu es donc fou ? Genton lui « répond : *Puisqu'ils le veulent.* » (Guénin, *ut supra*, page. 73.) Genton arrive au greffe. Il remet l'ordre dont il est porteur à François, le directeur, qui a à côté de lui le greffier Jarraud, et celui-ci dépose des paroles échangées ! « Il « (François) dit à Genton : Mais de qui tenez-vous cet ordre ? « Genton répond : C'est le Comité de Salut public, c'est « Ferré qui m'envoient. » (Guénin, *ut suprà*, page 352.) Le commandant Sicard, un de ceux qui ont présidé à l'exécution, raconte à son tour dans quelles circonstances il a rencontré Genton, se rendant à la Roquette, et il fait connaître la question qu'il lui a posée : « Genton était là. « Je lui demande où il allait. Il me dit : *Mais je vais exé-* « *cuter l'ordre de la Commune.* Nous allons exécuter tout

« ce qui se trouve à la Roquette. » (Guénin, *ut supra*, page 367.)

Ainsi quatre témoins divers, sans concert préalable, placés dans des conditions différentes, s'accordent à déclarer que Genton se disait l'envoyé des membres de la Commune en allant exécuter les otages. Or le 24 mai, lorsqu'il tenait ce langage, il parlait en pleine liberté d'esprit, marchant au grand jour, à la tête d'un peloton. Quant aux risques qu'il encourrait, il n'avait aucun intérêt à rejeter l'ordre donné sur autrui; car il devait être fort indifférent, puisqu'il se rendait exécuter lui-même les otages, qu'il eût prononcé l'arrêt comme président d'une cour martiale ou simplement reçu les instructions des membres de la Commune. Dans ces conditions, son témoignage peut être considéré comme décisif.

Du reste, au cours des débats devant le conseil de guerre, Genton s'est laissé aller à des explications qui corroborent bien ses déclarations du 24 mai. Il ne dit plus que ce sont les membres de la Commune qui l'ont envoyé, car alors il se chargerait, ce qu'il veut éviter, mais il donne incidemment des détails, qui prouvent bien que la décision de mettre à mort les otages a été prise par les membres de la Commune, et après débat et discussion. « Les messieurs de « la mairie, dit-il, n'étaient pas d'accord. Il y en avait quelques-« uns, qui étaient du comité de Salut public, qui voulaient « des représailles, mais la majorité de la Commune n'était pas « pour les exécutions. Vermorel, Mortier, Longuet et Vallès « me disaient : Genton, vous pourriez peut-être faire comme « ce matin, tentez donc quelque chose comme pour Beau-« fort, et on verrait d'ici à demain ce qui se passerait. » (Guénin, *ut supra*, page 293.)

Delescluze a-t-il assité au débat qui a eu pour résultat l'ordre d'exécuter les otages et, dans ce cas, a-t-il approuvé la mesure ? On n'a sur ce point aucun renseignement direct, et on en est réduit aux conjectures. Il est vraisemblable qu'il a tout su et approuvé.

Dans les deux journées qui ont précédé sa mort, Delescluze joue un rôle dominant. Les historiens du parti de la Commune nous le montrent soutenant les courages, donnant partout des ordres, appelé sur les lieux pour intervenir dans le cas du pharmacien Koch, fusillé aux Tuileries et du capitaine de Beaufort, fusillé boulevard Voltaire. Comment imaginer après cela qu'une décision aussi importante que celle de l'exécution des otages, ait pu être prise en dehors de lui et sans qu'il l'ait connue ?

M. Lissagaray dans son histoire s'abstient de toute allusion à Delescluze en racontant l'exécution des otages. Mais il nous apprend la manière dont le compte rendu qui lui fut fait de l'exécution a été accueilli par lui, et son manque d'étonnement dans la circonstance porte à croire que c'est là un homme, qui ne reçoit point à l'improviste l'annonce d'un fait qui lui serait demeuré inconnu. « A onze heures deux offi-
« ciers entrent dans la chambre de Delescluze et lui ap-
« prennent l'exécution des otages. Il écoute, sans cesser
« d'écrire, le récit qu'on lui fait d'une voix saccadée, et
« demande seulement: Comment sont-ils morts ? » — Lissagaray, *Histoire de la Commune*, page 391.

NOTE E.

On ne saurait être trop scrupuleux, en écrivant l'histoire de la Commune, sur le choix des documents. La Commune a excité de telles passions, soulevé de telles haines et de telles colères que le souci de rester fidèle à la vérité est étranger à presque tous les hommes qui ont tenu la plume dans le moment. Les journaux, livres, brochures, pamphlets, discours, attaques et défenses inspirés par les événements d'alors, forment un amas où l'erreur, les omissions, les déguisements, le mensonge rendent fort difficile la découverte de la vérité.

Nous croyons donc qu'il est impossible, en pareil cas, d'accepter, comme preuve d'un fait grave, les déclarations émanant de personnes qui, par un motif ou par un autre, évitent de donner leur nom. Il faut aussi récuser tous les récits anonymes, souvent inventés à plaisir, qui ont paru dans les journaux de l'époque. Les journalistes ne se préoccupaient guère alors que d'attirer à tout prix l'attention, par des nouvelles, quelles qu'elles fussent, dépassant en horreur celles du journal voisin. Il faut encore rejeter certains papiers, attribués à des chefs de la Commune et qui n'ont aucun caractère d'authenticité, tels que celui qu'on prête à Ferré : « Faites flamber finances. »

Nous nous sommes, pour notre part, attaché à fonder notre récit sur le témoignage de témoins oculaires, dont le nom a été produit. Nous avons surtout utilisé les dépositions faites, devant la Commission d'enquête de l'Assemblée nationale ou, sous serment, devant les conseils de guerre; puis les récits contenus dans des livres ou brochures, émanant de personnes qui déclarent avoir vu elles-mêmes les incidents qu'elles racontent.

Pour plus de sûreté, dans les circonstances qui prêtent à la controverse et aux dénégations intéréssées de l'esprit de parti, nous nous sommes servi, le plus possible, des témoignages de partisans politiques, déposant contre eux-mêmes et chargeant leurs propres amis ; c'est ainsi qu'en ce qui concerne les exécutions de prisonniers antérieures aux incendies, nous nous sommes exclusivement appuyés sur le témoignage de Versaillais et spécialement, pour les exécutions de Montmartre, le 23 mai, sur le témoignage du marquis de Compiègne, de MM. de Grandeffe et Albert Hans combattant dans les rangs versaillais. Pareillement, en traitant des divisions survenues au sein de la Commune, nous n'avons cité que les membres mêmes de la Commune, MM. Lefrançais et Arthur Arnould, ou des partisans passionnés tels que M. Lissagaray.

NOTE F.

Il est absolument impossible d'établir le chiffre exact des fédérés qui ont péri dans la lutte de la Commune contre le gouvernement de Versailles. Il n'a été dressé, à notre connaissance, par l'administration de la guerre de la Commune, aucun état des tués et blessés, dans les diverses rencontres autour de Paris, avant l'entrée des Versaillais, et personne n'a non plus fait le compte des hommes tués ou fusillés, pendant la bataille des rues. Ce manque de documents a permis aux écrivains du parti de la Commune d'évaluer, sans fournir la moindre preuve, le nombre des fusillés, l'un à 20 mille, l'autre à 30 mille, qui à 40 mille.

D'autres auteurs, parmi lesquels M. Louis Fiaux, dans son *Histoire de la guerre civile de* 1871, page 566, ont cru pouvoir fixer à 17,000 le nombre des fédérés tués pendant la bataille dans Paris, en se fondant sur un renseignement venu, par voie indirecte, du Gal Appert. Devant la Commission d'enquête de l'Assemblée nationale sur l'insurrection du 18 mars, M. Vacherot député et membre de la Commission, échangea avec le M^{al} de Mac-Mahon, qui déposait, les quelques réflexions suivantes. — M. Vacherot. « Un général
« m'a affirmé que le chiffre des hommes tués dans le com-
« bat ou sur les barricades ou après le combat, s'élevait
« à 17,000 hommes. — Le M^{al} de Mac-Mahon. Je ne sais pas
« sur quoi il a pu se baser dans son évaluation, qui me
« paraît exagérée. Tout ce que je puis dire, c'est que les
« insurgés ont perdu beaucoup plus de monde que nous.
« — M. Vacherot. Ce chiffre s'applique peut-être à tout le
« siège et aux forts d'Issy et de Vanves. — Le M^{al} de Mac-
« Mahon. Le chiffre est exagéré. — M. Vacherot. Le G^{al}
« Appert, car c'est de lui que je tiens le renseignement,
« entendait peut-être parler des morts et des blessés. — Le
« M^{al} de Mac-Mahon. Oh! alors, c'est différent. » Ainsi M. Vacherot ne sait même point si ce chiffre de 17,000 s'ap-

plique aux tués seulement, ou ensemble aux tués et aux blessés. Il nous semble, dans ces conditions, qu'on ne saurait attribuer d'importance au propos du Gal Appert, et lui donner la valeur d'une preuve historique.

M. Maxime Du Camp, à notre connaissance, est le seul qui ait produit des chiffres appuyés sur des documents authentiques. Les inhumations de morts relevés sur la voie publique faites, du 20 au 30 mai, dans les divers cimetières de Paris, lui ont donné le chiffre de 5,339. Il a en outre obtenu le chiffre des exhumations de cadavres enterrés, dans le premier moment, hors des cimetières, un peu partout, mais principalement dans les squares, soit 1,328, ce qui, avec le premier chiffre, donnerait en tout 6,667, tant tués au combat que fusillés avant et après. Il est vrai qu'on peut douter que, dans la hâte du premier moment, on ait tenu un compte exact des inhumations faites dans les cimetières et surtout qu'on ait depuis exhumé, sans en oublier aucun, tous les hommes enterrés hors des cimetières. On doit donc présumer, du fait de ces deux sources d'erreur, que les chiffres donnés par M. Maxime Du Camp pourraient être grossis dans une certaine proportion.

Quoi qu'il en soit, on demeurera toujours fort loin des chiffres énormes que donnent, sans preuves, certains écrivains. On s'est laissé aller, en parlant des morts de la bataille dans Paris, à cette exagération qui accompagne, dans le premier moment, tous les récits de bataille et qu'un dénombrement exact des morts réellement ramassés et enterrés, vient ensuite absolument contredire. Qui ne se rappelle, pendant la guerre franco-allemande, les effroyables pertes d'hommes que les correspondants de journaux attribuaient aux armées allemandes et que les documents officiels, publiés depuis, ont souvent réduit de plus des trois quarts. Nous étions nous-même à Paris pendant toute la durée du combat. Nous n'avons point vu, sur les barricades conquises par la troupe, ces tas de morts, ni à travers les rues ces grandes bandes d'hommes partout conduites pour être fusillées sur place, telles que celles qu'on emmenait à Versailles, qui auraient absolument dû exister, pour arriver aux chiffres formidables de morts que plusieurs auteurs donnent sans aucune preuve.

C'est à la caserne Lobau qu'on a fusillé avec le plus de persistance, et c'est là que le nombre des hommes exécutés sur un seul point a été certainement le plus élevé. On ignore si une liste des hommes condamnés par la cour martiale du Châtelet a été dressée; dans tous les cas aucun chiffre n'a été publié.

M. Maxime Du Camp a donné le chiffre de deux des exécutions en bloc faites le 28 mai, l'une au Père-Lachaise, l'autre à la prison de La Roquette. M. Maxime Du Camp ne nous dit point à quelle source il a puisé ses renseignements, mais les relations qu'il a eues de longue date avec toutes les administrations et les autorités, le laisse deviner. Au Père-Lachaise, 147 hommes, à La Roquette, 227. (Maxime Du Camp, *Convulsions de Paris*, tome II, page 421.) Nous avons justement un témoin oculaire pour nous renseigner sur les fusillés de La Roquette. M. Simpson, artiste anglais, dessinateur de l'*Illustrated London news*, a été admis à l'intérieur de La Roquette le 29 mai au matin. Les corps des hommes exécutés la veille étaient encore sur place. Il a pu en donner un dessin, qui a paru dans l'*Illustrated London news* du 17 juin 1871, avec une description écrite, dans laquelle il évalue le nombre des fusillés à deux cents: « There were « about two hundred in the heap, » dit-il. On voit ainsi combien il faut rabattre des supputations de certains écrivains, tels que M. Lissagaray qui, dans son histoire, sans produire de dépositions de témoins qui se fassent connaître, porte à 1,900 le nombre des fusillés à La Roquette (Lissagaray, *Histoire de la Commune*, appendice, page 20).

M. Camille Pelletan, dans sa *Semaine de Mai*, a traité cette question du nombre des fusillés pendant et après la bataille des rues dans Paris. Sous l'impression d'horreur des scènes qu'il raconte, il évalue lui aussi au plus haut le total des morts et fusillés. Cependant, comme il ne donne aucun chiffre qui soit le résultat d'une vérification qu'il ait pu faire personnellement et que les témoignages qu'il produit sont anonymes et le plus souvent émanent de gens qui doivent avoir eu une opinion de parti, nous n'avons pu trouver dans son livre de chiffres qui aient une base solide et une valeur historique. M. Camille Pelletan repousse en particulier le total des inhumations dans les cimetières donné par M. Maxime Du Camp, comme beaucoup trop faible. Cependant parmi les chiffres qu'il produit lui-même, il n'y en a qu'un qui émane d'une autorité irrécusable. C'est celui fourni par M. Dumas, conseiller municipal, qui a déclaré au conseil municipal de Paris avoir donné des permis d'inhumer, dans le cimetière de Bercy, pour plus de 400 corps. (Camille Pelletan, *La Semaine de Mai*, page 377). Or le chiffre des inhumés dans le cimetière de Bercy donné par M. Maxime Du Camp, est précisément le même, 425. De telle sorte que les deux seules dépositions de témoins dont on ne puisse mettre en doute la véracité, M. Simpson pour La Roquette, M. Dumas pour le cimetière de Bercy, corroborent exactement le dire de M. Maxime Du Camp.

Outre le nombre des tués et fusillés produit par M. Maxime Du Camp, le Gal Appert dans son *Rapport d'ensemble sur les opérations de la justice militaire*, pages 189 et 193, donne celui des fédérés, soit 967, morts dans les prisons de Versailles ou des ports de l'Océan, depuis le début de la détention jusqu'au mois de juillet 1872.

Il faudrait maintenant, pour obtenir le total des pertes subies par les fédérés, avoir le nombre des hommes qui ont péri dans la lutte, depuis la première rencontre en avril, jusqu'à l'entrée des Versaillais dans Paris, et, en plus, le nombre d'hommes blessés pendant le combat des rues qui, transportés dans les ambulances, les hôpitaux ou à domicile, ont succombé ensuite à leurs blessures. Nous ne connaissons point de documents authentiques, qui puissent renseigner sur ces deux points, et on en est réduit aux conjectures.

Le nombre des tués, dans les rencontres antérieures à la reprise de Paris, a été certainement minime. Il n'y a point eu, en rase campagne, de combat prolongé et accompagné d'une grande effusion de sang. A Châtillon, à Bougival, les 3 et 4 avril, les fédérés, promptement mis en déroute, se sont enfuis sans avoir pu perdre beaucoup d'hommes. Depuis, la lutte prolongée à Asnières, à Neuilly, au fort d'Issy a été soutenue par des combattants, abrités dans des tranchées ou derrière des barricades, et on sait, dans ces conditions, combien les pertes sont restreintes.

En résumé, si l'on met ensemble le chiffre des tués et fusillés pendant la bataille dans Paris produit par M. Maxime Du Camp 6,667; si on lui ajoute celui des morts en captivité, donné par le Gal Appert 967, on obtient un total de 7,634 fondé sur des documents certains. Si maintenant, pour les omissions qui ont pu être faites dans le relevé des enterrements aux cimetières et des exhumations sur divers points, pour les tués dans la lutte avant l'entrée des Versaillais dans Paris, pour les blessés ayant succombé après le combat, on ajoute un chiffre de 4 à 5,000 hommes, ce qui nous paraît suffisant, on arrive à un total général de 11 à 12,000 morts. Et c'est ce chiffre auquel nous nous tenons, comme étant, à nos yeux, le plus vraisemblable.

LISTE DES OUVRAGES CITÉS

DANS CE VOLUME.

Jules Favre. *Gouvernement de la Défense nationale.* 3ᵉ partie. Paris, Plon, 1875.

Moritz Busch. *Graf Bismarck und seine leute während des Krieges mit Frankreich.* Leipzig, Grünow, 1878.

F. Sueur. *La mortalité à Paris pendant le siège.* Paris, Sandoz et Fischbacher, 1872.

Lissagaray. *Histoire de la Commune de 1871.* Bruxelles, Henri Kistemaeckers, 1876.

Enquête parlementaire sur l'insurrection du 18 mars (Édition complète en un volume). Paris, Germer-Baillière, 1872.

Paul Lanjalley et Paul Corriez. *Histoire de la révolution du 18 mars.* Paris, Lacroix-Verbœckhoven, 1871.

Gᵃˡ Vinoy. *L'armistice et la Commune.* Paris, Plon, 1872.

Gᵃˡ Appert. *Rapport d'ensemble sur les opérations de la justice militaire relatives à l'insurrection de 1871.* Versailles, Cerf et fils, 1875.

Frédéric Damé. *La résistance. Les maires, les députés de Paris et le Comité central du 18 au 26 mars.* Paris, Alphonse Lemerre, 1871.

Lefrançais. *Étude sur le mouvement communaliste à Paris en 1871.* Neufchâtel, Guillaume fils, 1871.

Dʳ Amédée Latour. *Journal du bombardement de Châtillon.* Paris, Adrien Delahaye, 1871.

Guerre des communeux de Paris, par un officier supérieur de l'armée de Versailles. Paris, Firmin-Didot, 1871.

Auguste Lepage. *Voyage aux pays révolutionnaires.* Paris, Baltenweck, 1877.

A. Rastoul. *L'Eglise de Paris sous la Commune.* Paris, C. Dillet, 1871.

P. Vésinier. *History of the Commune of Paris.* London, Chapman and Hall, 1872.

Rossel. *Papiers posthumes.* Paris, E. Lachaud, 1871.

3ᵉ *conseil de guerre.* Affaire Rossel. Rapport. Interrogatoire. Audition des témoins. Réquisitoire. Paris, André Sagnier, 1871.

Barral de Montaud. *L'état de Paris durant la Commune.* Paris, Librairie générale, 1871.

Arthur Arnould. *Histoire populaire et parlementaire de la Commune de Paris.* Bruxelles, Henri Kistemaeckers, 1878.

C. Tridon. *La Commune de Paris de 1793. Les Hébertistes.*

The civil war in France. Address of the general council of the international working men's association. London, Truelove, 1871.

E. E. Fribourg. *L'Association internationale des travailleurs.* Paris, Armand le Chevalier, 1871.

Les Francs-Maçons et la Commune de Paris, par un franc-maçon. Paris, Dentu, 1871.

Jules Simon. *Le gouvernement de M. Thiers.* Paris, Calman Lévy, 1878.

Fontoulieu. *Les églises de Paris sous la Commune.* Paris, Dentu, 1873.

De Pressensé. *Les leçons du 18 mars.* Paris, Michel Lévy frères, 1871.

Louis Fiaux. *Histoire de la guerre civile de 1871.* Paris, G. Charpentier, 1879.

A. L. Dalsème. *Histoire des conspirations sous la Commune.* Paris, Dentu, 1872.

Gesner Rafina. *Une mission secrète à Paris pendant la Commune.* Paris, Dentu, 1871.

B. Wolowski. *Dombrowski et Versailles.* Genève, Carey frères, 1872.

Mᵐᵉ DE FORSANS-VEYSSET. *Georges Veysset. Un épisode de la Commune et du gouvernement de M. Thiers.* Bruxelles, Landsberger, 1873.

Note sur le concours apporté par la marine pour la répression de l'insurrection de Paris. Paris, Paul Dupont, 1871.

LISSAGARAY. *Les huit journées de mai derrière les barricades.* Bruxelles, Bureau du *Petit Journal*, 1872.

MARQUIS DE COMPIÈGNE. *Voyages, chasses et guerres.* Paris, Plon, 1876.

CATULLE MENDÈS. *Les soixante-treize journées de la Commune.* Paris, E. Lachaud, 1871.

ALBERT HANS. *Souvenirs d'un volontaire versaillais.* Paris, Dentu, 1873.

ARTHUR DE GRANDEFFE. *Mobiles et volontaires de la Seine.* Paris, Dentu, 1871.

ÉDOUARD MORIAC. *Paris sous la Commune.* Paris, Dentu, 1871.

CHARLES BESLAY. *Mes souvenirs.* Paris, Sandoz et Fischbacher, 1873.

CHARLES BESLAY. *La Vérité sur la Commune.* Bruxelles, Henri Kistemaeckers, 1877.

L.-P. GUÉNIN, sténographe. *Massacre de la rue Haxo. 6ᵉ conseil de guerre. Compte rendu in extenso des débats.* Paris, Librairie de l'*Écho de la Sorbonne*, 1872.

JOHN MOTTU. *Les désastres de Paris ordonnés et causés par la Commune.* Paris, Lacroix-Verbœckhoven, 1871.

BERTHAUDIN. *Cercle de la rue Royale. Rapport sur les journées des 21, 22, 23 et 24 mai 1871.* Paris, Vᵉ Poitevin, juillet 1871.

PELLATON. *Les sapeurs-pompiers de l'Eure aux incendies de Paris.* Évreux, Blot, 1873.

DAUBAN. *Le fond de la société sous la Commune.* Paris, Plon, 1873.

BAUDRILLARD. *Rapport sur les pertes éprouvées par les bibliothèques publiques de Paris en 1870-1871.* Paris, Paul Dupont, 1871.

Georges d'Heylli. *La Légion d'honneur et la Commune.* Paris, Dentu, 1871.

Maxime Du Camp. *Les convulsions de Paris.* Paris, Hachette, 1878.

Edgar Roodrigues. *Le Carnaval rouge.* Paris, Dentu, 1872.

Camille Pelletan. *Le Comité central et la Commune.* Paris, Dreyfous, 1879.

L. P. Guénin, sténographe. *Assassinat des otages. 6ᵉ conseil de guerre. Compte rendu in extenso des débats.* Paris, Librairie de l'*Écho de la Sorbonne*, 1872.

Abbé Vidieu. *Histoire de la Commune de Paris en* 1871. Paris, Dentu, 1876.

Wickham Hoffmann. *Camp, court and siege.* New-York, Harper and brothers, 1877.

L. Armagnac. *Mᵍʳ Darboy et M. Washburne.* Paris, Charles Douniol, 1877.

John Furley. *Épreuves et luttes d'un volontaire neutre.* Paris, Dumaine, 1874.

Mᵐᵉ A. Blanchecotte. *Tablettes d'une femme pendant la Commune.* Paris, Didier, 1872.

Wilhelm Lauser. *Unter der pariser Commune. Ein Tagebuch.* Leipzig, Duncker und Humblot, 1879.

Abbé Lesmayoux. *Le 25 mai à l'avenue d'Italie.* Paris, Charles Douniol, 1871.

Camille Pelletan. *La semaine de mai.* Paris, Dreyfous, 1880.

Ulysse Parent. *Une arrestation en mai 1871.* Paris, Librairie républicaine, 1876.

Louis Mie. *La mort de Millière. Déposition pour l'histoire.* Paris, Malverge et Dubourg.

H. d'Ideville. *Les prisonniers de la Commune.* Paris, Librairie des bibliophiles, 1876.

Abbé Amodru. *La Roquette.* Paris, Laroche, 1871.

Abbé Lamazou. *La place Vendôme et la Roquette.* Paris, Charles Douniol, 1877.

Ferdinand Évrard. *Souvenirs d'un otage de la Commune.* Paris, Librairie de l'*Écho de la Sorbonne*, 1872.

Le R. P. Lécuyer. *Les Martyrs d'Arcueil*. Paris, Victor Palmé, 1871.

Fr. Jourde. *Souvenirs d'un membre de la Commune*. Bruxelles, Henri Kistemaeckers, 1877.

La préfecture de police, par un vieux petit employé. Procès de la Lanterne. Paris, administration du journal la Lanterne, 1879.

Dr Jan Ten Brink. *De opstand der proletariërs. Geschiedenis der omwenteling van 18 maart 1871*. Amsterdam, Funke en van Santen, 1876.

Mémoire sur la participation d'un certain nombre de Polonais à la guerre civile de la Commune, présenté à l'Assemblée nationale par le comité de l'émigration polonaise. Paris, Renou et Maulde, 1871.

Paul Perny. *Deux mois de prison sous la Commune*. Paris, Alphonse Lainé, 1871.

Eug. Crépin. *La nuit d'un otage, racontée par lui-même*. Paris, Jules le Clère, 1873.

Abbé Delmas. *Un prêtre et la Commune de Paris en 1871*. Paris, Adolphe Josse, 1873.

Charles Guasco. *Le président Bonjean, otage de la Commune*. Paris, André Sagnier, 1871.

Épisode communal. L'abbé Crozes, son arrestation, sa captivité, sa délivrance, racontées par lui-même. Paris, de Soye et fils, 1873.

Mme C. Hardouin. *La détenue de Versailles en 1871*. Paris, 1879.

J. Valfrey. *Histoire du traité de Francfort et de la libération du territoire français*. Paris, Amyot, 1874.

Konrad Eggenschwyler. *Geschichte der pariser revolution vom Jahre 1871*. Bern. Jent und Reinert, 1875.

TABLE DES MATIÈRES

Chapitre I. — L'Assemblée nationale. — Le pacte de Bordeaux. — Conditions dans lesquelles s'est faite l'élection de l'Assemblée. — Multiple élection du Gal Trochu et de M. Gambetta. — M. Thiers élu dans 26 départements. — M. Grévy président de l'Assemblée et M. Thiers, chef du pouvoir exécutif de la République française. — Proposition de M. Keller. — Composition du ministère formé par M. Thiers. — M. Thiers se rend négocier à Versailles. — Sa première entrevue avec M. de Bismarck. — Conditions mises par M. de Bismarck à la paix. — Entrevue de M. Thiers avec l'empereur Guillaume. — Entrevue de financiers allemands avec M. Thiers et la Commission de l'Assemblée. — M. Thiers arrache Belfort à M. de Bismarck, en échange de l'entrée des troupes allemandes dans Paris. — Scènes de colère de M. de Bismarck. — Signature des préliminaires de paix à Versailles le 26 février. — M. Thiers retourne à Bordeaux. — Il présente le traité à l'Assemblée. — Discussion immédiate. — La déchéance de Napoléon III et de sa dynastie prononcée par l'Assemblée. — L'Assemblée ratifie les préliminaires de paix. — M. Jules Favre remet à Versailles le traité ratifié à M. de Bismarck. — Evacuation de Paris par les troupes allemandes. — Situation militaire de la France, au moment où elle signe les préliminaires. — État des partis dans l'Assemblée nationale. — Monarchistes et républicains. — Violences des monarchistes. — Indiscipline et irritation des républicains. — M. Thiers propose une trêve des partis. — Ajournement de la décision de la forme du gouvernement. — Pacte de Bordeaux. — Choix à faire d'une ville pour y établir l'Assemblée et le siège du gouvernement. — La majorité monarchiste refuse de siéger à Paris. M. Thiers fait choisir Versailles. — L'Assemblée s'ajourne à Bordeaux le 11 mars, pour se réunir de nouveau à Versailles le 20.. 1

Chapitre ii. — Le 18 mars. — État de Paris après la signature de l'armistice. — Misère générale. — Souffrances des habitants. — Résultat des élections parisiennes. — Impopularité du gouvernement de la Défense nationale. — Succès de ses ennemis. — Irritation des Parisiens à la nouvelle du résultat des élections des départements. — Crainte des Parisiens pour l'existence de la République. — Défiance que leur cause M. Thiers. — Organisation du parti de la Commune. — Soins qu'il met à s'emparer de la garde nationale. — Fédération des bataillons de la garde nationale. — Création du Comité central. — Manifestations populaires le 24 février. — Irritation à la nouvelle de l'entrée des Prussiens dans la ville. — La population enlève les canons qu'elle craint de voir tomber dans les mains des Prussiens. — Paris pendant le séjour des Prussiens. — Les canons enlevés par le peuple sont parqués sur la butte Montmartre. — Mesures impopulaires prises par le gouvernement. — Questions des loyers et des échéances. — Irritation croissante des Parisiens contre l'Assemblée. — M. Thiers arrive à Paris. — Il cherche inutilement à se faire rendre les canons. — Décision de les reprendre à l'aide de l'armée. — Occupation de Montmartre et de Belleville le 18 mars au matin par les troupes. — Les soldats entourés par la foule se débandent ou refusent d'agir. — Retraite précipitée de l'armée dans Paris. — Refus de la garde nationale de prêter appui au gouvernement. — M. Thiers et le gouvernement abandonnent Paris et se retirent à Versailles. — Les généraux Lecomte et Clément Thomas prisonniers des fédérés à Montmartre. — Leur massacre. — Le Comité central maître de Paris. — Il siège à l'Hôtel de ville. — Proclamation au peuple. — Panique à Versailles. — Renforts appelés en toute hâte pour y constituer une armée. — Les maires et les adjoints de Paris se groupent avec les députés de la Seine, pour s'interposer entre le gouvernement et le Comité central. — Désir des Parisiens d'obtenir des libertés municipales. — Les maires et les adjoints et les envoyés du Comité central cherchent à faire faire les élections municipales. — Convention conclue, ayant pour condition la remise aux maires de l'Hôtel de ville. — Rupture de la convention par le Comité central. — L'Assemblée nationale réunie à Versailles le 20 mars. — Proclamation au peuple et à l'armée. — Débats entre les députés de la Seine et MM. Thiers et Jules Favre. — Le ministère de l'intérieur dépose un projet de loi sur les élections municipales, dans toute la France. — Paris obtient un conseil élu composé de soixante membres. — Organisation par les maires, dans Paris, d'une résistance armée. — L'amiral Saisset commandant la garde nationale dévouée aux maires et hostile au Comité central. — Manifestation du parti de l'ordre le 21 mars sur le boulevard des Capucines et la place Vendôme. — Nouvelle manifestation le 21. — Les fédérés font feu sur les manifestants. — Décrets rendus par le Comité central. — Mesures de défense. — Visite des maires et adjoints à l'Assemblée de Versailles. — Manifestation républicaine au sein de l'Assemblée. — Indignation des députés monarchistes. — État d'esprit des monarchistes de l'Assemblée envers Paris. — Leur refus de se prêter à aucune tentative de transaction avec Paris. — La résistance au Comité central sans force dans Paris. — Mesures prises par le Comité central pour triompher de la résistance des maires. — Le général fédéré Brunel marche sur la mairie du Ier arrondissement. — D'accord avec le maire M. Méline, il fixe les élections au 30 mars. — Les maires et les députés réunis à la mairie du 2e arrondissement acceptent cette date pour les élections. — Refus du Comité central de changer la date du 26 mars fixée par lui pour les élections. — Les maires et six des députés de la Seine cèdent au Comité central et acceptent la date du 26 pour les élections. — Les maires et leurs partisans sont battus aux élections. — Ceux d'entre eux qui ont été élus, donnent leur démission de membres de la Commune........................... 32

CHAPITRE III. — LE GOUVERNEMENT DE LA COMMUNE. — Proclamation solennelle de la Commune sur la place de l'Hôtel-de-ville. — Discours d'inauguration du président d'âge Beslay. — Premières mesures prises par la Commune. — Insurrection dans les départements. — La Commune proclamée à Lyon et à Marseille. — Courte durée des insurrections des départements. — L'armée de Versailles attaque les gardes nationaux fédérés le 2 avril à Courbevoie. — Sortie de la garde nationale fédérée, le 3 avril, et marche sur Versailles. — Les fédérés, commandés par Bergeret, mis en déroute sous le Mont-Valérien et à Bougival. — Mort de Flourens. — Le 4 avril les fédérés sont chassés de la redoute de Châtillon. — Le général fédéré Duval fusillé sur l'ordre du Gal Vinoy. — Cluseret, délégué à la guerre, organise la défense de Paris. — Siège de Paris par l'armée versaillaise. — La Commune rend un décret de représailles, à l'occasion des exécutions sommaires faites par les versaillais. — Le président de la Cour de cassation Bonjean, l'archevêque Darboy et un certain nombre d'ecclésiastiques sont arrêtés et détenus comme otages. — Dernières tentatives de transactions. — Arrestation de Gustave Chaudey. — Élections complémentaires du 16 avril. — Évacuation du fort d'Issy, le 30 avril. — Arrestation du Gal Cluseret. — Impossibilité de la Commune de constituer un véritable mécanisme de gouvernement. — Création d'un comité de Salut public. — Impuissance et désordre dans toutes les parties du commandement et de l'administration de la guerre. — Divisions et dissensions au sein de la Commune. — Minorité socialiste et majorité jacobine et blanquiste. — Les socialistes de la minorité écartés de tous les postes importants par la majorité. — Ils finissent par ne plus prendre part au gouvernement et ne plus assister aux séances. — Caractère des partis formant la majorité. — Les Jacobins. — Les Blanquistes. — Caractère des socialistes qui forment la minorité. — Antécédents du socialisme. — L'Association internationale des travailleurs. — Mesures proposées par les socialistes de la Commune. — Impuissance des socialistes de la Commune à effectuer aucune réforme sérieuse. — État de Versailles pendant la guerre contre la Commune. — Activité de M. Thiers. — Rapports de M. Thiers avec l'Assemblée. — Conflit entre M. Thiers et les monarchistes de la majorité de l'Assemblée. — Mesures violentes prises par la Commune. — Décrets ordonnant la destruction de l'église Bréa et de la chapelle expiatoire de Louis XVI. — Démoli   de la maison de M. Thiers. — Chute de la colonne Vendôme. — Mesures de persécution contre l'Église catholique et ses ministres. — Suppression des journaux hostiles. — Isolement de la Commune dans Paris. — La Commune décide qu'elle appliquera son décret de représailles sur les otages. — Raoul Rigault fait désigner des otages par le jury d'accusation. — Menaces de destruction en cas de défaite. — Crainte constante de la trahison dont sont poursuivis les hommes de la Commune. — Conspiration contre la Commune dans Paris. — Tentative faite par le gouvernement de Versailles pour corrompre le Gal Dombrowski. — La Commune juge le Gal Cluseret et l'acquitte. — Annonce faite à la Commune de l'entrée des Versaillais dans Paris.. 84

Chapitre IV. — La reprise de Paris. — La garde du Point-du-Jour délaissée par les fédérés. — M. Ducatel prévient les avant-postes versaillais. — Les Versaillais entrent sans coup férir. — Emoi des hommes de la Commune à la nouvelle de l'entrée des Versaillais. — Les Versaillais manquent de profiter des avantages que leur fournit la surprise. — Les partisans de la Commune hérissent Paris de barricades. — Dernières tentatives de négociations. — État d'esprit de l'armée de Versailles. — Situation des deux partis le 23 mai au matin. — Les Versaillais enlèvent la butte Montmartre et gagnent partout du terrain dans Paris. — Situation des hommes de la Commune le 23 mai au soir. — Ils se sentent définitivement perdus. — Leurs résolutions désespérées. — Le comité de Salut public et Delescluze donnent des ordres d'incendie. — Incendie du palais des Tuileries par Bergeret, de la rue Royale par Brunel, du Palais-Royal par Boursier. — Sur la rive gauche, incendie du palais de la Légion d'honneur et du quai d'Orsay et d'un grand nombre de maisons rue de Lille et rue du Bac par Eudes, incendies rue Notre-Dame des Champs par Lisbonne. — L'ordre est donné d'incendier Notre-Dame. — Le Dr Brouardel sauve l'édifice. — Assassinat de Gustave Chaudey par Raoul Rigault. — Fureur de la population et de l'armée le 24 à la vue des incendies. — Exécution sommaire des fédérés pris au combat. — Le comité de Salut public continue à diriger le combat avec Delescluze. — Dissensions au du Comité central. — Meurtre du comte de Beaufort. — Ferré incendie le Palais-de-Justice et la Préfecture de police et fait fusiller Georges Veysset. — Les derniers des membres de la Commune abandonnent l'Hôtel de ville et se transportent à la mairie du 11e arrondissement. — Incendie de l'Hôtel de ville et de nombreuses maisons aux alentours. — Tentatives faites par les partisans de Blanqui, d'obtenir du gouvernement de Versailles la remise de Blanqui, en échange de l'archevêque et du président Bonjean. — Massacre à la Roquette de l'archevêque, du président Bonjean et de quatre autres otages. — Terreur panique au sujet des pétroleuses. — Massacre des Dominicains à l'avenue d'Italie. — Le

25 au soir les Versaillais sont maîtres d toute la rive gauche. — Assassinat de Jecker. — Vaine tentative de Delescluze et de ses collègues de pour rendre dans les lignes prussiennes. — Mort de Delescluze. — Abandon de la mairie du 11ᵉ arrondissement et retraite à la mairie de Belleville. — Massacre de la rue Haxo. — Cruauté de la répression. — Les cours martiales du Luxembourg et du Chatelet. — Exécutions à la caserne Lobau. — Exécutions par erreur. — État de fureur aveugle de la population. — Cruauté générale. — Exécution de Millière au Panthéon. — Révolte des otages à la Roquette. — Massacre de quatre otages sortis de la Roquette. — Les Versaillais enlèvent les dernières barricades dans Belleville le 28 après midi. — Exécutions en bloc, le 28, au Père Lachaise, à la Roquette et à la caserne Lobau. — — Exécution de Varlin. — Pertes totales des fédérés. — Les prisonniers à Versailles.................................. 185

Chapitre V. — Le traité de Francfort. — Conférence de Bruxelles. Longueur de la négociation et impossibilité de se mettre d'accord. — Irritation de M. de Bismarck. — Négociations poursuivies pour conclure des conventions militaires entre M. Jules Favre et le Gᵃˡ de Fabrice. — Incertitude causée par l'insurrection du 18 mars sur les destinées de la France. — Relations de la Commune avec les chefs militaires allemands. — Condescendance de la Commune envers les Allemands. — M. de Bismarck oblige par ses menaces le gouvernement français à conclure la paix sans plus tarder. — Fin de la conférence de Bruxelles. — MM. Jules Favre et de Bismarck se rencontrent à Francfort et arrêtent entre eux les conditions de la paix définitive. — Le traité de paix signé à Francfort le 10 mai. — L'Assemblée nationale ratifie le traité. — Organisation donnée par l'Allemagne à l'Alsace-Lorraine................................... 264

Notes,... 283

Liste des ouvrages cités..................... 303

FIN DE LA TABLE DES MATIÈRES

RENÉ MAIZEROY

LE CAPITAINE
BRIC-A-BRAC

ROMAN DE MŒURS MILITAIRES

Avec une Préface

Par HENRI D'IDEVILLE

(Extrait de la Préface.)

Alphonse Daudet vous écrivait l'année dernière : « Dans notre littérature, il y a une place à prendre ; la vie militaire est encore à peindre. » Or, cette place, vous l'avez prise d'emblée, vous l'avez emportée d'assaut et vous campez gaillardement sur la brèche. Votre roman sonne une claire et victorieuse fanfare qui étonnera peut-être, mais qu'on voudra entendre, et vous avez le droit d'appeler désormais votre

TOUTE SEULE

Aux femmes séparées ou qui auraient le désir de l'être, il faut recommander le roman de M. André Theuriet : *Toute seule!* Il y a des scènes charmantes, de l'émotion et de la grâce, toutes qualités dont M. André Theuriet a donné fréquemment la preuve.

Henri de Bonnier. (*Le Nord.*)

Le talent de M. André Theuriet est tout imprégné de senteurs forestières. Certains esprits aiment les bois comme le marin aime la mer ; leur pensée y retourne sans cesse, ils en ont la nostalgie. La forêt est pour eux comme un orchestre familier dont ils ont noté les plus intimes mélodies. Il semble que M. Theuriet notamment ait le don musical d'un de ses héros qui trouvait moyen de peindre dans ses symphonies les impressions rustiques, de rappeler le beuglement des vaches dans les pâtis et les rappels mélancoliques des *pâtureaux* à la tombée du soir. Le romancier, pourtant ne vit pas toujours sous la feuillée ; il consent parfois à ne pas quitter la ville ; mais ses intérieurs citadins eux-mêmes ont des échappées sur l'azur ; un clair rayon de soleil y pénètre par la croisée ouverte.

> Voici qu'avril est de retour,
> Mais le soleil n'est plus le même,
> Ni le printemps, depuis le jour
> Où j'ai perdu celle que j'aime.
> Je m'en suis allé par les bois,
> La forêt verte était si pleine,
> Si pleine des fleurs d'autrefois,
> Que j'ai senti grandir ma peine.
> J'ai dit aux beaux muguets tombants :
> « N'avez-vous point vu ma mignonne ? »
> J'ai dit aux ramiers roucoulants :
> « N'avez-vous rencontré personne ? »
> Mais les ramiers sont restés sourds,
> Et sourde aussi la fleur nouvelle ;
> Et depuis je cherche toujours
> Le chemin qu'a pris la cruelle.
> L'amour, l'amour qu'on aime tant,
> Est comme une montagne haute :
> On la monte tout en chantant.
> On pleure en descendant la côte.

Toute seule, tel est le titre de ce nouveau roman, c'est une simple histoire dont une analyse nécessairement décolorée ne saurait exprimer le charme. Deux courtes nouvelles : *Un miracle* et *Saint-Énogat* complètent le volume.

Le Reboullet. (*Le Temps*, mai 1880.)

Ce n'est ici, à la vérité, qu'un fragment de roman, un épisode de la vie d'une pauvre charmante femme séparée de son mari, joueur et noctambule déplorable qui meurt à la maison Dubois. L'auteur sait trop bien le train du monde et le cœur des femmes pour être convaincu que son héroïne, jeune encore, acceptera la solitude définitive parce que, par suite d'un funeste malentendu, un jeune homme qu'elle commençait à aimer s'est marié au moment où le mari décédait. Non, M. Theuriet a voulu apporter son argument en faveur du divorce, et, cela fait, il a laissé l'histoire, qui reste un délicat fragment. *Un miracle* est une jolie nouvelle faite avec

BIBLIOTHÈQUE CHARPENTIER
13, Rue de Grenelle-St-Germain, Paris
A 3 FR. 50 LE VOLUME

DERNIÈRES PUBLICATIONS

LE PALEFRENIER

PAR HENRI ROCHEFORT

QUATRIÈME ÉDITION

.... Le roman de M. Rochefort est de la forte école de Stendhal. C'est un roman incisif. Aucune concession au descriptif, qui du reste est déjà bien passé de mode. Nous n'avons pas à vanter le style de l'œuvre. L'auteur est assez connu.
FABRICE W. (*République française.*)

.... OEuvre en tout cas éminemment attachante, empoignante même, à laquelle chacun pourra faire le reproche que lui dicteront ses idées ou son tempérament, mais à laquelle il convient d'en épargner un : celui de la banalité. L'homme qui a fait ce livre est un écrivain original ; chacun savait cela. C'est de plus un romancier de talent, ce dont beaucoup ne se doutaient pas et ce qu'il est très capable de prouver encore. (*La Paix.*)

.... Ce roman, qui a eu un très grand succès dans le *Rappel*, est appelé à un vif retentissement.
Ceux qui n'ont pas lu cette œuvre en feuilleton devinent aisément ce que le talent de Henri Rochefort a pu faire de ce sujet intéressant. Il y a des écrivains vis-à-vis de qui tout éloge est inutile, et Rochefort est de ce nombre. *Le Palefrenier* est de lui, c'est assez.
HENRI MARET. (*La Vérité.*)

.... C'est extrêmement attachant et écrit avec cette verve étincelante qui a fait la réputation de M. Rochefort.................
.... Le roman entre le sculpteur, devenu palefrenier, et la fille du gentilhomme, est des plus ingénieux et des plus poétiques, et le succès du roman paru dans le journal se continuera pour le livre paru hier. (*L'Estafette.*)

... Ce roman est assurément un des meilleurs que M. Henri Rochefort ait publiés. (*Siècle.*)
.... C'est une œuvre attachante et d'une très personnelle originalité que le *Palefrenier*, d'Henri Rochefort....................
Ce dont une brève et froide analyse ne saurait donner une idée, c'est le charme pénétrant d'une action conduite avec une sobre habileté ; c'est aussi l'accent tout particulier d'une œuvre où la spirituelle fantaisie de l'écrivain se double d'une émotion communicative, de façon à ajouter encore, par le piquant du contraste, au plaisir du lecteur.
Aussi vous verrez de quel train les éditions vont se succéder.
PIERRE VÉRON. (*Charivari.*)

LUCIEN BIART

LA CAPITANA

MÉMOIRES DU DOCTEUR BERNAGIUS

.... C'est un des livres les plus réellement intéressants qui soient à lire, où l'intérêt ne languit pas un instant et qui frappe par ses couleurs vives en même temps que par ses qualités matérielles. Quand on produit un tel livre, c'est une sorte d'engagement pris vis-à-vis du public, c'est un tableau qui exige un pendant.

Charles Canivet. (*Soleil*.)

.... Aujourd'hui M. Lucien Biart nous offre, dans *la Capitana*, un nouvel épisode de la vie de ce docteur Bernagius.

Le talent si fin, si littéraire de M. Lucien Biart est chaque jour plus apprécié, et le public lettré va droit aux œuvres de l'aimable écrivain, qui ne demande le succès à aucun scandale. On sait que le trait principal de la manière de M. Lucien Biart est de mêler la fiction à la réalité avec un art qui donne à ses récits un double attrait. Ainsi, les personnages mis en scène dans la *Terre chaude*, si étranges, si originaux qu'ils soient, sont en même temps si vivants, si humains que l'on a peine à croire qu'ils n'aient pas réellement existé.

Cette belle *Capitana*, dont M. Lucien Biart nous raconte aujourd'hui l'histoire étrange et émouvante, nous ne pouvons croire qu'elle soit une pure chimère. Le milieu où la place l'auteur ne saurait s'inventer. Et ce bon docteur, si plein d'humeur dans sa naïveté de savant, n'est certes pas un fantôme.

Un autre mérite incontestable de M. Lucien Biart, c'est qu'il instruit tout en charmant. De la lecture de ses romans, de ses nouvelles, aussi bien que celles de ses voyages, on retire toujours un enseignement, et le temps que l'on passe en sa compagnie n'est jamais perdu.

Georges Bell. (*La France*.)

www.ingramcontent.com/pod-product-compliance
Lightning Source LLC
Chambersburg PA
CBHW060415170426
43199CB00013B/2149